KB115863

동북아해역과 귀환

공간, 경계, 정체성

엮은이

부경대 인문한국플러스사업단

글쓴이

이가영（李嘉英, Lee Gayoung）부경대학교 인문사회과학연구소 HK연구교수
나카야마 다이쇼（中山大將, Nakayama Taisho）구시로공립대학(釧路公立大學) 준교수(准敎授)
공미희（孔美熙, Kong Mihee）부경대학교 인문사회과학연구소 HK연구교수
최민경（崔瑉耿, Choi Minkyung）부경대학교 인문사회과학연구소 HK교수
마쓰다 히로코（松田ヒロ子, Matsuda Hiroko）고베가쿠인대학(神戶學院大學) 준교수(准敎授)
변은진（卞恩眞, Byun Eunjin）전주대학교 한국고전학연구소 HK교수
양민호（梁敏鎬, Yang Minho）부경대학교 인문사회과학연구소 HK연구교수
김윤미（金潤美, Kim Yunmi）부경대학교 인문사회과학연구소 HK연구교수
이가연（李佳姸, Lee Gayeon）경성대학교 인문문화학부 역사문화학 전공 조교수

동북아해역과 귀환

초판인쇄 2021년 9월 1일　**초판발행** 2021년 9월 10일
엮은이 부경대학교 인문한국플러스사업단
펴낸이 박성모　**펴낸곳** 소명출판　**출판등록** 제13-522호
주소 서울시 서초구 서초중앙로6길 15, 2층
전화 02-585-7840　**팩스** 02-585-7848　**전자우편** somyungbooks@daum.net　**홈페이지** www.somyong.co.kr

값 25,000원
ⓒ 부경대학교 인문한국플러스사업단, 2021
ISBN 979-11-5905-607-9 93910

이 책은 2017년 대한민국 교육부와 한국연구재단의 지원을 받아 수행된 연구임 (NRF-2017S1A6A3A01079869).

부경대학교 인문사회과학연구소
해역인문학 연구총서 / **06** /

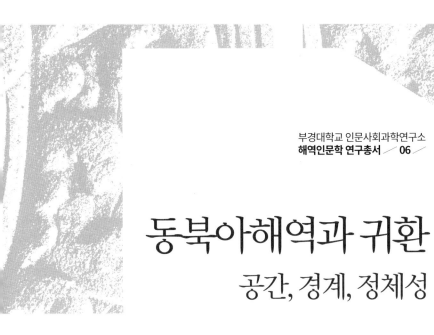

동북아해역과 귀환
공간, 경계, 정체성

부경대 인문한국플러스사업단 편

Northeast Asian Sea Region and Return
: S p a c e ,   B o u n d a r y ,   I d e n t i t y

발간사

  부경대학교 인문사회과학연구소와 해양인문학연구소는 해양수산 교육과 연구의 중심이라는 대학의 전통과 해양수도 부산의 지역 인 프라를 바탕으로 바다를 중심으로 하는 인간 삶에 대한 총체적 연구 를 지향해 왔다. 바다와 인간의 관계에서 볼 때, 아주 오랫동안 인간 은 육지를 근거지로 살아왔던 탓에 바다가 인간의 인식 속에 자리잡 게 된 것은 시간적으로 길지 않았다. 특히 이전 연근해에서의 어업활 동이나 교류가 아니라 인간이 원양을 가로질러 항해하게 되면서 바 다는 본격적으로 인식의 대상을 넘어서 연구의 대상이 되었다. 그래 서 현재까지 바다에 대한 연구는 주로 과학기술이나 해양산업 분야 의 몫이었다. 하지만 인간이 육지만큼이나 빈번히 바다를 건너 이동 하게 되면서 바다는 육상의 실크로드처럼 지구적 규모의 '바닷길 네 트워크'를 형성하게 되었다. 그리고 이 해상실크로드를 따라 사람, 물 자, 사상, 종교, 정보, 동식물, 심지어 병균까지 교환되게 되었다.

  이제 바다는 육지만큼이나 인간의 활동 속에 빠질 수 없는 대상이 다. 바다와 인간의 관계를 인문학적으로 점검하는 학문은 아직 정립 되지 못했지만, 근대 이후 바다의 강력한 적이 인간이 된 지금 소위 '바다의 인문학'을 수립해야 할 시점에 이르렀다. 하지만 바다의 인 문학은 소위 '해양문화'가 지닌 성격을 규정하는 데서 시작하기보다 더 현실적인 인문학적 문제에서 출발해야 한다. 그것은 한반도 주변 의 바다를 둘러싼 동북아 국제 관계에서부터 국가, 사회, 개인 일상의 각 층위에서 심화되고 있는 갈등과 모순들 때문이다. 이것은 근대 이후 본격화된 바닷길 네트워크를 통해서 대두되었다. 곧 이질적 성격의 인간 집단과 문화가 접촉, 갈등, 교섭해 오면서 동양과 서양, 내셔널과 트랜스내셔널, 중앙과 지방의 대립 등이 해역海域 세계를 중심으로 발생했던 것이다.

다시 말해 해역 내에서 인간집단이 교류하며 만들어내는 사회문화와 그 변용을 그 해역의 역사라 할 수 있으며, 그 과정의 축적이 현재의 상황으로 나타난다고 할 수 있다. 따라서 해역의 관점에서 동북아를 고찰한다는 것은 동북아 현상의 역사적 과정을 규명하고, 접촉과 교섭의 경험을 발굴, 분석하여 갈등의 해결 방식을 모색토록 하며, 향후 우리가 나아가야 할 방향을 제시해주는 하나의 방법이라고 할 수 있다. 개방성, 외향성, 교류성, 공존성 등을 해양문화의 특징으로 설정하여 이를 인문학적 자산으로 상정하고 또 외화하는 바다의 인문학을 추구하면서도, 바다와 육역陸域의 결절 지점이며 동시에 동북아 지역 갈등의 현장이기도 한 해역을 연구의 대상으로 삼아 실제적으로 현재의 갈등과 대립을 해소하는 방안을 강구하고, 나아가 바다와 인간의 관계를 새롭게 규정하는 '해역인문학'을 정립할 필요성이 여기에 있다.

이러한 인식하에 본 사업단은 바다로 둘러싸인 육역들의 느슨한 이음을 해역으로 상정하고, 황해와 동해, 동중국해가 모여 태평양과 이어지는 지점을 중심으로 동북아해역의 역사적 형성 과정과 그 의의를 모색하는 "동북아해역과 인문 네트워크의 역동성 연구"를 제안한다. 이를 통해 우리는 첫째, 육역의 개별 국가 단위로 논의되어 온 세계를 해역이라는 관점에서 다르게 사유하고 구상할 수 있는 학문석 방법과 둘째, 동북아 현상의 역사적 맥락과 그 과정에서 축적된 경험을 발판으로 현재의 문제를 해결하고 향후의 방향성을 제시하는 실천적 논의를 도출하고자 한다.

부경대 인문한국플러스사업단이 추구하는 소위 '(동북아)해역인문학'은 새로운 학문을 창안하는 일이다. '해역인문학' 총서 시리즈는 이와 관련된 연구 성과를 집약해서 보여줄 것이고, 또 이 총서의 권수가 늘어가면서 '해역인문학'은 그 모습을 드러낼 수 있을 것으로 기대한다. 끝으로 '해역인문학총서'가 인간과 사회를 다루는 학문인 인문학의 발전에 기여할 수 있는 하나의 씨앗이 되기를 희망한다.

부경대 인문한국플러스사업단 단장 손동주

서문

　『동북아해역과 귀환 - 공간, 경계, 정체성』은 부경대학교 인문한국
플러스HK⁺사업단이 펴낸 6번째 해역인문학연구총서이다. 부경대학
교 HK⁺사업단은 '동북아해역과 인문네트워크의 역동성 연구'를 시
작한 이래 1단계 연구 기간2017.11.1~2020.08.31 동안 총 5권의 해역인문
학연구총서를 출판하였고, 이 책은 2020년 9월부터 시작된 2단계
연구의 첫 성과물이다. '동북아해역과 인문네트워크의 역동성 연구'
는 2단계부터 시기적으로는 현대를, 지리적으로는 보다 넓은 동북아
해역 권역을 대상으로 하여 인문 현상을 고찰하는데, 1차년도는 그
시작으로 '동북아해역의 현대적 재편'이라는 주제를 잡고 연구를 진
행하였다.

　동북아해역은 1945년 8월 15일을 전후하여 불가역적인 구조 변화
를 맞이한다. 동북아해역의 근대는 서구 열강의 제국주의 침탈 아래
에서 시작되어 제국 일본의 세력권에 포섭된 상태로 이어졌으나, 일
본의 제2차 세계대전 패전을 통해 이와 같은 구도가 깨지고 국민국가
단위로 재편되기 시작한 것이다. 그리고 귀환歸還은 이러한 동북아해
역의 근대에서 현대로의 이행을 가장 역동적으로 보여주는 현상이다.
오늘날 국내 학계에서 귀환이라 하면 일본이 제2차 세계대전에서 패
망한 직후 발생하기 시작한 일련의 인구이동을 말한다. 다르게 표현
하자면 제국 일본의 세력권에 혼효混淆된 상태였던 다양한 민족적 배
경의 사람들을 국민국가 단위로 재편하는 과정이었다고도 할 수 있다.
조선, 대만, 중국대륙만주 포함 등지에서 식민자로 군림하던 일본인은

제국에서 국민국가로 '축소'된 일본으로 귀환하였고, 피식민자 조선인, 대만인, 중국인 등은 제도적, 문화적 압제에서 벗어나 국민국가로서 새롭게 기틀을 잡기 시작한 고국으로 귀환하였다.

귀환이라는 사회 현상이 동북아해역의 현대가 어떻게 시작되었는지를 이해하는데 매우 중요하다는 학문적 공감대는 이미 충분히 형성되어 있고, 그 결과 국내외를 막론하고 다양한 시각과 대상에서 관련 연구 또한 진행되어 왔다.『동북아해역과 귀환 – 공간, 경계, 정체성』은 이와 같은 기존 연구의 성과에 해역인문학적 시각을 더하여, 동북아해역의 현대적 재편 양상을 귀환을 통해 조금이나마 더 종합적으로 살펴보고자 하는 시도이다. 해역인문학적 시각에서 보았을 때, 기존 연구는 동북아해역에서의 귀환이 대부분 바다를 통해 이루어졌다는 사실에 그다지 주목하지 않는다는 한계를 지닌다. 바다를 통해 귀환을 한다는 사실은 육로를 통한 그것과 비교했을 때 몇몇 특징적인 상황을 낳는다. 선박을 단체로 이용하기 때문에 통제된 집단 귀환 중심이라는 점, 항구가 귀환 흐름의 결절점으로 기능한다는 점 등이다. 그리고 이와 같은 특징적인 상황을 고려한다면 자연스레 해역 공간에 시선이 옮겨진다.

해역 공간은 해역이 지니는 물리적 장場으로서의 특징을 강조한 용어로, 항구와 관련 시설 그리고 해역 도시와 같은 항구의 배후 지역을 포함한다. 해역 공간은 근현대에 걸쳐 오랜 기간 동안 인류의 이동을 매개하였으며, 일본이 제2차 세계대전에서 패한 후 시작된 귀환 국면에서는 이동성이 극도로 높아졌다. 앞에서도 언급한 바와 같이 귀환은 동북아지역의 현대적 재편, 즉, 제국적 질서에서 국민국가 단위로의 재편과 맞물려 진행되었고 따라서 각 국민국가에 구성원을 재배치하는 과정이기도 했는데 해역 공간은 바로 이러한 재배치 과정의 최전선이었다. 한편, 재배치의 대상이 되는 사람들, 귀환자의 해역 공간에서의 경험은 이들로 하여금 정체성에 대한 고민을 이끌어 냈다. 즉, 해역 공간에서는 구조적 힘에 의한 경계 짓기가 이뤄짐과 동시에 이에 순응, 대항, 조절하는 형태로 개인의 정체성의 재구성 또한 진행된다. 그리고 『동북아해역과 귀환 – 공간, 경계, 정체성』은 이와 같은 해역 공간에 주목하여 귀환이라는 사회 현상을 구조와 개인의 다이너미즘 속에서, 그리고 동북아지역의 근대와 현대가 지니는 연속성과 단절성 속에서 살펴보고자 총 3부 10편의 논문을 엮었다.

제1부 '귀환과 경계 짓기'에서는 해역 공간 속에서 귀환자의 이동을 조정, 권장, 통제하는 양상을 밝힌 4편의 논문을 수록하였다. 이가영의 「해방 이후 상해를 통해 한국으로 돌아온 한인 – 신문보도를 통해 살펴본 귀국과정과 그들의 생활」에서는 신문보도의 면밀한 분석을 통해 상하이上海를 통한 한인의 귀환이 임시정부 요인에서 시작되어 보다 다양한 계층을 포함하는 가운데 발생한 갈등, 문제 등을 살펴볼 수 있었다. 나카야마 다이쇼中山大將의 「경계 변동에 따른 전승국민의 본의 아닌 귀국 – 제2차 세계대전 후의 주민 이동 중 남사할린 중화민국인을 중심으로」은 사할린 남부에 거주하던 중화민국인이 상하이를 거쳐 타이완臺灣에 정착하는 과정과 배경을 분석한 연구로, 귀환을 통한 경계 짓기가 패전과 승전 여부와 상관없이 개인에게 희생을 강요할 수 있다는 점을 강조하였다. 공미희는 「해방 직후 남한 거주 일본인의 귀환양상과 재산처리 과정」에서 부산항을 중심으로 남

한에 거주하던 일본인의 귀환 양상과 재산처리 과정을 분석하였으며, 이 과정은 귀환이 내포하는 동북아해역의 현대적 재편 기능을 함축한다는 점을 지적하였다. 최민경의 「패전 직후 일본의 해항검역과 귀환」에서는 일본의 귀환항歸還港에서 이루어진 해항검역을 통해 패전 직후 귀환 국면에서 일본인의 경계가 새롭게 규정되어 가는 과정, 즉, 재외일본인의 포섭과 재일외국인의 배제 양상을 검토하였다.

제2부 '귀환과 정체성의 재구성'에서는 해역 공간을 통한 귀환의 당사자가 스스로의 정체성을 고민하는 과정을 그려낸 3편의 논문을 수록하였다. 마쓰다 히로코松田ヒロ子는 「제국 붕괴 후의 인적 이동과 에스니시티 – 오키나와계 사람들을 중심으로」를 통해 타이완에 거주하던 오키나와沖縄 출신자가 귀환 과정에서 경험한 '일본인' 또는 '오키나와인'으로서의 정체성의 선택과 변용을 고찰하였다. 변은진은 「이소가야 스에지의 저술을 통해 본 38도선 이북지역 일본인의 식민지·귀환 경험과 기억」에서 이소가야 스에지磯谷季次라는 인물을 통해 함흥지역으로부터의 일본인의 귀환 경험과 기억을 재구성하였다. 양민호의 「귀환의 의미를 내포한 한일 대중가요 연구 –〈귀국선〉과〈帰り舟〉의 가사를 중심으로」는 귀환을 노래한 대중가요라는 새로운 소재를 통해 한국과 일본의 귀환에 대한 인식을 비교 분석하였다.

마지막으로 제3부 '귀환의 공간, 부산'에서는 동북아해역에서 식민자와 피식민자의 귀환 흐름이 가장 대규모로 교차하였던 해역 공간인 부산에 초점을 맞춘 논문을 모았다. 이는 부경대학교 HK+사업단이 위치하는 지역이 지니는 역사적 경험을 재구성하고 연구의 지역성을 제고하기 위함이기도 하다. 최민경은 「한인 디아스포라의 귀환과 해방공간 부산」에서 부산을 통한 한인 디아스포라의 귀환 상황을 검토하고 그러한 귀환 흐름이 부산이라는 하나의 지역 사회에 미친 영향 고찰함으로써 귀환 및 귀환자에 대한 인식의 다양성을 살펴보았다. 김윤미의 「해방 직후 일본군의 귀환 수송과 부산항」은 동북아해역에서 가장 먼저 시작된 귀환 흐름인 부산항에서의 일본군의 이동 과정과 그것이 미군 주둔과 교차되는 양상을 분석하는 작업을 통해 귀환이 지니는 군사적 의미를 지적하였다. 이가연은 「해방 직후 조선 거주 일본인들의 귀환과 부산항」을 통해서 재조在朝일본인의 귀환 과정과 함께 이들에 대한 조선인의 시선에 초점을 맞춰 해방 공간 부산의 공간적, 심정적 상황을 새로운 시각에서 그려냈다.

이 책을 기획하면서 가능한 다양한 지역과 민족, 국민, 계층 등을 대상으로 동북아해역 속 귀환을 살펴보고 싶은 마음이 있었다. 구성상 부족한 부분이 없지 않지만 그래도 위의 10편의 글을 모을 수 있었던 것은 많은 분들의 협력 덕분이었다. 우선 나카야마 다이쇼 선생님과 마쓰다 히로코 선생님이 제3회 동북아해역과 인문네트워크 국제학술대회부경대학교HK+사업단주최의 귀환 관련 세션에서의 발표와 이후 발표 원고의 총서 수록을 흔쾌히 수락해주신 덕분에 상대적으로 관련 연구가 적은 사할린, 타이완, 오키나와를 둘러싼 귀환 흐름을 이해할 수 있었다. 그리고 이들 일본어 논문은 정계향 선생님의 꼼꼼한 번역 작업을 통해 한국어로 읽을 수 있게 되었다. 한편, 변은진 선생님과 이가연 선생님은 재조일본인의 귀환에 대한 거시적, 미시적 분석을 채워주셨다. 그리고 무엇보다 부경대학교 HK+사업단 HK연구인력이 각자의 학문적 개성을 가지고 해역인문학적 시각에서 귀환이

라는 사회 현상을 읽어내려고 한 노력의 결과, 『동북아해역과 귀환 –
공간, 경계, 정체성』을 출판할 수 있게 되었다고 생각한다. 모두에게
감사드리며, 이 책이 동북아해역의 근대와 현대를 가로지르는 인문
네트워크 연구에 작은 마중물이 되길 바란다.

부경대학교 인문사회과학연구소
HK교수 최민경

차례

제3부 귀환의 공간, 부산

제1부

귀환과 경계짓기

해방 이후 상해를 통해 한국으로 돌아온 한인

신문보도를 통해 살펴본 귀국과정과 그들의 생활

이가영

1. 들어가는 말

지금까지 상해上海 지역의 한인韓人에 대한 연구는 비교적 다양한 관점에서 이루어져 왔으며, 그 연구 성과 역시 한중 양국에서 상당부분 축적되어 왔다. 특히 독립운동사의 관점에서 이루어진 대한민국 임시정부와 주요 인물에 대한 연구[1] 및 상해 한인사회의 실상을 밝히는 생활사적 연구[2]가 상당 부분 진척되면서, 일제강점기 당시 상해의 한인사회에 대한 물리적 모형이 어느 정도 밝혀진 상황이다. 그러나 해

---

[1] 金光載, 「玉觀彬의 상해 망명과 활동」, 『한국근현대사연구』59-1, 한국근현대사연구, 2011, 46~78쪽; 조덕천, 『上海시기(1919~1932) 大韓民國 臨時政府 구성원의 生活史 연구-衣食住生活을 중심으로』, 안동대, 2010; 張玉紅, 『中國國民政府與大韓民國臨時政府關系硏究』, 延邊大學, 2010; 劉鑫, 「在華大韓民國臨時政府抗日歷史遺跡梳理」, 『重慶科技學院學報(社會科學版)』1, 重慶科技學院, 2020, 97~102쪽; 孫科志, 劉牧琳, 「上海時期的大韓民國臨時政府與中國」, 『歷史敎學問題』6, 華東師范大學, 2019, 3~11‧186쪽; 朱芹, 「李承晩與大韓民國臨時政府的關系沉浮」, 『當代韓國』3, 社會科學文獻出版社, 2019, 105~117쪽 등.

[2] 孫科志, 『上海韓人社會-1910~1945』, 한울, 2001; 김광재, 「'상인독립군' 김시문의 상해 생활사」, 『한국민족운동사연구』64, 한국민족운동사학회, 2010, 115~178쪽; 최낙민, 「日帝强占期 上海 移住 韓國人의 삶과 기억」, 『해항도시문화교섭학』2, 국제해양문제연구소, 2010, 33~69쪽; 김승욱, 「20세기 초반 韓人의 上海 인식」, 『중국근현대사연구』54, 중국근현대사학회, 2012, 121~144쪽 등.

방 이후 상해 한인의 귀환과 정착에 관한 연구는 여전히 부족한 상황이다. 이와 관련한 국내 연구로는 황선익의 「해방 후 중국 上海지역 일본군 "위안부"의 집단수용과 귀환」,[3] 장석흥의 「해방 직후 상해지역의 한인사회와 귀환」,[4] 김승욱의 「戰後 上海의 韓僑 처리와 한인사회」[5]가 있고, 중국 내에서는 馬軍, 單冠初의 「戰後國民政府遣返韓人政策的演變及在上海地區的實踐」[6]가 발표되었다. 그러나 여전히 상해에 거주하였던 한인들 중 어떠한 사람들이 언제 어떠한 상황 속에서 한국으로 돌아갔는가에 대한 전체적인 분석은 미흡한 상황이다. 사실, 분석이 미흡하다고 정의하기 보다는 이를 파악할 수 있는 객관적 문헌과 통계자료가 상당히 부족하며, 이를 밝히기 위한 문헌 조사 역시 충분히 이루어지지 못한 상태라고 하는 것이 옳을 것이다.

당시 상해 지역 한인 귀환 정책은 국민당과 공산당이 대립하던 중국 내 정세를 비롯하여 중국 국민정부 측의 강경한 한인 정책, 중국 내 일본인의 인양과 일본 내 중국인의 송환을 우선적으로 추진한다는 미군정의 방침이 엇물리면서 변화를 거듭했다. 종전이후, 미국 당국은 일본의 안정과 중국 국민당 지원을 통한 자유주의 진영의 우위를 지키고자 했다. 이와 같은 미국의 방침은 해외 한인의 귀환에 고스란히 투영되었다. 일본이 국내 치안 및 정세 안정을 위해 일본 내 한인의 귀환

---

3 황선익, 「해방 후 중국 上海지역 일본군 "위안부"의 집단수용과 귀환」, 『한국독립운동사연구』 54, 한국독립운동사연구소, 2016, 73~100쪽.
4 張錫興, 「해방 직후 상해지역의 한인사회와 귀환」, 『한국근현대사연구』 28-1, 한국근현대사학회, 2004, 254~284쪽.
5 김승욱, 「戰後 上海의 韓僑 처리와 한인사회」, 『중국학보』 79, 한국중국학회, 2017, 227~251쪽.
6 馬軍, 單冠初, 「戰後國民政府遣返韓人政策的演變及在上海地區的實踐」, 『史林』 2, 上海社會科學院歷史研究所, 2006, 60~69・126쪽.

을 비교적 서둘렀다면, 중국은 국민당 점령지역의 확대라는 측면에서 군사적 지원에 우선을 두었다. 그리고 한인의 귀환은 그 다음의 문제로 취급하였다. 이처럼 동아시아 지역 내 귀환 절차가 지역별로 시간차를 두고 진행되면서, 재중한인의 귀환은 1946년 3월에서야 본격적으로 시작된다. 그러나 해방 직후부터 본격적인 집단 귀환이 이루어지기 전까지 재중한인의 귀환이 전혀 이루어지지 않은 것은 아니다. 이 시기 재중한인과 관련된 명확한 통계는 아직까지 발견되지 않았으나, 몇몇의 자료를 통해 그 단면을 살펴볼 수 있다. 중국전구중국육군총사령부수항보고서」[7]에 따르면, 일본의 투항 이후 중국 전쟁지역에 남은 일본의 전쟁포로와 교민 2,138,353명 중, 한국인 56,665명이 포함되어 있는 것으로 나타난다. 또한 「상해에서 송환된 일본 교민 집계」[8]에도 일본 교민 124,000명 중 조선인이 10,360명이 포함되어 있는 것으로 나타난다. 이 뿐만 아니라 어선이나 밀항선을 타고 바다를 건너 귀환을 시도하거나 육로를 통해 귀환을 시도한 경우도 존재하는 것으로 나타난다. 이러한 자료들을 종합적으로 분석해 볼 때, 당시 한인의 귀환과 관련된 문헌과 통계는 여전히 체계적으로 정리되지 못하고 있음을 알 수 있다. 따라서 본 연구는 관련 문헌과 통계의 부족이라는 한계를 넘기 위해, 현재까지 발굴된 관련 사료와 당시 상해지역에서 출발한 재중한인의 귀환과 관련된 신문보도를 수집하고 분석함으로써, 해방 이후 상해를 통해 한국으로 돌아온 한인의 규모와 실상

---

7 中國陸軍總司令部, 『中國戰區中國陸軍總司令部受降報告書』, 出版者不詳, 1946, 9~10쪽.
8 大藏省管理局, 「通卷第27冊中南支篇」, 『日本人の海外活動に關する歷史的調查 (第1分冊)』, 高麗書林, 1947, 119~121쪽.

을 밝히고자 한다.

2. 귀환의 통로로서 상해

일제 강점기, 적지 않은 한인은 일제에 완전히 함락된 한국 땅을 떠나 중국으로 이주한다. 특히 1919년 상해에 대한민국 임시정부가 수립된 이후, 상해에는 다수의 한인이 결집하며 한인교민사회가 형성되었다. 이 시기 대동아제국의 건설을 꿈꾸었던 일본은 동북삼성 지역을 기점으로 하여 점차 남쪽으로 그 세력을 확장함과 동시에 동서방향으로도 영향력을 확대했다. 그들은 북평北平, 천진天津, 상해, 남경南京, 청도青島등 대도시를 비롯하여 동북삼성과 화북지역, 화남지역 등을 침략[9]함으로써, 중국 동부지역의 군사적 거점이자 경제의 중심지 대부분을 함락한다. 1945년 8월 일본의 항복을 끝으로 제2차 세계대전이 종결되면서, 일제 침략으로 혼돈에 빠져있던 동아시아 지역은 정치·사회·경제·문화·권력의 재편이라는 전후 과제를 처리해야 했다. 이 중 가장 가시적으로 두드러진 과제는 '인구'의 재편, 즉 귀환의 문제였다. 해방 이후 연합군총사령부와 중국 정부는 상해를 포함해 당고塘沽, 천진, 청도, 연운항連雲港하문厦門, 산두汕頭, 광동廣東, 광주만廣州灣, 해방海防, 하이퐁, 기륭基隆, 대고大高, 해구海口, 삼아三亞

---

[9] 당시 직할시로 지정된 6개의 대도시 중, 중경을 제외한 북평, 천진, 상해, 남경, 청도는 차례로 일제에 함락된다. 함락 일자는 다음과 같다. 북평 : 1937년 7월 29일, 천진 : 1937년 7월 30일, 상해 : 1937년 11월 12일, 남경 : 1937년 12월 13일, 청도 : 1938년 1월 10일.

등의 지역을 동북아 인구 재편을 위한 주요 항구로 지정[10]하였으며, 그 중, 동북지역과 대만을 제외한 관내지역의 항구 중에서 당고항, 청도항, 상해항을 한인 귀환의 주요 항구로 사용한다. 이에 상해는 그곳에 거주하던 한인 뿐 만 아니라 豫蘇浙皖湘鄂贛[11] 등 화남지역 한인의 집결 장소이자, 귀환의 통로가 된다. 당시 상해가 화남지역 한인의 귀환 통로로 지정된 데에는 다양한 요인이 작용하였겠으나, 가장 눈에 띄는 요인으로는 다음과 같은 몇 가지를 들 수 있다.

첫 번째는 상해가 지리적 이점으로 인해 중국 내 주요한 군사적·전략적 요충지의 역할을 담당하였다는 점이다. 상해 지도를 살펴보면, 상해를 가로지르는 황포강黃浦江은 시 중심부에서 오송강吳松江과 만나고, 그 물줄기는 상해의 끝자락에서 양자강揚子江에 합류하는 것을 알 수 있다. 그리고 그곳에서 양자강은 태평양과 만난다. 이처럼 상해는 강과 강이 만나고, 강과 바다가 만나는 곳에 위치하고 있으며, 이로 인해 상해는 일찍이 바다를 이용한 해운과 강을 이용한 수운이 발달하였다. 그리고 수로와 항로의 발달로 인해 사람과 물자의 이동이 많아지면서 상해는 '중화제국의 대문'이라 불렸다. 이로써 '누가 상해를 차지할 것인가'의 문제는 '누가 중국 전역을 연결하는 수운과 해운을 운용할 권리를 갖을 것인가'의 문제와 매우 긴밀하게 연결될

---

10 中國陸軍總司令部 第2處, 「遣送日俘僑及韓臺人歸國有關條規彙集」(1946), 『국사편찬위원회 해외사료총서 25 – 광복 이후 재중 한인의 귀환 관련 사료 I』, 국사편찬위원회, 2012, 41~42쪽. 이 시기 귀환 업무에 사용된 중국 및 대만 지역 항구는 중국 대륙의 천진, 상해, 청주, 광주, 해구, 하문을 비롯하여 베트남 하이퐁, 대만의 기륭, 고웅(高雄) 지역에 분포하였다. 이외 한국의 항구로는 부산항, 인천항, 목포항이 지정되었다.

11 上海市檔案館 編, 「何應欽致上海市長錢大鈞電抄件」, 『中國地域韓人團體關係史料滙編 1』, 東方出版中心, 1999, 25쪽.

수밖에 없었다.

일례로, 1937년 화남지역 및 국민정부 수도 남경南京을 점령하려던 일본군은 가장 먼저 상해를 함락하여 군사적 우위를 점하고자 하였다. 상해는 일본과 중국 간의 해로海路와 남경과 상해간의 수로水路가 연결되는 곳이었기에, 3개월 이내에 중국 대륙을 완전히 장악하려는 목표를 세운 일본군에게 있어 상해는 남경함락을 위한 첫 번째 관문이자 통로였다. 그러나 상해를 손쉽게 수복하리라 생각했던 일본군의 판단과는 달리, 상해 북방에 상륙한 일본군은 해안에서만 약 3개월에 걸쳐 중국군과 전쟁을 벌인다. 결국 항주杭州를 통해 상륙한 후방지원군의 도움을 받아 조계지역을 제외한 상해 전역을 점령한 일본군은 이후 매우 빠른 속도로 난징을 향해 진격하여 약 한 달 만에 난징 점령에 성공한다. 뿐만 아니라, 일본이 항복한 이후 진행된 국공내전 상황 속에서도 상해는 국민당과 공산당의 상호 견제를 위한 전략적 요충지로서 평가되었다. 1945년 일본이 항복을 선언하려는 조짐을 보이자 장개석은 상해지역을 선점하려는 목적으로 주불해周佛海를 국민당군사위원회 상해행동총대 총지휘관으로 임명하고, 장백성을 군사위원회위원장 상해대표로, 오소주吳紹澍를 상해시군사특파원 겸 상해시정치특파원으로 임명[12]하는 등 주요 인사를 상해에 배치한다. 또한 중국의 주요 도시인 북경, 남경, 광주의 점령과 방어를 위해 미군 측에 천진 2개 사단, 상해 2개 사단, 광주 1개 사단의 병력을 요청하고, 각각 중국의 북부해안, 동남부해안, 남서부 해안을 지키

12　劉惠吾, 『上海近代史』下, 華東師范大學出版社, 1986, 443쪽.

도록 한다. 이러한 장개석의 조치는 상해가 중국 전역의 군사력에 지대한 영향력을 미칠 수 있는 전략적 요충지였기 때문이라 할 수 있다.

두 번째는 당시 상해지역 항구에 각종 항만시설 등 대규모 인구 이동에 알맞은 인프라가 조성되었다는 점이다. 상해 지역은 1843년 영국에 의해 강제 개항된 이후 미국, 프랑스 등 열강세력이 동아시아 전역으로 진출하는 경제적·군사적 창구 기능을 담당한다. 이후, 상해에는 영국 조계지를 비롯해 미국조계지[13]와 프랑스조계지가 들어선다. 이 시기 서양 열강은 상해 지역에 부두와 도로를 조성하는 등 대규모 공사를 진행하였으며, 상해는 이를 기반으로 하여 점차 동아시아의 중점 해양 도시로 발전할 수 있는 기틀을 마련하였다.

이후 20세기에 들어서서 상해항은 중국을 포함한 동아시아 지역 운항의 중심지로 발돋움한다. 1920년대 상해항은 항로와 부두시설, 입출항 화물량 등 다양한 면에서 대형 국제무역항의 반열에 올라선다. 수출입 선박 적재량이라는 객관적 수치로 볼 때, 1928년 상해항은 이미 세계 14위에 올랐고, 1931년에 들어서는 7위로 상승하였다. 이때 상해항에서 교역되는 항만 물류량은 1,400만 톤에 달했다. 그리고 1930년대 중반 상해항에는 500톤 이상의 선박을 지닌 해운업체가 99개소가 있었으며, 이중 상해에 본사를 둔 업체는 총 58개소로 집계된다. 그뿐만 아니라 상해를 시발항 혹은 중계항으로 하는 항로는 총 100여 개로, 상해항은 명실상부 동북아지역 해역네트워크의 중심지로 인정받게 된다. 특히, 1883년 상해에서 출발하여 인천, 부

---

13 1963년 태평천국 이후, 영국 조계지와 미국조계지는 통합되어 공공조계가 되었다.

산을 거쳐 일본 나가사키까지 연결되는 증기선이 취항한 이후, 상해 항은 한·중·일 삼국을 연결하는 동북아시아 지역의 주요 항구로 발돋움 하게 된다. 상해항을 통한 인구와 물품의 이동이 점차 늘어나면서, 1930년 상해항은 세계 7대 주요 항구도시 중 하나로 성장할 수 있었던 것이다.

세 번째는 대한민국 임시정부가 수립된 지역으로 한인 사회가 발달하고 다양한 한인 단체가 활동하였다는 점이다. 일제강점기 초반, 한국의 독립운동가와 정치인들은 비교적 자유로운 활동이 가능했던 상해에 임시정부를 수립했다. 대한민국임시정부가 처음 상해에 수립된 이유는 여운형의 자서전에 잘 드러난다.

> 서간도 일대로 말하면 토지가 광막하고 한편으로 러시아를 끼고 있어서 무슨 큰일이든지 일으킬 무대로는 좋지만은 교통이 심히 불편하다. 그러기에 세계대세를 따져볼 때에는 장차 시국에 관심을 가진자 일진대 문화가 앞서고 인문이 개발 되었고 또 교통이 편하여 策源地로서 가장 값이 있는 상해 남경 등지가 좋으리라고 단정하였던 것이다.[14]

여운형은 대한민국임시정부를 설립할 책원지로서의 조건을 세 가지로 정리한다. 첫째 문화가 앞설 것, 둘째 인문이 개발될 것, 셋째 교통이 편할 것이 그것이다. 상해는 앞서 언급한대로 서양열강의 조계지가 들어서면서, 구미지역의 외국인 유입량이 상당히 높았다. 그리고 인구

---

14 여운형, 「나의 上海時代, 自敍傳 第二」, 『삼천리』, 삼천리사, 1932, 4~10쪽.

의 유입과 함께 들어온 선진적 사조와 지식, 그리고 서양문화와 사상으로 인해 상해 지역은 이미 국제적 도시로서 발돋움 하고 있었다. 상해와 인천, 부산을 연결하는 증기선의 취항으로 이동이 용이하였다는 점역시 상해에 임시정부가 설립된 이유 중 하나로 작용하였다.

상해는 대한민국임시정부의 수립 이후 10여 년 동안 해외한인의 거점역할을 담당한다. 이 시기 상해에는 한인이 다수 유입되었고, 이를 기반으로 한인 사회 및 한인 단체가 발달한다. 1932년 윤봉길 의거 이후 임시정부가 상해를 떠나 항주杭州, 1932, 진강鎭江, 1935, 장사長沙, 1937, 광동廣東, 1938, 류주柳州, 1938, 기강綦江, 1939을 거쳐 1940년 중경重慶으로 본거지를 옮기는 기간 동안, 한인의 상해 유입은 지속적으로 증가하였으며, 상해한국교민협회를 비롯하여 대한청년단, 상해한국기독교회, 중한협회, 중한민주혁명동지회, 한국구제총회, 조선국민민주청년연맹, 한국부녀공제회 등 다양한 성격의 한인조직이 형성되었다. 이 중 상해한국교민협회는 해방 이후 중국국민정부, 화남선무단과 함께 한인수용과 관리 업무를 주도적으로 추진하였으며, 한국부녀공제회는 위안부 출신 여성을 수용하고 한국으로 귀환시키는 업무를 담당하였다.

이처럼 당시 상해는 중국 내 군사적·전략적 요충지이자 동아시아 해역네트워크의 중심지로 평가되었다. 또한 해외 한인의 독립운동 중추지로서 전 세계에 산재한 한인 간 네트워크를 연결하는 교두보의 역할을 담당하였다. 지리적 요인과 물리적 조건, 그리고 인적 네트워크가 마련되었던 상해는 해방 이후 화남지역을 포함한 관내 지역 한인이 귀환하기 위해 거쳐야 했던 중간 정착지로서 한국과 중국을 연결하는 해역네트워크의 중심역할을 담당하게 된다.

3. 한인귀환 정책과 상해지역 한인 인구의 변화

1931년 12월 일본 외무성의 통계[15]에 따르면 당시 상해에 거주한 한인의 수는 총 856명으로, 프랑스조계에 497명, 공공조계에 268명, 화계에 91명이 거주한 것으로 조사된다. 그리고 1936년에는 그 수가 두 배 이상 증가하여 프랑스조계 523명, 공공조계 794명, 화계 480명으로 총 1,797명의 한인이 거류했던 것으로 확인된다.[16] 이후 중일 전쟁이 발발하면서, 한인의 수는 크게 증가한다. 특히 일본군 위안소의 증가에 따라 한인 여성 인구수가 급속도로 늘어나는 양상이 나타난다. 1937년 11월부터 1938년 10월까지 1년 동안 상해에 진출한 한인 여성이 1,000여 명에 이르렀고, 1940년에 여성의 수는 1,910명에 달했다.[17] 이후 1940년 10월, 한인 여성의 수는 2,871명으로 늘어났으며, 한인의 수 역시 총 7,855명으로 크게 증가한다.[18] 해방 당시 중국 관내 지역에 거주하는 한인의 수는 최소 7만에서 8만 명으로 추정[19]되며, 1945년 10월 상해 지역에 거주하는 한인의 수는 약 5천 6백 명으로 집계된다.[20]

일제가 항복한 직후인 1945년 8월 24일, 김구는 임시정부의 환국

---

15 日本外務省亞細亞局, 「支那在留本邦人及外國人人口統計表」(1931.12), 社會問題資料研究會 編, 『思想情勢視察報告集 5』, 東洋文化社, 1977, 1쪽.

16 앞의 책, 1쪽.

17 장석흥, 「해방 직후 상해지역의 한인사회와 귀환」, 『한국근현대사연구』 28, 한국근대사학회, 2004, 254~284쪽.

18 楊紹全, 「華中, 華南, 北中美洲居住朝鮮人 / 槪兄」, 『關內地區朝鮮人反日獨立運動資料彙編』(上), 遼寧民族出版社, 1987, 14쪽.

19 참조) 추헌수, 『資料韓國獨立運動 1』, 延世大學校出版部, 1971, 476쪽.

20 김정인, 「임정 주화대표단의 조직과 활동」, 『역사와 현실』 24, 한국역사연구회, 1997, 133쪽.

과 한교 처리의 내용이 담긴 비망록[21]을 국민정부에 제출하고, 이후 장개석을 만나 그 내용을 직접 전달하였다.[22] 이 비망록에는 400만에 이르는 한인 중, 불량분자를 제외한 자에게는 관용을 베풀 것과 일본군 내의 한인 병사를 광복군에 인계할 것 등의 내용이 담겨 있었다.

일본의 패망과 동시에 한국이 독립하면서, 상해를 포함한 화남지역에 거류하던 한인은 중국에 계속 거주할지 아니면 귀국할지를 결정해야 하는 선택의 기로에 놓이게 된다. 상해에 오래 살았던 교민들 가운데 사업이나 상업, 직장이 있는 경우에는 대개 잔류를 원하였다. 오랜 기간 동안 상해에 거주하며 생활 기반을 마련한 이들에게 그곳은 제2의 고향[23]이나 마찬가지였기 때문이다. 그러나 해방 이후 직업이나 생활기반을 상실한 한인을 비롯하여, 귀국을 위해 타지에서 상해로 넘어온 한인은 대부분 귀국을 원했다. 중국국민정부는 이러한 상황 속에서 김구의 비망록에 담긴 사항들을 승인한 것이다. 중국 국민정부의 승인 이후 대한민국 임시정부는 한국광복군 잠편지대를 편성하고 일본군 출신 한인 병사를 충원하여 점차 군비를 확장한다는 확군擴軍계획을 수립하였으며, 광복군을 한인포로수용소로 파견하여 교육과 훈련을 담당하도록 하였다. 국민정부는 이 같은 임시정부의 움직임에 대해 향후 대한민국임시정부 및 광복군을 통해 동아시아 지역 내에서 영향력을 확대한다는 전략적 판단 하에 우호적인 입장과 태도를 나타낸 것이었다.

---

21 한시준, 『대한민국임시정부사3 – 충경시기』, 독립운동기념관, 2009, 235~237쪽.
22 대한매일신보사, 「總裁接見韓國臨時政府主席金九記錄」, 『白帆金九全集』5, 나남출판, 1999, 686~688쪽.
23 김광재, 『어느 상인 독립군 이야기 – 상해 한상 김시문의 생활사』, 선인출판사, 2012, 122쪽.

이후 1945년 9월 말 일본군 포로 및 교민, 한인과 대만인의 귀환에 대한 본격적인 미·중 협의가 이루어졌으며, 주한미군정은 한인귀환의 책임 주체로서 중국國民정부, 일본, 소련, 영국 등의 국가와 함께 동아시아지역의 인구이동을 주도하였다. 그러나 그 협의의 중심은 중국인과 일본인의 귀환과 송환이었으며, 일제시기 해외로 이주한 한인의 귀환 문제는 중국·일본·대만 등 동아시아 지역의 인구 재편의 일환으로서만 논의되었다. 그리고 대한민국 임시정부 요인의 환국 문제에 대한 논의와 일본군 무장해제가 본격화된 1945년 10월부터 한인 교민과 군인의 송환 문제에 대한 국민정부의 입장은 변화되기 시작했다. 1945년 10월 13일 연합군과 중국군은 상해에 연합군 위원회를 설치하였으며, 1945년 10월 17일 장개석은 국방부장 하응흠何應欽에게 한적 군인과 한교의 송환 문제에 대한 2항의 처리 원칙을 알렸다. 그 내용은 다음과 같다.

(1) 한인 병사는 일본 포로와 병합해서 집중 관리하고, 이후 일본 포로를 배로 보낼 때 동시에 귀국시킨다.

(2) 각 지역의 한인 교민은 省市에서 집중 관리하고, 이후 일본 교민을 배로 보낼 때 함께 귀국시킨다.[24]

위의 방침은 한인을 일본인과 동일하게 난민으로 규정하고 수용소

---

24 上海市檔案館檔案 Q1-6-70, 「上海市政府 - 中國陸軍總司令部等頒布有關韓日僑民及戰俘的管理徵用辦法」, 43쪽. (一) 日軍中之韓籍士兵一律與日俘集中管理, 將來送日俘歸國時同時送其歸國" (二) 各地韓僑亦由省市集中管理, 將來船運日僑時一並送其回韓"

에 집결시킨 뒤, 귀국 혹은 추방하고 그 재산을 몰수한다는 것이 골자였다. 이 같은 국민정부의 송환 정책은 재중한인의 반발을 일으켰다. 이에 대한민국임시정부 주석 김구와 주화대표단 단장 박찬익은 서신과 공함을 통해 국민당 정부에 시정을 촉구했다. 아래는 1945년 12월 2일 박찬익이 오철성吳鐵城 에게 보낸 편지의 내용이다.

무장해제된 韓籍 사병은 한국광복군에 넘겨 편제와 훈련을 진행하도록 하고, 수복구 각지에 산재한 한교는 한국선무단이 실정을 조사하여 현지에 주둔하고 있는 중국 군정당국과 긴밀히 합작하여 처리하기로 한 것은 金九 주석이 귀국 전 蔣 총재를 예방한 자리에서 청구한 내용이고, 장 총재께서도 이를 흔쾌히 받아들이셨습니다.

그러나 최근 각지의 중국 군사당국자들이 한적 사병과 한교를 敵軍 및 敵僑와 똑같이 취급하여 일률적으로 수용소에 집단수용하여 관리하려 한다는 소문이 돌고 있습니다. 심지어 北平과 上海 등지에서는 이미 집단수용이 행해지고 있다는 소문도 없지 않습니다. (…중략…)

한국선무단이 실제조사를 통해 한교의 평소 행적을 엄밀히 조사하고 이를 바탕으로 현지 중국 지방당국과 협조하여 적절한 조치를 취하는 것이 가장 합당한 방법이라고 생각됩니다. 한교들을 일률적으로 처리하다보면 분명 옥석을 제대로 가리지 못하는 우를 범하게 될 것입니다. 물론 이 과정에서 도저히 용서할 수 없는 죄를 범한 한교들은 중국 법률에 따라 엄히 처벌해야 할 것입니다. 공평하고 합리적인 방법으로 중한 쌍방이 합작정신을 발휘하여 한교문제를 처리하는 것이 가장 좋은 방법이라 생각됩니다.[25]

중국에 거류 중인 한인 중 범죄자, 무직자, 친일파 등 죄를 범한 자들과 그렇지 않은 한인을 구별하여 귀국과 잔류 및 보호조치를 진행하길 원하는 대한민국임시정부 측의 요청에도 불구하고, 1945년 12월 21일 중국 국민정부 군사위원회는 10월 발표되었던 2항의 처리원칙을 수정·보완하여 『한교한부처리판법韓僑韓俘處理辦法』[26]을 발표한다. 이 규정에 따라 한인 병사는 일본군과 별도로 분리 수용되고, 한인은 각 지역에서 집중 수용된다. 그러나 한인 병사는 기본적으로 전쟁포로로 정의되면서, 그들을 수용하는 '한적관병관리소'는 중국 군사위원회의 '전쟁포로 관리소' 지침에 따라 관리되었으며, 한국광복군의 확군 및 기타 활동 역시 계속 금지되었다.

위와 같은 한인들에 대한 국민정부의 집중관리 및 집중 귀국의 방침이 정해지면서, 중국 전역에 산재하던 한인과 한인 병사는 지역별로 집중 관리 및 수용하게 된다. 특히, 대한민국임시정부가 설립된 이후 비교적 큰 규모의 한인사회가 유지되어왔던 상해는 중국 화남지역 한인 귀환의 거점으로서 역할을 담당하게 된다. 아래의 「그립던 조국을 찾아서, 華中 5,000 전재동포 귀환」이라는 기사를 살펴보면,

---

25 추헌수, 「韓僑 처리에 보다 신중을 기해주기를 청하는 공함」, 『資料韓國獨立運動 1』, 延世大學校出版部, 1971, 494~495쪽.

26 中國陸軍總司令部, 「關於韓僑韓俘處理辦法」, 『中國戰區中國陸軍總司令部處理日本投降文件彙編』(下), 文海出版社, 1946, 312~313쪽. ① 일본인 포로와 한국인 포로는 각각 나누어 집중 관리한다. 각 전구(方面軍)을 단위로 하여 인원수에 따라 戰俘管理處 아래 한국관병관리수용소를 설치하고, 광복군이 인원을 파견해서 조직훈련에 참여할 수 있도록 허용한다. ② 일본 부항 이후, 한국광복군이 긱 지역에서 수용·편성한 한인은 각 전구(方面軍)가 상황에 따라 집중적으로 통일·관리한다. 또한 광복군이 인원을 파견하여 조직훈련에 참가할 수 있도록 한다. ③ 각 지역에 분포한 한국광복군의 支隊, 區隊, 分隊 중, 본회의 비준을 거친 경우에 한해 원상을 유지한다. 이후 비준을 거치지 않은 한국광복군의 활동은 금지된다. ④ 한인은 각 성·시에서 일본인과 분리하여 집중·관리하고, 대한민국 임시정부가 각지에 파견한 선무단과 협의하여 처리한다.

화남 일대의 전재동포들이 상해 한국 교민단의 지시로 상해에 설치
된 7개의 수용소에 수용되고 있으며, 김규식과 조소앙의 가족을 포함
한 중경 지역 한인 500명이 1946년 2월 10일 중경을 떠나 당시 상
해에 집결하여 있다는 소식을 전하고 있음을 알 수 있다.

> 華中전재동포 五천명이 군정청에서 파견하얏던 대표의 활동으로 上海에
> 서 미군 선박으로 지난 六, 七, 八 三일간에 釜山항에 입항하얏는데 화중동
> 포의 귀환은 이번이 처음이다. 이들중에는 임정요인 崔東旿 金尙德 양씨의
> 가족도 잇다. 그들이 전하는바에 의하면 화중일대의 전재동포는 上海한국
> 교민단의 지시로 上海시 안에잇는 수용소 七개처에 수용하고 구제중이라
> 한다. 또 重慶일대에 거주하던 동포 五백명은 지난 이월 십일경 重慶을 떠
> 나서 上海에 집결하야 잇는데 그중에는 金奎植 趙素昂 두분의 부인도 잇다
> 한다.[27]

실제로 1945년 11월 4일 작성된 명단에 의하면, 당시 중경에 거
주하고 있던 한인은 501명[28]으로 집계되며, 이들은 총 세 차례에 걸
쳐 상해로 이동한다. 첫 번째로 이동한 인원은 총 250명으로 1946
년 임의택이 인솔하에 버스와 선박을 이용하여 2월 19일 상해에 도
착하였다.[29] 두 번째는 김원봉 계열의 조선민족혁명당 인사들과 남안
지역에 거주하고 있는 교민 40여 명으로, 선박관리 위원회의 교섭을

---

27 「그립던 조국을 찾아서, 華中 5,000 전재동포 귀환」, 『자유신문』, 1946.3.12.
28 대한매일신보사, 「旅滬韓僑名冊」, 『白帆金九全集』 5, 나남출판, 1999, 717~768쪽.
29 양우조, 최선화, 『제시의 일기』, 혜윰, 1999, 258쪽.

통해 선박으로 이동하였다. 세 번째는 중경에서 영구 거주를 신청한 임득산, 나성헌 등 7~8명을 제외한 20명의 교민인데, 이들은 3월 27일 기선 민복호^{民福號}로 상해를 출발하여 귀국하였다.[30] 이들의 이동을 끝으로 중경지역 한인의 이동이 마무리 된 듯하였으나, 이후 중경으로 이동해온 광복군 한인청년 80여 명이 1946년 7월 중국국적의 광복군 직원들과 함께 선박을 통해 중경을 떠나면서 비로소 중경지역 한인의 상해 집결은 마무리된다.

남경 역시 대대적인 집단 이동이 진행된다. 남경지역의 한인은 1946년 3월 12일과 13일 양일간 기차에 탑승하여 상해로 이동하였다. 다만 29명의 한인은 질병과 분만 등 특수한 이유로 남경에 남게 되었다.[31] 이에 남경시정부는 남은 한인을 성현가^{成賢街} 74호로 집결시키고 관리한다. 그리고 이들의 처리 문제에 대해 육군총사령부와 외교부, 내정부등 유관 기관과 협의를 진행하였다. 1946년 9월 26일, 남경에 잔류했던 35명의 한인이 남경을 출발하여 상해에 도착하면서 남경지역 한인의 상해 집결 역시 마무리 된다.

이 외에도 하남성, 강소성, 절강성, 안휘성, 호남성, 호북성, 강서성 지역의 한인은 지역 정부의 주도 아래 크고 작은 무리를 지어 상해로 이동한다. 일례로, 1946년 4월 강서성 정부는 지역 내 한인을 구강현^{九江縣}으로 집결시킨다. 이때 '구강조선인회'는 강서성 정부에 구제물품과 식량 등을 신청하기 위해 명단을 작성하여 제출하고, 2천

---

30 「在中同胞調査團」, 『중앙신문』, 1946.3.25.
31 참조) 국민대 한국학연구소, 「爲遵令辦理本市韓僑移遣情形報請鑒核由」, 『중국지역 한인 귀환과 정책 5』, 역사공간, 2004, 103~105쪽.

만원을 발급받았다.

상술한 일반 한국 교민 외에도, 화남지역에 거류중인 일본군 소속 한인청년들과 위안부로 징발되었던 여성들 역시 상해로 집결한다. 특히 위안부로 끌려갔던 여성들은 일본 패망 이후 "적신무자赤身無資로 생소한 중국에 방축되어 상해 거리에 유랑하며 갈 바를 모르고 방황"[32]하게 된다. 이에 공돈, 강대형, 권후원, 임영호 등은 사비를 털어 부녀 공제회를 설립하고 이들을 수용·관리 한다. 1946년 7월 16일 『수산경제신문』에 실린 권후원과 관련 기사에는 부녀공제회의 활동과 관련한 내용을 비교적 자세히 보도하였다.

소위 위안부(慰安婦)라는 미명아래 왜병들의 수욕(獸慾)을 채우는 용구가 되어 싸움터로 끌려나가 유린과 혹사를 당하여 온 우리 동포부녀들은 일본이 항복하든 날부터 적신무자(赤身無資)로 생소한 중국에 방축(放逐)되어 상해(上海) 거리에 유랑하야 갈바를 모르고 방황하고 있는 참경을 목도한 그곳 재류 동포 유지 공돈(孔敦), 강대형(姜大衡), 권후원(權厚源), 임영호(任永浩) 四씨는 지난해 十一월 각각 사재 제비권(제備券) 二억원식을 지출해서 한국부녀공제회(韓國婦女共濟會)를 조직하야, 교포(僑胞) 각 단체와 조선군정청파견제단체 등의 협력을 얻어 금년 四월까지 一천 二백 四十명의 부녀를 각각 인솔귀국 시키었는데 결국 사재전부를 이 사업에 바치고 이즘 최후 귀환선으로 도라온 권후원씨는 그 숙소인 시내 돈암정(敦岩정) 二三一번지 경동중학(京東中學) 사택에서 환국 당시의 실정을 다음과

32 「倭軍에 유린 된 「慰安婦」, 私財全部를 던저 救出에 成功」, 『수산경제신문』, 1946.7.16.

같이 말하였다. 내가 상해를 떠날 때 로상에서 빌어먹는 아편 중독된 동포 남녀 二十여 명을 다리고 와서 군정청에 인계하엿다. 이런일은 국제 체면을 유지하는데 다소라도 뜻이 있을까 생각하엿다. 아직도 상해에는 중국인 창루(娼樓)에 三四十명이 남어있을 터인데 구출할 방법이 없음은 참으로 유감이다.[33]

이 시기, 화남지역 한인의 상해 집결이 본격화됨과 동시에 한인의 공식적 · 비공식적 귀환이 계속하여 이루어지면서, 상해지역의 한인 수는 정확한 통계를 내릴 수 없을 정도로 큰 변화를 거듭한다. 몇몇 연구에서 밝혀진 바에 따르면, 해방 후 얼마 지나지 않은 1945년 말 상해에 거류하는 한인의 수는 약 1만 3천여 명으로 추산[34]되며, 1946년 1월, 상해 지역에 체류 중인 한인의 수는 11,957명으로 집계된다. 또한 1946년 10월 주화미국육군 남경사령부가 국방부에 보내온 비망록[35]을 살펴보면, 당시 상해에 머물고 있는 한인의 수는 약 800여 명임을 알 수 있다. 그러나 약 한 달이 지난 46년 11월 중국 외교부가 상해시정부로 보낸 대전을 살펴보면, 상해에 머물고 있는 한인의 수는 약 1,200명까지 증가[36]했음을 알 수 있다. 즉, 대규모의 한인 귀환과 동시에 화남지역 한인의 상해 집중이 동시다발적으로 진행되면서, 상해에 재류하는 한인의 수는 증가와 감소를 거듭할 수밖에 없었다.

33 상동.
34 김승욱, 「戰後 上海의 韓僑 처리와 한인사회」, 『중국학보』 79, 한국중국학회, 2017, 242쪽.
35 나애자, 「韓僑 송환업무와 관련된 駐華美國陸軍 南京司令部의 비망록 내용을 전하는 代電」, 『광복 이후 재중 한인의 귀환 관련 사료 1』, 국사편찬위원회, 2015.
36 上海市檔案館 編, 「國民政府外交部致上海市政府代電(一九四六年十一月二十二日)」, 『中國地域韓人團體關係史料滙編 2』, 東方出版中心, 1999, 402쪽.

집중 수용과 집단 귀환이 마무리 된 1946년 이후 부터는 상해에 남아있는 한인의 수가 지속적으로 줄어드는 양상을 보인다. 1946년 11월 조사된 바에 따르면, 상해에 남은 인원은 총 1,200여 명으로 집계된다. 그 가운데 성년 남성은 500명으로 대부분 직업이 없는 유랑민이었으며, 정당한 직업을 가진 자는 20%에 불과했다. 1,200명의 한인 중 귀국을 희망한 자는 약 600여 명 정도였으며, 이들은 교민협회에 귀국 등기를 마친 것으로 알려진다.[37] 그리고 약 한달 뒤인 1946년 12월 상해시경찰국의 조사[38]에 따르면, 당시 상해에 거주하는 한인의 수는 591명으로 나타난다. 이는 화남지역 한인의 집단 귀국이 어느 정도 마무리 되면서 한인의 상해 집결의 규모가 줄어들었기 때문이라 할 수 있다. 그리고 1947년 12월 〈상해시외교호구국적분류통계표上海市外僑戶口國籍分類統計表〉[39]에 의하면, 상해에 남아있는 한인의 수는 총 843명으로, 이 중 남성은 412명, 여성은 431명으로 집계된다.

1949년 10월 중화인민공화국 성립 이후 인구조사가 대대적으로 실시된다. 중화인민공화국 성립 이후 한 달이 지난 1949년 11월에 조사된 「1949년 상해시 종합 통계」에 따르면, 상해에 남아있는 한인은 총 503명으로 나타난다.[40] 그리고 1950년 11월 상해시 인민정부

---

37 上海市檔案館 編, 「國民政府外交部致上海市政府代電(一九四六年十一月二十二日)」, 『中國地域韓人團體關係史料滙編 2』, 東方出版中心, 1999, 402쪽.

38 上海市檔案館 編), 「上海市警察局調査韓國僑民姓名住址清冊(一九四六年十二月)」, 『中國地域韓人團體關係史料滙編 1』, 東方出版中心, 1999, 8~69쪽.

39 上海市文獻委員會曾編, 「外交」, 『上海市年鑑』, 上海市文獻委員會, 1948, 40쪽.

40 鄒依仁, 「1949年上海市綜合統計」, 『舊上海人口變遷的研究』, 上海人民出版社, 1980, 146~147쪽.

의 통계[41]에 따르면 상해의 한적 인구는 358명만이 남은 것으로 나타난다. 이는 일제의 패망과 동시에 직업이나 생활기반을 잃은 한인과 귀국을 위해 상해로 집결한 한인 대부분이 상해를 떠났음을 의미한다. 그리고 이와 동시에 상해에 지속적으로 거주할 수 있을 만큼의 직업과 재력을 갖고 있는 한인과 피치 못할 사정으로 상해를 떠날 수 없는 한인이 소수이나마 존재하고 있음을 증명한다. 그들에게 있어 상해는 이미 생활 기반의 근거지이자, 제2의 고향이 된 것이다.

4. 상해를 통해 한국으로 돌아간 한인

상해 지역 한인의 귀환은 그 규모와 국민정부의 한인 귀환정책·담당 기관 등의 특성에 따라 크게 '귀환준비단계'1945년 8월~1945년 12월, '집단귀환단계'1946년 1월~1946년 7월, '개별귀환단계'1947년 8월 이후로 구분할 수 있다.[42]

'귀환준비단계'는 해방 이후부터 1945년 12월까지로, 이 시기 상해에서 출발한 공식적 귀환은 대한민국임시정부 요인 29인의 귀환뿐이었다. 이후, 1946년 1월부터 1946년 7월까지 진행된 '집단귀환단

---

41 周明偉, 唐振常, 『上海外事志』, 上海社會科學院出版社, 1999, 334쪽.

42 상해지역 한인 귀환 과정은 그동안 몇몇 연구자들에 의해 구분되어왔다. 그 중, 대표적인 것은 장석흥과 황선익의 구분 방법이다. 장석흥은 상해지역 한인의 귀환 수행 주체에 따라 1945년 11월~1946년 7월(선무단 철수), 1948년 8월(판사처 설치)~대한민국 수립 이전, 대한민국 수립 이후~중국공산당 정권의 수립까지 세 단계로 구분하였다. 또한 황선익은 국민정부의 한인 정책에 따라 집단수용, 집단귀환, 거류조사, 개별귀환 및 강제송환, 잔류로 구분하였다.

계' 기간 동안에는 1,500명에서 5,000명 정도의 한인이 여러 차례에 걸쳐 귀국하여 총 2만 5천여 명의 한인이 상해를 통해 귀국한 것으로 집계된다. 중국의 보도에 의하면, 한인의 귀환이 집중된 1946년 3월 3일부터 6월 19일까지 약 3개월간 20만 746명의 한인이 상해를 떠나 한국으로 귀국[43]하였으며, 이 시기 상해지역 한인의 귀환은 1945년 12월 22일 중국 당국의 공식 인정을 받은 대한민국임시정부 산하 화남 선무단과 상해교민단의 협의로 이루어졌다. 1946년 7월, 선무단의 철수와 함께 주상해판사처가 한인의 귀환을 담당하게 되면서 '개별귀환단계'에 진입하게 된다. 이시기 상해 지역의 한인 귀환의 규모는 100~500명 정도로 매우 축소된다. 또한, '집단귀환단계'에서는 주로 화남지역의 한인이 상해를 통해 한국으로 건너간 것과는 달리, '개별귀환단계'에서는 천진 청도 등 화북지역의 한인이 상해를 거쳐 한국으로 돌아가기도 하였다. 이는 1948년 중국 내 전세가 공산당 쪽으로 기울면서 화북지역 귀환업무가 철수되었기 때문이라 판단된다.

1) 귀환준비단계(1945년 8월~1945년 12월)

지금까지 조사된 바에 의하면, 1945년 8월 15일 일본의 항복 이후 1945년 12월까지 진행된 공식적인 귀환은 모두 두 차례이다. 이는 모두 대한민국임시정부 요인들의 귀환으로, 일반교민의 대규모 귀환이 본격화되기 이전에 국내 정치상황과 중국·미국과의 외교적 관계

---

43 「遣送韓僑返國」, 全國工作完竣」, 『申報』, 1946.6.23.

수립을 위해 선발대로서 귀국한 것이라 할 수 있다. 상해에서 출발한 한인의 공식적인 첫 귀환은 1945년 11월 23일에서야 이루어졌다.

귀환의 첫 발걸음을 내딛은 사람은 김구 주석과 김규식 부주석을 비롯한 임시정부요인 15인이었다. 사실 이들을 비롯하여 임시정부 요인 29인은 11월 5일 이미 한국으로 귀국하기 위해 중경을 떠나 상해에 도착한 상태였다. 그러나 임시정부 요인들의 귀국 자격 문제로 인해 바로 환국하지 못하고 상해에 머무르게 된다. 이와 관련된 첫 기사는 1945년 10월 25일 미국 로스앤젤레스 지역의 한인 신문인 『신한민보』에 실렸다. 「김구귀국설」이라는 제목의 이 기사에는 미국 당국의 요청으로 김구가 관원의 자격이 아닌 평민의 자격으로 귀국할 것이며, 귀국 이후 혼합정부를 성립할 것이라는 내용이 실려 있다.

> 재중국 한국 림시정부 주석 김구는 당년 七十세요 장차 귀국할터인데 다만 평민자격으로 가고 관원의 명의를 여고가지 안올터이며, 김구는 남한점령 사령 하지중장이 불너서 간다는 것을 부인하며 말하기를 사실과 견설이 갓지 안이하다, 미국 당국은 중경 한인에게 통하지기를 재중경한인은 관원으로 귀국하지 말고 평민으로 귀국하면 환영할터이라 하엿다.[44]

실제로 임시정부 요인들을 '정부 자격'으로 귀국시키기 원하는 중국 국민정부의 요구[45]와 '개인 자격'으로 귀국시키기 원하는 미국무부

---

44 「김구귀국설」, 『신한민보』, 1945.10.25.
45 중국 국민당은 오랫동안 대한민국임시정부를 적극적으로 지지해왔다. 임정의 귀국을 앞두고, 국민당 정부는 대한민국 임시정부를 비공식적 혁명정부로 승인할 것을 미국 측에 요청하였으며, 임정에게 자금과 물품을 제공하였다.

의 방침[46]이 엇갈리면서, 임시정부 요인들의 귀국 자격 문제는 1945년 11월 19일 김구가 주중미군사령관 웨드마이어 중장에게 다음과 같은 서약서를 제출할 때까지 끊임없이 교섭되었다.

이에 본인은 본인 및 본인의 동료들이 어떠한 공적 위치로서가 아닌 완전히 私的 개인의 자격으로서 귀국을 허락받을 것임을 충분히 숙지하고 있음을 귀하에게 확신시키고자 합니다. 나아가 본인은 조선에 들어가면 우리들이 개인적으로나, 집단적으로 정부로써 혹은 민간 및 혹은 정치적 능력을 발휘하는 기구로써 활동할 것을 기대하지 않는다는 점을 기꺼이 진술합니다. 우리의 목적은 한국인에게 유리하게 될 질서를 수립하는데 있어 미군정과 협력하는 것이 될 것입니다.[47]

임시정부 요인들은 결국 개인자격으로 입국한다는데 서명을 하고 나서야 미군정에서 보내온 비행기에 몸을 실을 수 있었다. 그러나 그마저도 29인 모두가 탑승하지 못하였고, 11월 23일과 12월 1일 두 차례에 걸쳐 1진과 2진으로 나누어 환국하게 된다. 김구, 김규식, 이시영, 김상덕, 엄항섭, 류동열, 선우진, 민영완, 이영길, 백정갑, 장후하, 윤경빈, 김진동, 안미생, 류진동 등 15인으로 구성된 1진[48]은 11

46　10월 17일 국무부·육군성·해군성으로 구성된 삼성조정위원회(SWNCO)에서 맥아더에게 '임시정부를 활용하더라도 공식적으로 인정해서는 안 되며, 필요할 경우 언질을 주지 않은 채 개인 자격으로 활용할 수 있다'는 전문을 보냈다. 정병준, 「남한진주를 전후한 주한미군의 對韓정보와 초기점령정책의 수립」, 『사학연구』 51, 한국사학회, 1996, 133~180쪽.

47　"Letter, Kim Koo to Lt. Gen. A. C. Wedemeyer, CG U.S. Forces in China", 19 Nov. 1945, RG 332, XXIV Corps Historical File.

48　『신조선보』는 일차로 귀국한 대한민국 임시정부 요원의 명단을 직책과 함께 공개하였다. 「第一次로 歸國한 大韓臨時政府領袖」, 『신조선보』, 1945.11.24.

월 23일 상해강만비행장을 출발하여, 오후 4시 서울에 도착한다. 한국에 돌아온 김구는 당일 엄항섭 선전부장을 만나 고국동포에 고하는 성명서를 발표하였으며, 다음날『신조선보』[49]는 김구선생의 사진과 함께 성명서 전문을 공개한다.

이후, 12월 1일 조소앙, 신익희, 홍진, 김동호, 김원봉 등 14인은 2진으로 귀국한다. 이들은 본디 11월 30일 김포비행장으로 귀국할 예정이었으나, 기상악화로 인한 회항으로 11월 30일 오후 3시경 군산비행장에 도착했다. 도착 이후 비행기를 타고 김포비행장으로 가려했으나 폭설로 인해 군산에서 하루를 보내고 12월 1일 자동차로 충청남도 논산까지 이동한다. 다음날인 2일 그들은 대전비행장으로 이동하여 비행기를 타고 오후 4시 30분경 김포비행장에 도착하였다. 『대동신문사』, 『영남일보』 등 한국 언론은 임정 요인 2진의 귀국과정을 비교적 자세하게 보도하였다. 특히 『영남일보』는 「大韓民國臨時政府 閣員全部歸國, 殘留要人二日서울到著」이라는 기사를 통해 다음과 같이 임정 요인 2진의 귀국과정을 매우 상세히 알렸다.

지난 五日 金九首席과 함께 重慶을 出發하야 上海에 남아잇든 議政院院長 洪震氏 副院長 金東호氏 以下 閣員一行 二十三氏는 三十日 午後 上海를 出發 京畿道 金浦飛行場으로 向하였어나 天氣關係로 南下하야 午後 三時頃 群山 飛行場에 倒著하였다. 一行은 一日 自動車로 忠淸南道 論山까지 이르러서 一泊하고 大田에서 飛行機에 搭乘하야 二日午後四時半頃 金浦飛行場에 無

---

49 「聯合國에 最大의 感謝, 물불을 헤아리지 않고 일하겠소, 金九先生歸國第一聲」, 『신조선보』, 1945.11.24.

事히 倒著하엿다. 때맛침 내리치는 한방울 비는 그네들에 고요한 還國第一夜를 마지하게 한것이엿다. 일행 二十三氏는 西大門박 金九先生 宿舍에 이로러 先著한 臨時政府要人 十五氏와 五侯五時傾 감격에 넘치는 첫 對面을 하엿다. 그로서 지난 五日 重慶을 떠난 臨時政府一行 三十八氏는 全員 無事히 還國한 것이다.[50]

귀국길에 올랐던 임시정부 요인 29인이 모두 귀국한 이후, 전국 각지에서는 이들의 환국을 축하하는 크고 작은 환영회와 간담회가 열렸다. 이 행사들은 본디 김구의 귀국일정에 맞춰 진행될 예정이었으나, 임정요인의 귀국이 두 차례로 나뉘면서 연기된 것[51]이었다. 12월 15일 수원의 신풍국내학교에서 개최된 환영행사에는 조소앙, 조성환 등이 참석[52]하였고, 조선기자상임위가 12월 16일에 개최한 기자간담회에는 홍진과 최동오, 성주식, 엄항섭 등이 참석[53]하였다. 그리고 1945년 12월 19일 대한민국임시정부요인의 공식 환영회가 경성운동장에서 성대하게 개최된다. 오전 10시부터 시작된 환영회에 앞서 9시부터 참석자들이 입장하였으며, 폐막 후에는 꽃으로 장식한 전차 두 대[54]를 중심으로 귀국을 축하하는 가두행렬이 진행[55]되었다. 그리고 오후 3시부터 5시까지 덕수궁에서 만찬이 진행되었다. 이 환영 만찬 자리에는 김구 주석을 비롯한 임정 요인들과 하지 군사령관을 비

---

50 「大韓民國臨時政府 閣員全部歸國, 殘留要人二日서울到著」, 『영남일보』, 1945.12.4.
51 「김구귀국설」, 『신조선보』, 1945.11.24.
52 「臨政要人歡迎, 水原서도 擧行」, 『중앙신문』, 1945.12.18.
53 「臨政府領袖招請歡迎懇談會, 記者團主催」, 『공업신문』, 1945.12.18.
54 「임시정부 환영 꽃전차를 운전」, 『자유신문』, 1945.12.19.
55 「臨時政府要人 歡迎街頭行列」, 『민주중보』, 1945.12.18.

롯한 미군 간부들, 소련·중국·프랑스 영사, 해외 신문기자단, 각 정당 대표 등 각계 대표 약 삼백 명이 참석[56]하였다.

2) 집단귀환단계(1946년 1월~1946년 7월)

임정요인의 귀국 이후 시작된 집단귀환단계의 첫 번째 귀환은 1946년 1월 말에서야 이루어졌다. 상해에 거류하던 한인 2천 명이 미군수송선 2척을 나누어 타고 1월 31일 인천항으로 입항한 것이다. 『중앙신문』은 두 차례에 걸쳐 이들의 귀국을 보도하며, 이때 귀국한 인원 중에 인천과 서울에 사는 저명인사가 있음[57]을 알렸다. 그러나 그에 대한 구체적인 정보는 알려진 바 없다. 이들은 인천항에 도착한 이후 선내에서 검역 및 수속을 완료하고 2월 1일 오후 3시에 하선할 수 있었다.[58]

이후 3월 초에는 대대적인 귀환이 이루어진다. 3월 6일, 7일, 8일에 걸쳐 상해에 집결하여 있던 화남지역 한인 5천 명이 미군 LST 5척에 나누어 타고 부산으로 돌아온 것이다. 본디 이들은 상해에서 출발하여 인천으로 갈 예정이었으나, 기상 상황 악화로 인해 부산에 상륙하게 된다.[59]

이때 귀국한 대규모의 인원은 상당히 다양한 사람들로 구성되었다. 첫 집단귀환이니만큼, 대부분은 몸이 좋지 않은 병자이거나 상해에서 의식주를 해결할 수 없었던 난민이 다수를 차지했다. 특히, 제608대

---

56 「臨時政府歡迎會」, 『대동신문』, 1945.12.19.
57 「上海서도 라오는 同胞, 美船으로 二千名 昨日 仁川 入港」, 『중앙신문』, 1946.2.1.
58 「上海方面同胞歸還」, 『중앙신문』, 1946.2.5.
59 「上海五千同胞還國 美船五隻에 分乘 八日釜山安著」, 『한성일보』, 1946.3.11.

대 5중대 3소대장 출신인 정기영은 당시 귀환하였던 인원 중에 일본군 위안부 출신 한인 여성 221명이 포함되어 있다고 밝혔다.[60] 이외 눈에 띄는 자들은 최동오, 김상덕 등 임시정부 요인의 가족 40여 명[61]을 포함한 중경 교민 70명이다. 이들은 1946년 1월 16일 임의택의 인솔로 중경을 출발하였고, 버스와 선박을 이용하여 약 한 달여 만인 2월 19일 상해에 도착하였다.[62] 사실 이때 중경에서 출발한 한인의 수는 총 250명이었다.[63] 그 중 일부는 상해에 남아 다음 차례를 기다리고, 70명만 이번 귀국단에 합류하게 된 것이다. 또한 귀국단에는 상해 잠편지대 대원이 포함되어 있는 것으로 보도되었으나, 이들의 수는 정확하게 집계되지 않았다. 그러나 1월 23일 귀국준비 중 보고된 잠편지대 대원의 총 인원수가 1,459명인 것으로 볼 때, 그 수에서 큰 변동이 없을 것으로 파악된다. 이 외에도 이 귀국단에는 연안독립동맹 주석 김두봉의 둘째 딸 김상엽과 조선혁명가 손철부의 딸 손진협 등 한국 땅을 처음 밟은 한인 2세도 포함되어 있었다. 이들은 모두 고향을 떠나 중국에서 혁명 활동을 했던 아버지를 잃고 아버지의 나라 한국을 찾아 온 것이다. 『한성일보』는 1946년 3월 13일 "朝鮮은 아버지나라 말부터 배워 이땅의 딸이 되겟소"라는 기획 기사란을 마련하여, 「革命家의 딸 重慶서 온 混血兒孫振俠孃」[64]과 「金科奉氏 따님 尙

60 김은식, 『정기영 증언록 2』, 민족문제연구소 소장자료, 2004.3.27.
61 「꿈길도 바쁜 祖國行, 重慶同胞一行還國: 四百名上海安著不日仁川入港」, 『한성일보』, 1946.2.27.
62 양우조, 최선화, 『제시의 일기』, 혜윰, 1999, 258쪽.
63 민석린이 중국전재위원회와의 교섭등을 통해 3,000만원의 여비를 확보하여 버스 10대를 운용할 수 있게 되었다.
64 「"朝鮮은 아버지나라 말부터 배워 이땅의 딸이 되겟소" – 革命家의 딸 重慶서 온 混血兒孫振俠孃」, 『한성일보』, 1946.3.13.

燁孃도 生後 처음 故國에」[65]라는 두 편의 기사를 싣고 두 사람의 과거 행적을 비교적 자세하게 소개하였다.

뒤이어 3월 11일 강제징병으로 수년간 중국에서 군 생활을 했던 장정 중 일부가 수송선으로 귀국했다.[66] 이때 귀국한 백도용 군은 남경에 체류했던 인원 711명의 명부를 『영남일보』에 제출했고, 『영남일보』는 3월 14일부터 3월 26일까지 「在南京우리壯丁」이라는 특집란을 마련해 각 출신 별로 나누어 명부를 공개했다.[67] 이 외에도 3월 12일 중국에서 군 생활을 하던 전라남도 출신 장정 500명이 연합군의 원조 아래 미군선을 타고 12일 목포항으로 돌아왔다.[68]

이로부터 약 한 달 정도 상해지역의 한인 귀환 소식이 끊어졌다. 아직 돌아오지 못한 가족친지를 기다리고 있던 사람들은 애만 탈 수밖에 없었다. 그러던 중, 4월 15일 재중한인 송환문제를 담당하고 있는 리차드위드맨은 중국에 있는 조선인 송환 문제를 5월 초순까지 완료할 것이라고 발표한다. 이 내용은 『한성일보』,[69] 『자유신문』,[70] 『대구시보』[71] 등 여러 신문을 통해 대대적으로 보도된다. 이후, 상해를 포함한 중국 내 한인 귀환의 속도는 급격히 빨라진다.

---

65 「"朝鮮은 아버지나라 말부터 배워 이땅의 딸이 되겠소" - 金枓奉氏 따님 尙燁孃도 生後 처음 故國에」, 『한성일보』, 1946.3.13.

66 「在中 우리 壯丁 健在 - 一部는 이미 歸還」, 『영남일보』, 1946.3.14.

67 『영남일보』는 경북(14일, 15일, 16일), 경남(17일), 강원충청(19일), 경기(20일), 전북(21일), 전남(22일, 23일, 24일, 26일)출신의 광복군 명단을 공개하였다. 이 명단에는 각 인원의 성명을 비롯하여 주소가 비교적 자세히 기록되어 있다.

68 「木浦의 消息」, 『光州民報』, 1946.3.29; 「徵兵에 간 全南出身五百名 十二日밤 木浦上陸」, 『공업신문』, 1946.3.29.

69 「돌아오는 在華同五月까지 送還完了 南華, 佛印同胞도 곳 歸國」, 『한성일보』, 1946.4.15.

70 「中國서 못 오는 戰災同胞 五月初旬까지 다 보내주겠다고 美將校 言明」, 『자유신문』, 1946.4.15.

71 「在中國同胞, 五月初完了歸還」, 『대구시보』, 1946.4.16.

4월 18일에는 민족혁명당의 간부 10여 명을 포함한 일반교민 1,600명과 광복군 1,400명을 태운 미국 화물선이 상해에서 출발하여 부산에 입항[72]한다. 그리고 4월 22일에는 18일 상해에서 출발한 윌리엄 맨슨호가 부산에 입항했다. 이 선박에는 이평산, 신기언 등 혁명투사를 비롯한 한인 3,337명[73]이 타고 있었으며, 이 중에는 지난 2월 10일 경 중경을 떠나 상해에 집결해있던 조소앙, 신익희 등 임시정부요원 가족 100여 명이 포함된 것으로 보도[74]되었다. 이들은 남궁혁 박사의 인솔아래 25일 하선하였다. 뒤이어 4월 27일에는 중국 각지에서 민족해방 활동을 한 신기언[75]등을 태운 선박이, 4월 29일에는 중경 임시정부 가족 1진을 태운 LST Clnatan Clay호가 한국에 도착하였으며, 5월 1일에는 한국임시정부 서무국장 박무탁 등 일행 60명을 태운 귀환선이 부산에 상륙하였다.[76] 4월 27일과 29일, 5월 1일에 한국에 도착한 선박들은 출발지와 귀환인원 등이 여전히 밝혀지지 않고 있다. 다만, 현재까지 기사와 인터뷰를 통해 밝혀진 탑승자가 거류하던 지역의 한인이 대부분 귀환을 위해 상해로 집결했던 점으로 미루어보아, 상해에서 출발한 것으로 추측될 뿐이다.

5월 3일에는 3,287명을 태운 LST Clnatan Clay호가 부산에 입항하였다.[77] 외무처에서는 3월 8일 이들의 입항 소식과 함께 지금까지

---

72 「華中同胞來月까지 歸還 現在의 上海集結同胞는 約五萬」, 『한성일보』, 1946.4.29.
73 「봄빗 짓튼 故國山川에 感激 넘치는 第一步, 海外同胞釜山埠頭에 續續入港」, 『중앙신문』, 1946.5.1.
74 「그립던 조국을 찾아서, 華中 5,000 전재동포 귀환」, 『자유신문』, 1946.3.12.
75 「前臨政要人 申基彦氏談, 在中國十餘萬同胞 大部分이 生活難에, 그러나 中國人들이 極力救濟中」, 『영남일보』, 1946.5.4.
76 「樸茂鐸氏 歸國」, 『부산신문』, 1946.5.4.
77 「上海로부터 歸國同胞三千二百八十七名」, 『광주민보』, 1946.5.8.

중국에서 귀환한 한인의 수는 총 21,621명이라 발표하였다.[78] 그리고 5월 15일, 상해로부터 귀환선 한척이 또 부산으로 상륙한다. 현재까지 15일 부산에 상륙한 인원과 선박이 정확히 밝혀지지 않고 있으나, 이날 상해에서 출발하여 배편을 통해 한국으로 입국한 한인중의 한명이 호열자지금의 콜레라에 감염되었다는 소식이 이후 『중앙신문』, 『한성일보』,[79] 『가정신문』[80] 등의 보도를 통해 알려졌다.

> 인천에서 호열자 환자가 발견되었다. 인천시정위생과 발표에 의하면, 이번 진성호열자 환자가 한명 발견되었는데, 환자는 상해로부터 지난 15일 부산 상륙하여 서울, 개성, 연안을 거쳐 백석포(白石浦)에서 인천으로 돌아온 이재민이라 한다.[81]

상해에서 돌아온 한인 중 발생한 호열자 환자가 서울, 개성, 연안, 인천 등을 경유했다는 사실이 밝혀지면서, 국내에서는 일본에서 사용하던 병원선 '카이쿠'환을 미국상륙용 주정 19호와 교대하여 배치하는 등[82] 방역을 위한 조치가 취해진다. 부산항에 배치된 이 병원선은 격리병실과 의료시설이 설비되어 있어 부산으로 들어오는 귀환동포의 검사 및 예방주사 접종을 실시할 수 있었다. 이러한 조치에도 불구하고, 부산과 인천을 비롯한 여러 항구도시를 중심으로 호열자,

---

78 「上海서 同胞歸還」, 『대구시보사』, 1946.5.8.
79 「인천에 진성 콜레라, 환자는 상해에서 온 전재민」, 『한성일보』, 1946.5.21.
80 「仁川에 虎列刺」, 『가정신문』, 1946.5.21.
81 「仁川에 虎疫患者, 上海에서 온 戰災民」, 『중앙신문』, 1946.5.21.
82 「上海在留同胞全部歸國 – 歸國同胞病院船」, 『자유신문』, 1946.5.26.

마마천연두, 티푸스 등 전염병이 창궐한다. 『부산일보』와 『자유신문』등은 「歸還同胞船, 廿三日부터 入港」,[83] 「出港禁止解除, 沿岸旅客船에 限해」,[84] 「虎列刺의 맹위 尤甚 – 問題는 食糧 : 發生地 釜山의 憂慮할 狀態」,[85] 「虎列刺의 맹위 尤甚 – 十日 現在 四百九十餘의 患者 發生」,[86] 「비 뒤끝이 위험, 호열자 더욱 더 만연」[87] 등의 기사를 통해 여러 차례 호열자 환자 발생상황과 예방 및 향후 대책을 알렸고, 일반 시민들의 위생청결과 이동자제를 권고하였다. 그리고 이와 동시에 인천항, 부산한 등 주요 항구에서는 엄격한 선박 관리와 검역이 실시된다.

이후 5월 26일, 부산항에는 중경, 상해 등지에서 귀환하는 동포 삼천여 명을 태운 선박 다섯 척이 입항한다. 탑승자의 검역을 마치고 상륙을 기다리던 이 선박들은 당시 부산에 유행하던 호열자로 인해 상륙하지 못하고 2일 다시 인천항으로 출발하였다. 인천항에서 상륙한 삼천여 명의 한인 중에는 이범석장군이 인솔한 간부급의 광복군 인원 5백 명과 중경·상해 지역에 거주하던 독립운동가 가족들이 포함되어 있었다.[88]

6월에 들어서는 집단귀환의 마지막 선박이 인천에 입항한다. 임시정부 김규식 박사 가족을 비롯하여 광복군항공중장을 역임한 이영무 장군, 북경협력화대학 교수 최 모 씨 등 한인 311명을 실은 영국선 2

---

83 「歸還同胞船, 廿三日부터 入港」, 『부산일보』, 1946.6.19.
84 「出港禁止解除, 沿岸旅客船에 限해」, 『부산일보』, 1946.6.14.
85 「虎列刺의 맹위 尤甚 – 問題는 食糧 : 發生地 釜山의 憂慮할 狀態」, 『자유신문』, 1946.6.11.
86 「虎列刺의 맹위 尤甚 – 十日 現在 四百九十餘의 患者 發生」, 『자유신문』, 1946.6.11.
87 「비 뒤끝이 위험, 호열자 더욱 더 만연」, 『자유신문』, 1946.6.13.
88 「李範奭將軍等歸國, 光復軍五百名도 同時 仁川上陸」, 『독립신보』, 1946.6.5.

척이 6월 24일 인천에 입항한 것이다. 그러나 검역 도중 호열자 보균자가 발견되면서, 이들에 대한 선내 격리조치가 시행된다. 이후 검역과 격리가 완료된 7월 4일에서야 이들은 한국 땅을 밟게 된다.

3) 개별귀환단계(1946년 8월~1949년 10월)

1946년 8월부터 중화인민공화국이 설립되기 전인 1949년 9월까지 상해지역에서는 총 10차례의 한인 귀환이 있는 것으로 보인다. 46년 11월 29에는 동북한국교민대표단 신숙과 고문용[89]을 비롯하여 한국임시정부주화대표단직원과 그 가족 105명이 일반 한인의 신분[90]으로 연합총회에서 보내온 귀환선에 합류하여 귀국하였다. 그리고 12월 1일 중국 천진, 상해, 청도 지역을 거쳐 귀환동포 만여 명을 실은 귀환선이 오는 인천에 입항[91]하였다. 뒤이어 12월 4일 오전 396명이 상해 홍강마두에서 미군상륙정 LSTQ-043호를 타고 귀국길에 올랐다. 이들은 휴대품 검사 이후 승선하였으며, 한교협회가 이들의 명부를 대조하며 인원을 파악하였다. 이때 귀국한 한인은 성년 남자 178명, 성년 여자 132명, 아동 86명이었는데, 여성 중에는 홍강로 일대에서 윤락업에 종사하던 자가 많았다[92]고 한다. 또한 이들 중에는 남경으로부터 상해로 이동하였던 35명도 포함[93]된 것으로 알려진

---

89 「在滿同胞 歸國問題, 早速解決을 要路에 陳情」, 『독립신보』, 1946.12.17.
90 첫째, 해당 한교들은 일반 송환자의 예에 따라 귀국하며 특별한 우대조치를 누릴 수 없다. 둘째, 해당 한교들은 귀국선을 기다리는 다른 송환자와 같은 수속절차를 밟아야 한다. 곧 일반적인 한교 난민들이 승선 시 받는 신체검사 등을 일률적으로 받아야 한다. 셋째, 해당 한교들은 자신들이 개인자격으로 귀국하는 것임을 분명히 이해하고 어떠한 정치적 연락이나 의존관계를 가져서는 안 된다
91 「華中同胞萬餘歸還」, 『한성일보』, 1946.12.4.
92 上海市檔案館 編, 『中國地域韓人團體關係史料滙編 2』, 東方出版中心, 1999, 517~518쪽.

다. 이날 2시경 상해에서 출발한 선박은 12월 8일 오후 5시경 부산으로 도착한다.[94]

그리고 1947년 2월 6일 상해에 거류하던 한인 80여 명이 한국선적인 고려환을 타고 귀국하였다. 이들 중에는 직업이 없이 떠도는 한인 부랑자 65명이 포함되었다. 65명은 대부분 마약 판매 혹은 마약 복용으로 징역형을 받았거나 강도, 절도, 질서방해 등의 불법 행위를 저지른 자였다. 그리고 이 중에는 전범 혐의로 체포되었다가 무죄임이 확인되어 풀려나거나 대사령에 따라 석방된 자도 포함되었다.[95] 이들의 송환은 상해에서 생활이 어려운 이들을 구제하려는 목적과 함께 한중 관계에 장애가 될 만한 요소를 제거해야 한다는 판단 하에 진행된 것이었다.

이후 약 6개월간 한인의 귀환이 이루어지지 않다가, 8월 27일 오전 10시 황포부두에서 일본 기선 타치바나 마루橘丸, TACHIBANA MARU[96] 를 타고 한인 317명과 일본인 174명이 함께 귀국길에 올랐다. 본디 승선이 예정된 한인은 총 358명이었으나, 실제로 귀국선에 오른 한인은 317명이었다. 귀국 예정 인원과 실제 귀국 인원의 수가 상이한 이유에 대해서 행정원 선후구제총서측은 '원래 귀국예정자는 총 358

93 나애자, 「한교의 송환업무를 처리하였던 외교부 주상해판사처의 보고 내용을 관련기관에 전하는 代電」,『광복 이후 재중 한인의 귀환 관련 사료』, 국사편찬위원회, 2015.
94 「中國서 366名이 歸還, 아즉千餘名은 殘留」,『부산신문』, 1946.12.10.
95 나애자, 「상해에 거주하며 일정한 직업 없이 지내고 있는 韓僑의 조사와 관련한 公函」,『광복 이후 재중 한인의 귀환 관련 사료』, 국사편찬위원회, 2015.
96 여러 문서와 신문 기사에서 1947년 8월 27일 출항한 TACHIBANA MARU는 立花丸 혹은 橘丸으로 표기된다. 본 연구자가 조사한 바에 따르면, 당시 일본의 기선 중에는 立花丸이라는 명칭의 기선이 존재하지 않으며, 橘丸이라는 기선이 실제로 운항한 것으로 나타난다. 하나의 선박에 두 개의 이름이 붙은 연유는 立花丸과 橘丸 모두 일본어로 읽을 때 TACHIBANA MARU라 발음되기 때문이다.

명이었으나 그 가운데는 이번에 귀국길에 오르지 못한 사람도 없지 않을 것입니다. 따라서 행정원 선후구제총서에서 전해온 317명이 정확할 것으로 생각됩니다. 국방부와 한국주화대표단에 관련 내용을 전할 때도 행정원 선후구제총서에서 전해온 내용에 의거하는 것이 옳을 것입니다'[97]라고 밝혔다. 이들은 29일 오전 9시경 부산항에 입항하였으나, 호열자 의심 환자가 발생하여 29일 오후 2시가 되어서야 항만검역이 이루어졌다.[98] 그리고 모든 검역이 완료된 9월 1일 비로소 부산항에 내릴 수 있었다. 사실, 국내 언론은 이번 귀환에 상당한 관심을 보였다. 출항한 직후부터『독립신문』[99]을 비롯하여『현대일보』,[100] 『부산신문』,[101] 『민중일보』[102]등 여러 신문은 이 귀환에 대해 대대적으로 보도하였다. 이는 귀국한 인원 중에 김구의 아들 김신 金信이 포함되어 있었기 때문이라 판단된다. 김신의 귀국은 모든 귀국 절차가 마무리 된 9월 4일『독립신문』의「金九先生令息, 故國山川 그리워라! 金信君十九年만에 歸國」[103]이라는 기사를 통해 알려진다. 이 기사는 김신의 그간 행적과 귀항 경로를 비교적 자세하게 설명하였다. 이후 1947년 12월 6일 직업 없이 상해에 거주하던 한교 133명이 타치바나 마루를 타고 상해를 출발하였다. 이 중 100명은 출경 비자를 발급받았으며, 승선할 때 승선비자를 대조하는 과정이 있었

97 나애자,「상해 거주 무직 한교를 태운 귀국선이 출항하였음을 전하는 代電」,『광복 이후 재중 한인의 귀환 관련 사료』, 국사편찬위원회, 2015.

98 「虎列刺菌保有?, 上海同胞歸還船檢疫」,『부산신문』, 1947.8.30.

99 「在中同胞五百名歸還」,『독립신문』, 1947.8.28.

100 「中國서 同胞歸還」,『현대일보』, 1947.8.28.

101 「在中同胞歸還船 上海서 釜山向發」,『부산신문』, 1947.8.29.

102 「中國에 있든 同胞, 五百名이 歸還」,『민중일보』, 1947.8.28.

103 「金九先生令息, 故國山川 그리워라! 金信君十九年만에 歸國」,『독립신문』, 1947.9.4.

다고 밝혀졌다.

1948년에는 4월 18일, 4월 24일, 12월 6일 세 차례 귀국이 있는 것으로 조사된다. 4월 18일 오전 박찬익과 그 가족, 김학규 등 일행이 인천항으로 입항하였다. 4월 27일 『한성일보』에 실린 「四十星霜을 革命鬪士로 朝鮮獨立을 爲하야 上海等地에서 活躍 病中의 南波朴贊翊氏等歸國」[104]이라는 기사를 통해 그들이 그 시간에 인천항으로 입항하였다는 사실만을 알 수 있을 뿐, 다른 자료는 없는 상태이다. 그리고 4월 24일 한국주화대표단 직원과 가족 32인이 남경에서 출발하여 상해를 거쳐 천진에서 미국 기선을 타고 귀국하였고, 12월 6일 천진지역의 한인 100여 명이 상해에서 출발하는 日本丸을 타고 출발하였다. 1948년 12월 7일 『독립신문』에 실린 「戰災民天津서 百餘名歸還」[105]보도에 따르면, 이들은 11월 27일 중국주재 상해외무부 임시대리원 신기준의 알선으로 미국 영사관에 귀환 요청을 하였다고 한다. 1949년에는 상해에서의 마지막 귀환이 진행된다. 1949년 9월 29일 오전 5시 마지막 귀국선 플라잉 인디펜던스호가 출항한 것이다. 이 선박에는 김시문의 큰아들 김희원, 총영사 이정방, 김홍일의 아들 김용재 등 110명이 탑승해 있었으며, 1949년 말까지 신사군 점령 하의 상해에서 교민 귀국 등 영사업무를 수행한 이정방 영사도 탑승하였다.[106] 본디 10월 1일 부산에 도착 예정이던 이 선박은 장강 어구를 벗어나 황해로 진입하던 중, 해상 봉쇄로 인해 프라잉크립퍼

---

104 「四十星霜을 革命鬪士로 朝鮮獨立을 爲하야 上海等地에서 活躍 病中의 南波朴贊翊氏等歸國」, 『한성일보』, 1948.4.27.
105 「金九先生令息, 故國山川 그리워라! 金信君十九年만에 歸國」, 『독립신문』, 1948.12.7.
106 「中華民國에 抑留中이던…中國僑胞들을 싣고 釜山에 入港」, 『부산일보』, 1949.10.11.

호상해 출발, 프라잉트레이다호홍콩과 상해간의 항로와 함께[107] 1주일 동안 바다 위에서 억류된다.[108] 이들은 바다에서 추석을 보내고 10월 9일 부산항으로 입항하게 된다.[109] 이들의 부산 도착을 마지막으로 상해 지역 한인의 귀환은 마무리된다.

5. 상해로 떠나온 자와 상해를 떠나간 자의 삶

국내 언론은 상해지역에서 귀환하는 한인의 귀환 소식은 물론, 귀환한 이들을 통해 수집한 상해지역 한인의 생활을 국내에 전하였다. 그 중『한성일보』,『자유신문』,『공업신문』등은 마땅한 거처마저 없어 수용소에 기거하며 교민회의 도움으로 겨우 상해 생활을 이어나가는 한인의 삶을 집중 조명하였다.『자유신문』은「아직도 재중동포 30만, 上海에만 5만 명이 집중 - 上海韓僑會 金明水氏 談 : 權利擁護엔 外交的 折衝이 急務」라는 제목으로 상해교민회를 대표하여 귀국단을 인솔한 박명수씨의 인터뷰를 신고, 중국 정부가 한인을 포로처럼 취급할 뿐만 아니라 그들의 재산마저 몰수한 채 집중수용하고 있다는 사실을 알렸다.

상해만도 五만여 명 중국 전부를 합하면 二三十萬명이 동포가 있슬리라

---

107 「國府美商船抑留」,『수산경제신문』, 1949.10.2.
108 참조) 石源華,『中華民國外交史詞典』, 上海古籍出版社, 1996, 753쪽. 국민당 정부는 중국 공산당을 견제하기 위하여 1949년 6월부터 상해항을 봉쇄하였다.
109 「僑胞태운 美貨船, 韓國政府서 運航要求」,『자유민보』, 1949.10.2.

고 생각됩니다 중국 정부에서는 이들 동포가 대개 지나 사변 중에 일본을 배경으로 건너와서 재산을 모앗다는 리유로 포로와 갓치 취급하야 법령으로 그 재산을 몰수하고 사람은 집중관리 하고 잇습니다. 그리하야 양자강 연안에 살든 동포들은 상해로 상해로 집중되고 잇습니다. 상해 교민회에서는 동포가 사변중 재산을 모은 것이 일본의 압박과 사초로 그리된 것이라는 리유로 중국 당국과 교섭중이나 중국 지식층에서는 리해는 하지만 결국은 상해 동포도 모다 고국으로 돌아올 수 박게 업슬 것입니다.[110]

이 외에도 『한성일보』는 「飢寒에 號泣하는 在華同胞 ; 悽慘한 集團生活 영양부족으로 악성환자만 속출 半衣食은 "언라"에서 供給」이라는 기사를 통해, 화남지역에 산재해있던 한인이 수용소에 집결한 이후 극도로 빈핍한 생활을 하고 있으며, 그날그날 생활을 유지하기조차 힘든 형편임을 보도하였다. 그리고 연속하여 「飢寒에 號泣하는 在華同胞 ; 쌀 한말 七十萬元 殺人的高物價나 生活은 豪奢」[111]를 실어 그들의 생활이 곤궁한 이유가 물자의 부족에서 기인한 것이 아니라, 살인적인 물가 폭등과 화폐제도의 개혁으로 인한 화폐교환 문제에서 비롯된 것임을 지적하였다. 또한 이로 인해 화폐교환이 어려운 한인의 삶은 갈수록 궁핍해지는 반면, 중국인의 생활은 여전히 호화롭다는 사실을 보도하였다. 이외, 『공업신문』은 「經濟的으로 困難, 上海方面同胞의 生活狀態」[112]이라는 기사를 통해 중류 이상의 생활을 하

---

110 「아직도 재중동포 30만, 上海에만 5만 명이 집중」, 『자유신문』, 1946.3.15.
111 「飢寒에 號泣하는 在華同胞; 쌀 한말 七十萬元 殺人的高物價나 生活은 豪奢」, 『한성일보』, 1946.3.12.
112 「經濟的으로 困難, 上海方面同胞의 生活狀態」, 『공업신문』, 1946.3.24.

던 한인이 상해에서 집단수용생활을 하며 경제적으로 곤란한 상황에 처해있다는 사실과 한인 사업가들의 공장을 중국인들이 접수하고 있다는 사실을 알렸고, 『영남일보』는 「鄭大溶氏談, 生活維持가 漠然, 在中朝鮮同胞의 現況」[113]를 통해 적수공권赤手空拳 상태의 한인이 임시정부 화중선무단과 군정청에서 파견한 연락단, 그리고 중국의 온정에 기탁하여 생활하고 있으나 그마저도 부족하여 조만간 기아에 헤맬 비참한 상태임을 알렸다.

한인 군인의 상황 역시 수용소에서 집결하여 생활하는 한인교민들의 생활과 다를 바 없이 상당히 열악하였다. 1945년 5월 21일 한국으로 돌아온 이복현한구교민회회장, 조경환, 이광수, 박영수, 황자학 등은 5월 24일 기자단과의 회견에서 당시 한구와 상해에서 귀환한 광복군이 경험한 참상을 밝혔고, 『現代日報』는 26일 다음과 같은 기사를 보도한다.

광복군은 제1, 2, 3지대만이 중국군 사령부로부터 승낙을 받은 것이고 4지대, 5지대란 잠편부대로서 승인을 받지 못하여, 하등의 원조가 없었던 것이다. 그런데 자칭 소장이요 광복군 제오지대장이란 자가 무한지구에 들어와서 일군내에 있는 조선인은 무기를 가지고 집합하라 하여 약 이천여 명이 집결하였으나 하등 경제적 토대가 없는 그들은 의식주에도 곤란하여 그들의 교민단에 들어와서 경제문제를 상의하였다. 당시 한구에는 약1천4백명의 동포가 있었으나 역시 곤란한 상태에 빠져 있었다. 그럼에도 불구하고 李福

---

113 「鄭大溶氏談, 生活維持가 漠然, 在中朝鮮同胞의 現況」, 『영남일보』, 1946.5.8.

賢교민단장을 비롯하여 전원이 부족하나마 동정을 아끼지 않았던 것이다. 그런데 상해에 본점을 두고 있는 삼하흥업주식회사 지점장인 이규청(한국 독립동지회회장) 이란 자가 權楊武와 결탁하여 오백만원을 제공하였는데, 그들은 군수피복 등에 소비, 이천여 명 장정들은 영양부족으로 환자가 속출 하여 칠백여 명에 달하였고, 하루에도 7, 8명씩 사망자가 나왔다. 그 장례식 에 참혹한 광경은 참말 형용할 수 없었다. (…중략…) 금년에 들어와서 이 천여 명을 인솔하고 배로 상해에 내려올때에는 17명이란 귀중한 생명을 수 장하였고, 남경에서 상해기차를 탔을때는 頻死에 가까운 환자들은 無蓋車 에 태우고, 간부급들은 有蓋車에 유유히 앉아 沿線景致를 즐겼다.[114]

위의 기사는 비록 군인이라는 신분임에도 불구하고 정부의 지원조 차 받지 못한 채 근근이 교민단의 지원을 받아 의식주를 해결하고 있 는 잠편지대 대원들의 삶을 조명하였다. 그리고 동시에, 몇몇의 횡령 으로 인해 그마저 제대로 공급받지 못한 채 장정들이 영양부족으로 사망하는 지경에 처했다는 비극적인 상해의 현실을 국내에 전하였다.

이 같은 상해에서의 비극적 삶은 한국으로 돌아온 이후에도 좀처 럼 나아지지 않았다. 그들은 오랫동안 한국을 떠나있기 때문에 한국 으로 귀국한 이후 당장 기거할 곳조차 없었으며, 경제활동을 통한 수 익 창출도 불가능한 상황[115]이었기 때문이다. 한국으로 돌아온 이후 돌아갈 고향이나 집이 없는 사람들은 결국 상해에서 가지고 들어온

---

114 「光復軍은 무엇을 했나? 腐敗한 幹部層의 罪狀(上) →歸還同胞 눈물로 呼訴」, 『현대일보』, 1946.5.26.
115 「解放의 春光羮아 冷且淡 – 上海서 온 難民數千 집없어 乞丐로 彷徨」, 『한성일보』, 1946.3.20.

약간의 물건을 팔아가며 생계를 유지하였다.[116] 이들의 곤궁한 삶과 '돌아온 자'가 느끼는 상실감은 3월 16일 『한성일보』를 통해 보도된 「"그리던 祖國은 서글퍼" - 海外三十年親族은 革命에 犧牲 重慶서 온 女鬪士李孃」라는 제목의 인터뷰 기사에 잘 나타난다.

> 중경을 떠날 때 해방된 고국에 큰 기대를 품고 어렸을 때 기억을 더듬어 내 고향 내 강산을 그리어 인천에 첫발을 딛어보니, 오직 거리에 범람한 외객의 눈에 띠일 뿐 자유의 자취는 찾을 길이 없음에 도리어 왜 왔는고 하는 후회가 먼저 납니다.[117]

상기한 인터뷰의 주인공인 이상애는 중국에서 혁명가인 아버지와 조선의용대였던 오빠를 잃고 어머니마저 객사한 외로운 처지의 여인으로, 해방 이후 부모님의 고향을 찾아 한국으로 귀국한 자이다. 그러나 조부모의 성함조차 몰라 기거할 곳 없이 떠돌이 생활을 하게 된다. 『한성일보』의 이 기사는 '이상애'라는 개인의 삶을 집중적으로 조망했을 뿐만 아니라, 그녀의 상황을 통해 재외한인의 귀국 문제에 대한 관심이 한국으로 돌아옴과 동시에 끝날 것이 아닌, 그들의 정착과 생존에 이르기까지 연속되어야 할 것을 알리는 계기가 되었다.

---

116 「귀환동포 물품위탁판매」, 『가정신문』, 1946.3.28.
117 「"그리던 祖國은 서글퍼" - 海外三十年親族은 革命에 犧牲 重慶서 온 女鬪士李孃」, 『한성일보』, 1946.3.16.

6. 나가는 말

근대시기 상해는 영국, 미국, 프랑스 등 서양열강의 조계지가 들어서면서 대규모 해운 인프라를 갖추기 시작한다. 일제 강점기 시기 교통의 편리함과 지리적 이점을 기반으로 군사적 요충지의 역할을 담당하기도 하였으며, 자유로운 외국인의 출입에 따라 유럽을 포함한 전 세계의 선진적 사조와 지식, 문화와 사상 등이 집중되기도 하였다. 이 같은 지리적·물리적·정신적 요인들은 대한민국 임시정부가 상해에 처음 뿌리내리게 된 이유 중 하나였다. 대한민국 임시정부가 상해에 성립된 이후 독립운동가·상인·유학생을 비롯한 다양한 한인이 상해로 이주하였다. 상해에 정착한 한인들은 다양한 한인단체를 구성하고, 비교적 큰 규모의 한인사회를 구축한다.

해방 이후 동아시아 지역의 인구 재편이 진행되면서, 재외한인의 시작점이자 중심지였던 상해는 한인 귀환의 본거지로 변신한다. 중국 국민정부의 집중수용 집단귀환 정책에 의해 상해항이 주요 귀환항으로 지정된 이후, 해방 당시 약 5천여 명이었던 상해지역 한인의 수는 불과 몇 개월 만에 1만 3천여 명으로 증가한다. 남경, 중경을 비롯한 화남지역 한인이 귀환을 위해 상해로 몰리면서, 해방 이후부터 중화인민공화국 성립 이전까지 상해항은 화남지역 한인의 집중수용과 집단 귀환을 담당하는 중요한 항구가 되었다.

해방 이후 한국의 언론은 화남지역 한인의 귀환과 관련하여 귀국 인원, 주요 인물, 항로, 선박 명 및 입출항 시각을 비롯한 주요 정보를 담은 기사를 보도하였다. 관련 사료와 문서를 기반으로 하여 1945년

8월부터 1949년 10월까지의 신문보도를 분석한 결과, 이 시기 상해지역 한인의 귀환은 그 규모와 성격에 따라 '귀환준비단계', '집단귀환단계', '개별귀환단계'로 구분하여 살펴볼 수 있다.

광복 후부터 1945년 12월까지의 '귀환준비단계'에는 단 두 차례의 귀국이 진행된 것으로 보인다. 모두 김구를 비롯한 임시정부 요인 29인의 귀환이었다. 이후 1946년 1월부터 7월까지의 '집단귀환단계'에서는 적게는 약 1,500명에서 많게는 5,000여 명의 한인이 10여 차례에 걸쳐 한국으로 귀국하고, 1946년 8월부터 중화인민공화국 성립 이전인 1949년 9월까지의 '개별귀환단계'에는 그 규모가 대폭 축소되어 100여 명에서 500여 명의 한인들이 10 차례에 걸쳐 한국으로 들어온다.

귀환 초기 한국 언론은 임정요인이나 저명인사 등 국제적·사회적 영향력이 큰 인물들의 귀국과정 및 귀국 후 사회활동에 대해 집중적으로 조명하였다. 그러나 귀국행렬의 규모가 커지고 그 빈도 또한 높아지면서, 한국 언론은 상해를 통해 한국으로 들어온 다양한 계층과 직업의 한인들을 인터뷰하여 상해 수용소의 한인 집결 상황과 그들이 직면한 다양한 고초를 국내에 전하였다. 그리고 생활의 터전을 떠나 국내로 들어온 한인들의 빈핍한 삶과 귀환으로 인해 발생하는 사회문제를 집중 보도하기도 하였다. 이뿐만 아니라 인구의 이동을 따라 국내로 전파된 호열자 등 전염병의 발생과 전염병의 대규모 유행, 예방 대책 등에 대해서도 계속적으로 보도하였다.

참고문헌

국민대 한국학연구소, 『중국지역 한인 귀환과 정책 5』, 역사공간, 2004.

김광재, 『어느 상인 독립군 이야기 - 상해 한상 김시문의 생활사』, 선인출판사, 2012.

김승욱, 「戰後 上海의 韓僑 처리와 한인사회」, 『중국학보』79, 한국중국학회, 2017.

김은식, 『정기영 증언록 2』, 민족문제연구소 소장자료, 2004.3.27.

김정인, 「임정 주화대표단의 조직과 활동」, 『역사와 현실』24, 한국역사연구회, 1997.

나애자, 『광복 이후 재중 한인의 귀환 관련 사료』, 국사편찬위원회, 2015.

대한매일신보사, 『白帆金九全集』5, 나남출판, 1999.

양우조, 최선화, 『제시의 일기』, 혜윰, 1999.

여운형, 「나의 上海時代, 自敍傳 第二」, 『삼천리』4-10, 삼천리사, 1932.

장석흥, 「해방 직후 상해지역의 한인사회와귀환」, 『한국근현대사연구』28, 한국근대사학회, 2004.

정병준, 「남한진주를 전후한 주한미군의 對韓정보와 초기점령정책의 수립」, 『사학연구』51, 한국사학회, 1996.

추헌수, 『資料韓國獨立運動 1』, 延世大學校出版部, 1971.

한시준, 『대한민국임시정부사3 - 충경시기』, 독립운동기념관, 2009.

大藏省管理局, 「通卷第27冊中南支篇」, 『日本人の海外活動に關する歷史的調査』(第1分冊), 高麗書林, 1947.

刘惠吾, 『上海近代史』下, 华东师范大学出版社, 1986.

馬軍, 單冠初, 「戰後國民政府遣返韓人政策的演變及在上海地區的實踐」, 『史林』2, 上海社會科學院历史研究所, 2006.

上海市檔案館 編, 『中國地域韓人團體關係史料滙編 1』, 東方出版中心, 1999.

_____, 『中國地域韓人團體關係史料滙編 2』, 東方出版中心, 1999.

上海市檔案館檔案 Q1-6-70, 「上海市政府:中國陸軍總司令部等頒布有關韓日僑民及戰俘的管理徵用辦法」.

上海市文献委員会曾編, 『上海市年鑑』, 上海市文献委員会, 1948.

石源華, 『中華民國外交史詞典』, 上海古籍出版社, 1996.

楊紹全, 『關內地區朝鮮人反日獨立運動資料彙編』(上), 遼寧民族出版社, 1987.

日本外務省亞細亞局 社會問題資料研究會 編, 『思想情勢視察報告集 5』, 東洋文化社, 1977.

日本外務省亞細亞局, 「支那在留本邦人及外國人人口統計表」(1931.12), 社會問題資料研究會 編, 『思想情勢視察報告集 5』, 東洋文化社, 1977.

周明偉, 唐振常, 『上海外事志』, 上海社會科學院出版社, 1999.

中國陸軍總司令部, 『中國戰區中國陸軍總司令部處理日本投降文件彙編』(下), 文海出版社, 1946.

中國陸軍總司令部 第2處, 「遣送日俘僑及韓臺人歸國有關條規彙集」(1946), 『국사편찬위원회 해외사료총서 25 - 광복 이후 재중 한인의 귀환 관련 사료 I』, 국사편찬위원회, 2012.

鄒依仁, 『舊上海人口變遷的研究』, 上海人民出版社, 1980.

"Letter. Kim Koo to Lt. Gen. A. C. Wedemeyer. CG U.S. Forces in China", 19 Nov. 1945. RG 332. XXIV Corps Historical File.

경계 변동에 따른 전승 국민의 본의 아닌 귀국
제2차 세계대전 후의 주민 이동 중 남사할린 중화민국인을 중심으로

나카야마 다이쇼(구시로 공립대학)

1. 시작하며

지난 10년간 일본에서는 제2차 세계대전 후에 발생한 '인양引揚'[1]을 필두로, 주민 이동에 관한 연구가 크게 진전되었다. 2020년에 간행된 가토 키요후미加藤聖文의 『해외 인양 연구海外引揚の研究』[2]는, 학술적으로 '인양통사引揚通史'라는 의의를 지닐 뿐만 아니라, 최근 10년간 인양 연구의 문제점을 지적하고 있다. 즉, 특정 지역이나 집단, 현상에 주목하는 식으로 연구의 개별화가 진행되면서 주민 이동 현상의 전체상이나 역사적 의미를 제대로 탐구하지 못했고, 주민 이동의 배경이 되는 국제관계의 실태 혹은 변화를 경시했다는 것이다. 또 이 책에서 가토 키요후미는 '일국사一國史'의 극복을 거듭 강조했다. 일본 제국의 붕괴가 전후 동아시아 사회에 어떤 영향을 미쳤는지, 그 실상

---

1   [역자주] 한국학계에서는 '인양(引揚)'을 '철수', '귀환', '송환' 등으로 번역한다. 특정 개념 어로 사용된 경우에는 '인양'을 그대로 썼고, 그 외에는 문맥에 맞게 적절한 용어로 바꾸었다.
2   加藤聖文, 『海外引揚の研究 – 忘れられた大日本帝國』, 岩波書店, 2020.

을 이해하기 위해서는 내셔널 히스토리National history로는 한계가 있기 때문이다.

가토 키요후미에게 '인양통사'는 수단이지 목적이 아니다. 그가 밝히려고 한 것은 '동아시아 전후사戰後史의 기점'이라고 할 수 있을 것이다. 이것은 책의 후반부에 인양이 전후 일본사회의 대소련관, 대중국관, 대한국관에 어떤 영향을 주었는지를 상세하게 서술하는 것에서도 드러난다. 사람들은 편견 없이 '사실 그 자체'를 공유하지 않았다. 체험을 취사선택하고, 과장과 축소, 주류적인 '이야기'를 만드는 등 '기억 구축構築'이 발생했다. 가토 키요후미는 '동아시아 전후사의 기점'을 탐구하기 위해 인양과 같은 '주민 이동'을 연구 주제로 삼았던 것이다.

한편, 가토 키요후미의 논고에서 '국민 재편'은 충분히 다뤄지고 있지 않다. 분명 국민의 '재편', '재정의'에 대해서 언급을 하고 있지만, 그 동태성이나 구축성構築性을 드러내지 않은 채, '민족'이라는 말을 반복적으로 사용하면서 논의를 진행하고 있다. 그러나 '동아시아 전후사의 기점'을 파악하기 위해서는 이 '국민 재편' 현상에 주목해야 한다. 동시에 주민 이동의 전제가 되는 '경계 변동' 또한 주요 주제로 다뤄져야 한다. 이렇게 생각하면, '동아시아 전후사의 기점'을 밝히기 위해서는 '경계 변동' '주민 이동' '국민 재편' '기억 구축'은 결코 빠질 수 없는 주제라고 할 수 있을 것이다. 왜냐하면 국민/민족의 역사로서 일국사 그 자체가 '기억 구축'이고, 그 일국사 간의 대화도 '기억 구축'의 일환이기 때문이다. 그것들을 보다 높은 차원에서 '인간의 역사'로 논하기 위해서는 '기억 구축'과 연동된, '경계 변동'

'주민 이동' '국민 재편' 현상에 눈을 돌릴 필요가 있다.

물론 기존 연구에서 이 네 가지 현상을 다루지 않았던 것은 아니다. 엔도 마사타카遠藤正敬나 시오데 히로유키塩出浩之 등이 일본정치사연구[3]에서 이 네 가지 현상의 연관성을 논하고 있고, 다른 연구에서도 이런 현상들 사이의 연동성을 상당 부분 다루고 있다. 다만, 각각의 연구자는 특정 시대의 지역과 집단을 논하기 위해서 네 현상의 일부분 혹은 전체에 주목했을 뿐, 이 네 현상을 한 덩어리의 기본적 지표로 삼는 것을 확실하게 공유했다고 말하기는 어렵다. 동아시아 근현대사를 지역 횡단적 · 시대 종단적으로 논하기 위해서는, 항상 이 네 가지 현상의 연동성을 의식하는 것이 유효하지 않을까.

본 장에서, 『해외 인양 연구』와 같은 규모의 논의를 진행할 수는 없다. 그러나 경계 변동에 따른 주민 이동 연구에서 경시되어 온, 전승국민의 주민 이동 중 하나인 재남사할린 중화민국인의 '본의 아닌 귀국'을 통해 경계 변동이 주민에게 미치는 영향을 검증할 것이다. 종래의 '인양' 연구에서 '본의 아닌 이동'을 강요당한 것은 패전국민이라는 전제가 있었지만, 실제로는 전승국민 중에서도 '본의 아닌 이동'이 발생했던 것이다.

본 장은 기본적으로 필자의 사할린 잔류 일본인 연구[4]와 재사할린/남사할린 중화민국인 연구[5]를 기초로 하고 있다. 재남사할린 중화민국

---

3 遠藤正敬, 『戸籍と國籍の近現代史 – 民族 · 血統 · 日本人』, 明石書店, 2013; 塩出浩之, 『越境者の政治史 – アジア太平洋における日本人の移民と植民』, 名古屋大學出版會, 2015 등.

4 中山大將, 『サハリン殘留日本人と戰後日本 – 樺太住民の境界地域史』, 國際書院, 2019. 본 연구의 제2절 전체 및 제3절 이후의 사할린 잔류일본인 · 조선인에 관한 기술은, 특별한 언급이 없는 경우 본 졸저(拙著)를 기초로 하고 있음을 밝힌다.

5 中山大將, 「日ソ戰後の在南サハリン中華民國人の歸國 – 境界變動による樺太華僑の不本意な

인의 동향에 관해서는 소련측 자료가 거의 확인되지 않았기 때문에 중화민국 측의 공문서[6]나 현지보도 등을 주요 자료로 활용했다.

2. 사할린 섬을 둘러싼 경계 변동·주민 이동·국민 재편

제2차 세계대전 후 재남사할린 중화민국인의 귀국을 논하기 전에, 근현대 사할린 섬을 둘러싼 '경계 변동' '주민 이동' '국민 재편'을 확인하고자 한다.[7]

19세기 이후, 일본인과 러시아인의 사할린 섬 진출이 활발해지고, 주민 분쟁도 발생했지만, 에도막부와 러시아제국은 국경 획정까지는 이르지 못했다. 러시아와 일본의 잡거雜居 상태가 유지되다가 마침내 1875년 카라후토-치시마 교환조약樺太千島交換条約[8]이 체결되면서, 사

移動」,『境界研究』10, 北海道大學スラブ·ユーラシア研究センター境界研究ユニット, 2020 (http://doi.org/10.14943/jbr.10.45). 본 장에서 재사할린/재남사할린 중화민국인 및 재소련 중화민국인, 재중 소련인에 관한 기술은 특별한 언급이 없는 한 이 졸저를 기초로 했다. 즉, 본 졸저에서도 참조하고 있는 재사할린 중화민국인 연구는, 阿部康久,「1920年代の樺太地域開發における中國人勞働者雇用政策」,『人文地理』53-2, 人文地理學會, 2001; 菊池一隆,『戰爭と華僑 - 日本·國民政府公館·傀儡政權·華僑間の政治力學』, 汲古書院, 2011; 小川正樹,「樺太華僑史試論」, 谷垣眞理子·塩出浩和·容應萸編著,『変容する華南と華人ネットワークの現在』, 風響社, 2014 등이다.

6 재남사할린 중화민국인의 귀국에 관한 공문서의 일부는, 謝培屛編,『戰後遣送旅外華僑回國史料彙編2 - 澳洲·蘇聯·羅馬尼亞·捷克篇』(國史館, 2007)에서 내용을 그대로 인쇄해 출판했다. 귀국 과정에 관해서도 출판된 공문서에 근거해서 간략한 설명을 덧붙이고 있는데, 일소전쟁 전의 상황과 같은 시기 다른 자료와의 비교·검증은 이루어지지 않았다.

7 日本植民地研究會編,『日本植民地研究の論点』(岩波書店 2018)에, 사할린 역사 연구는 전혀 진전되지 않은 것처럼 기술되어 있지만, 이것은 사실과 다르다. 전근대도 포함해서 2018년 시점의 일러한영중 각 언어에 의한 사할린 섬 연구 동향에 관해서는, 中山大將,「世界におけるサハリン樺太史研究」,『北方人文研究』13, 北海道大學大學院文學研究院北方研究教育センター, 2020(https://eprints.lib.hokudai.ac.jp/dspace/handle/2115/ 77237)의 각 논고에 상세히 서술되어 있다.

할린 섬 전체가 러시아령이 되고, 쿠릴 열도 전체가 일본령이 되는 형태로 국경이 정해졌다.

카라후토-치시마 교환조약은, 사할린 섬이 전근대에서 근대로 이행하는 출발점이라고 할 수 있다. 왜냐하면 이 조약에 의해 사할린 섬은 전근대적 경계지역에서 근대적 경계지역으로 변모했기 때문이다. 전근대적 경계지역에서 현지 원주민은 주변국가와의 교역과 외교에서 교섭주체이자 중개자로서의 역할을 담당했는데, 근대적 경계지역에서는 현지 원주민이 근대국가에 의한 보호=지배의 대상이 되었다. 예를 들면, 이 조약 후 사할린 섬의 아이누 약 2,000명 중 800여 명이 일본 정부의 설득에 의해 홋카이도로 집단이주를 했고, 그곳에서 정식으로 일본 내지 호적에 편입되어 일본 제국 신민의 지위를 획득함과 동시에 이들을 위한 보호정책이 실시되었다. 그러나 생활 환경의 변화에 충분히 적응하지 못하면서, 전염병 사망자의 성묘省墓를 구실로 사할린으로 귀환하는 사람 등이 계속 이어졌다. 20세기 초 홋카이도에 거주하는 사람은 거의 대부분 사라졌다.

러일전쟁과 그 강화조약인 포츠머스 조약의 결과, 1905년 사할린 섬 남부의 영유권이 러시아에서 일본으로 이양되었고, 일본령 '사할린'이 탄생했다. 일본의 영유가 시작된 시점에 사할린에는 원주민이 약 2,000명, 러일전쟁 전부터 계속 거주하고 있던 잔류 러시아인을 중심으로 한 외국인이 약 300명 거주하고 있었다. 외국인 중에는 수십 명의 조선인도 포함되어 있었다. 이들 조선인은 처음에는 외국인

---

8   [역자주] 러시아에서는 상트페테르부르크 조약(Treaty of Saint Petersburg)이라고 부르는데, 카라후토는 사할린을, 치시마는 쿠릴 열도를 가리킨다.

으로서 자원 접근권에 제한을 받았다. 그러나 한일병합에 따라 '조국'을 상실하는 동시에 일본 제국 신민으로서의 지위를 인정받았고, 일본인과 같은 권리를 보장받는 아이러니한 운명에 처하기도 했다. 또 재사할린 외국인 중 권리제한으로 고통 받던 재류러시아인 중에는 한일병합의 축하회에 불려가자, 한일병합에 따라 조선인뿐만 아니라 자신들도 일본인과 같은 권리를 인정받을 수 있을 것이라고 착각하고 기뻐했던 사람이 있었다는 기록[9]도 있다.

그 후, 메이지明治 이후의 홋카이도처럼, 자원개발과 일본인의 이주가 진행되었고, 1940년 경에는 인구가 약 40만 명에 달했다. 1945년 일소전쟁 개시 직전에는 인구의 90% 이상이 일본인내지인이었고, 인구가 두 번째로 많은 집단은 약 24,000명의 조선인이었다.

사할린 섬 북부는 러일전쟁 후에도 러시아령으로 유지되었지만, 러시아혁명 이후 내전기인 1920년에 발생한 니코사건尼港事件[10]을 계기로 일본군에 의한 북사할린 보장점령保障占領을 거쳐, 1925년 일소기본조약 이후에는 정식으로 소련 영토가 되었다. 1940년 경 인구는 약 12만 명까지 증가했다.

일소전쟁 당시 소련의 사할린 침공은 8월 11일부터 시작되었다. 소련은 얄타협정에서 사할린의 영유를 인정받았다. 포츠담선언에서도 사할린은 전후 일본의 주권 범위에 밖에 있다고 결정됐기 때문에 이 때의 침공은 소련의 영토 확대를 의미했다. 북위 50도선이었던 일소국경은 8월 23일에는 사할린-홋카이도 사이의 라페루즈 해협^나

9 「北名好の祝賀會」, 『樺太日日新聞』, 1910.9.14.
10 [역자주] 러시아와 한국에서는 니콜라옙스크(Nikolayevsk) 사건으로 알려져 있다.

Pérouse Strait까지 밀려났다. 1946년 소련은 남사할린[11] 및 전 쿠릴 열도의 영유화를 선언했다. 소련은 일소전쟁 전부터 적극적으로 주민 배제를 했던 것은 아니었고, 오히려 인적자원으로 간주했다. 그러나 홋카이도 이남의 일본영토를 점령하고 있던 미국은 안전보장을 위해 '국경과 민족의 일치'라는 이념 하에 재외일본인 일반의 조기 귀환 실현을 목표로 삼았다. 그 결과 1949년까지 일본인 주민은 남사할린에서 철수하게 되었고, 아이누를 비롯해서 원주민의 일부도 이 때 일본으로 송환되었다. 한편 포츠담선언에서 전후 독립이 결정된 조선인의 경우 일본으로의 송환 대상에는 포함되지 않았다. 소련이 점령하고 있었던 북조선으로의 귀환사업 역시 좌절되었기 때문에 대부분의 조선인이 사할린에 잔류하게 되었다. 또 여러 가지 사정으로 약 1,500명의 일본인도 사할린에 남았다.

다만, 1957년 이후 일소국교 정상화에 따라 잔류 일본인의 냉전기 귀국이 이루어졌는데, 약 800명의 잔류 일본인이 일본으로 귀환했다. 귀국자 중에는 소수의 원주민이 포함되어 있었다. 일본군에 동원된 결과 시베리아에 강제로 남게된 원주민 중에는 고향인 사할린으로 귀환하지 않고 가족이 송환된 일본을 귀환지로 선택한 사람도 있었다. 조선인의 경우 포츠담선언에서 독립을 약속받았고, 샌프란시스코 강화조약에 따라 일본 정부도 한반도의 주권을 완전히 포기했다. 이 때문에 소련 정부도 일본 정부도 조선인을 일본인으로 여기지

---

11 본 장에서 '남사할린'은 소련이 사할린을 침공한 후, 소련의 점령과 시정(施政) 하에 놓여 있던, 사할린 섬 남부를 가리킨다. 영역으로 보면 일본령 사할린과 동일하지만 통치주체의 차이를 명시하기 위해서 호칭을 구분했다.

않았고, 귀국대상에는 포함되지 않았다. 단, 일본인의 배우자인 경우에는 동반귀국을 인정받았는데, 그것은 이산가족의 방지라는 인도적 차원의 조치였을 뿐이었다. 게다가 일본정부는 그 부부관계를 '내연內緣'으로 취급했고, 소련 당국이 발행한 결혼증명서는 무효가 되었다. 만약 일본정부가 소련의 결혼증명서를 유효하다고 인정한다면, 당시 일본의 법률에 따라 일본인 여성의 국적은 남편의 국적인, 즉 '조선'[12]이 되기 때문이다. 이 경우 일본국적자로서의 귀국자격을 상실할 수도 있었다.

이 냉전기 귀국에서 원래 일본 제국의 신민이었던 잔류 조선인에 대한 일본 정부의 '국적 박탈'은 종종 비판의 대상이 되었다. 다만, 주의해야 할 것은 소련 정부도 남사할린의 조선인을 전후의 일본국 소속이 아니라고 간주했다는 점이다. 예를 들면, 냉전기 귀국에서 조선인이 일본인 배우자를 동반하지 않고도 일본으로 귀환했던 사례가 있었지만, 이것은 어디까지나 소련정부가 이들을 '일본인'으로 오해했기 때문에 발생했던 일이다. 일본으로의 '귀국'을 희망하는 잔류 조선인 일반을 데려 가라고 일본 정부에 통보를 했던 일도 없었다. 신분증 수속의 문제 때문에 소련정부에 의해 '조선인'으로 취급받은 일본인이, 일본 귀국을 희망했음에도 소련정부는 출국 허가를 내주지 않았다.

1977년 이후 잔류 일본인 중 귀국하는 사람은 더 이상 없었다. 그 배경 중 하나는 '우메무라 히데코 사건梅村秀子事件', '도만상 사건都万相事件' 등 일본이나 한국으로 귀국을 희망한다는 의사를 표시한 잔류

---

12 전후 일본에서 '조선'적 문제에 대해서는, 李里花編著, 『朝鮮籍とは何か－トランスナショナルの視点から』, 明石書店, 2021을 참조바란다.

조선인^{우메무라의 아버지}가 ^{조선인들이} 당국에 의해서 북한으로 이송되는 사태가 발생했던 것이다. 소련에게, 조선인의 '조국'은 조선민주주의 인민공화국이라는 것이 논리적으로 자명했다. 고로 소련정부는 잔류 조선인의 조선민주주의 인민공화국으로의 자발적 이주를 강하게 제한하지 않았다. 실제로 1950년대 말부터 1960년대 전반까지 많은 잔류 조선인이 취업이나 진학을 위해 사할린에서 북한으로 건너갔다. 사회주의권에서 자유주의권으로의 월경^{越境}이 어려웠지, 사회주의권 내의 국제이동까지 제한된 것은 아니었다. 이것은 소련 국내도 마찬가지였고, 소련 국적을 취득하면 다른 소련 국민과 마찬가지로 조선인도 대륙 쪽으로 진학하거나 이주할 수 있었다. 실제 모스크바 대학을 졸업하고 연구자가 된 사람도 있었다.

사할린 잔류 조선인 문제를 생각한다면, 조선인을 둘러싼 '국민 재편'에서 소련의 역할을 경시할 수 없다. 일본이든 한국이든 사할린 잔류 조선인 및 잔류 일본인에 대한 연구는 기본적으로 자유주의 국가들의 입장과 가치관을 전제로 해서 진행되었고, 그로 인해서 간과된 부분이 있었음을 주의해야 할 것이다.[13] 즉, 일본이라는 제국은 해체되었지만, 이제는 소련이라는 새로운 제국이 사할린 잔류 조선인과 일본인의 앞에 나타난 것이다. '인간의 역사' 속에 사할린 잔류 조선인과 일본인을 자리매김 하기 위해서는 잔류의 경험을 밝히는 것뿐만 아니라 사회주의 사회에 대한 경험을 검증하는 것도 중요할 것이다.

---

13 러시아 쪽의 사할린 잔류 조선인 연구로는, Дин Ю.И., Корейская диаспора Сахалина: проблема репатриации и интеграция в советское и российское общество (Южно-Сахалинск : Сахалинская областная, 2015) 등이 있다. 러시아 측 연구가 매우 흥미로운 점은, 잔류희망자의 존재와 소련사회로의 순응을 강조하는 경향이 있다는 점이다.

1980년대 이후 '페레스트로이카Перестройка'부터 소련이 해체되는 과정 속에는 사할린의 외국인 입국금지지역 지정 해제, 한소국교수립의 실현, 그리고 한일지원운동의 고조가 있었다. 잔류 일본인은 일본으로, 잔류 조선인은 한국으로, 포스트 냉전기 귀국이 실현된 것이다.

'기억 구축'으로 눈을 돌리면, 일본인 송환자 단체 등은 소련의 비도성非道性과 부당성을 비판하고, 이어서 소련의 가해성을 강조했다. 이것이 전후 일본사회의 대소련 감정으로도 이어졌다. 한편, 냉전 후기부터 포스트 냉전기에 걸쳐 진행된 잔류자의 귀국운동은, 소련의 책임에는 침묵하고 일본의 가해성과 책임을 추궁하는 등 '전후 처리'를 위한 국제적인 활동이었다. 1995년 사할린 섬의 옛 일소국경인 북위 50도선에 건립된 기념비에는 '1945년 8월 11일 소련군이 이 국경지대를 넘어, 침략자 일본으로부터 러시아 고유 영토인 남사할린을 해방시켰다'[14]라고 새겨져 있다. 소련의 사할린침공을 정당화하는 소련 역사관과, 한일의 '기억 구축'은 그 간극이 크다고 할 수 있다.

3. 재사할린 중화민국인

재남사할린 중화민국인의 귀국의 전제가 되는, 일본령 사할린에서 중화민국인의 상황에 대해서 확인해보자.

우선 러일전쟁 직후 일본령 사할린에 살고 있는 외국인 중 수십 명

---

14 中山大將, 『國境は誰のためにある？－境界地域サハリン・樺太』, 清水書院, 2019, 34쪽.

이 청국 출신이었다. 기본적으로는 러시아인에게 노동자로 고용되었다가 러일전쟁 후에도 그대로 잔류했던 사람들이었는데, 그 상황은 모두 같지 않았다. 가축을 대량으로 보유하고, 일본인이나 원주민을 '첩妾'으로 삼았던 사람이 있는가 하면, 자신을 고용했던 러시아인에게 쫓겨나서 길거리를 헤매는 사람도 있었다.

1920년대가 되면, 토목건설 노동력으로서 2,000명에 가까운 중화민국인 계절노동자가 사할린에 체재하는 시기도 있었지만, 정착으로 이어지지는 않았다.[15] 1930년대가 되면 상인 등 정착하는 사람이 생겨났고, 재사할린 중화민국인 인구는 100명 전후로 안정되었다.[16] 1937년 5월에는 재사할린 중화민국인 유력자와 중화민국의 주일부영사 등이 협력해서 재사할린 중화민국인 단체인 '사할린 중화상회樺太中華商会'를 결성하고, 친일정권인 왕진웨이汪兆銘=汪精衛 정권이 수립되자 이 정권에 대한 지지를 표명했다.[17] 그리고 사할린 중화상회의 명의로 왕진웨이 정권에 헌금을 하기도 했다.

사할린 중화상회가 발족했던 시점의 회원 수는 90명으로, 통계를 종합적으로 고려하면 재사할린 중화민국인 성인남성의 대부분이 참여하고 있었다고 생각된다. 노구교사건盧溝橋事件의 영향으로 회원의 약 3분의 1 정도가 섬을 떠났지만, 1940년에 사할린 중화상회의 회원 수는 89명까지 회복했다. 그러나 이것은 섬을 떠난 이들이 다시

---

15 小川正樹, 「樺太華僑史試論」, 谷垣眞理子・塩出浩和・容應萸編著, 『変容する華南と華人ネットワークの現在』, 風響社, 2014.
16 菊池一隆, 『戰爭と華僑 – 日本・國民政府公館・傀儡政權・華僑間の政治力學』, 汲古書院, 2011.
17 阿部康久, 「1920年代の樺太地域開發における中國人勞働者雇用政策」, 『人文地理』53-2, 人文地理學會, 2001.

사할린으로 돌아왔음을 의미하는 것은 아니었다. 이후에도 섬을 떠난 사람이 있었고, 새로운 이주자도 있었고, 특히 산둥山東에서 사할린으로 오는 사람도 있었다.

당시 기록에는 일본인 배우자가 있는 사람도 존재했음을 알 수 있고, 또 인터뷰 조사에서도 마찬가지로 중일세대中日世帶의 사례 외에, 그 자녀가 현지학교에 다니는 경우도 있었다. 사할린 각지에 산재한 중화민국인은 폐쇄적인 커뮤니티를 형성했던 것은 아니고, 저마다 지역사회에 편입되어 생활을 하고 있었다고 생각된다.

4. 재남사할린 중화민국인의 귀국과정

1945년 8월 소련의 사할린 침공 시점에서, 재사할린 중화민국인 성인 남성이 60여 명, 재사할린 중화민국인 성인 여성이 10여 명, 그리고 아버지가 중화민국인인 미성년자가 70여 명으로, 모두 140여 명의 중화민국인이 사할린에 살고 있었던 것으로 보인다.

일본인의 송환이 시작된 지 약 1년이 되는 1947년 11월 11일에 중화민국 외교부는, 주하바로프스크 총영사관으로부터 재남사할린 중화민국인 165명이 같은 달 10일에 사할린을 출항했다는 통보를 받았다. 이것이 현존하는 것으로 확인된 재남사할린 중화민국인의 귀국에 관한 최초의 공문서 기록이다. 재남사할린 중화민국인들은 소련 당국이 발행했던, 출국을 위한 소련 국내 이동용 사증査證을 소지하고 있었고, 일본인 여성 배우자들도 같은 기관에서 발행한 여권을 소지하고 있었다. 즉, 이 일본인 여성들은 '중화민국인'으로서 남편의 조국으로 '귀국'하게 되었다고 할 수 있다.

1947년 11월 27일, 재남사할린 중화민국인 귀국자^{이하 '남사할린 귀국자'}들이 상하이에 도착했다. 실제로 귀국한 사람은 161명이었고, 그 중 20여 명은 중화민국인과 세대 관계에 있던 일본인으로 추정된다. 일소전쟁 전 일본 측의 기록과 전후 소련 측의 기록 등을 통해 볼 때, 재남사할린 중화민국인의 대부분이 이 귀국단에 포함되어 있었다고 판단할 수 있다.

남사할린 귀국자들은 곧바로 고향 등으로 귀환하지 않고, 우선은 관계당국이 급히 마련한 상하이의 수용시설^{옛 일본총영사관}에 수용되었고, 정부의 원호^{援護}를 받았다. 그런데 여기에서 문제가 생겼다. 남사할린 귀국자들은 귀환하는 도중에 블라디보스토크에 들러서 총영사관에 소련통화^{루블} 자산을 예치했고, 상하이에서 중화민국 통화로 환산해서 반환받기로 되어 있었다. 그러나 반환시의 태환률^{兌換率}에 불만을 품고 수취를 거절했다. 이 일은 남사할린 귀국자들의 상하이 체류를 초래했다. 1947년 12월 단계에서 57명이 대만^{臺灣}, 3명이 톈진^{天津}, 나머지는 원적지 등에 정착하기를 희망하고 있었다. 대만으로 가는 무료 배편이 1월 6일과 7일에 출발하기로 했다. 그러나 남사할린 귀국자들은 이 루블 문제를 이유로 승선을 거부했다.

1948년 3월에도 남사할린 귀국자들은 상하이에 체류하고 있었고, 정착지로서 75%가 대만, 18%가 원적지, 7%가 상하이를 희망했다. 다만, 1948년 4월에는 푸젠성^{福建省}에 거주하는 남사할린 귀국자 5명이 연명^{連名}으로 루블 문제를 외교부에 문의했는데, 이를 보면 일부

남사할린 귀국자는 루블 문제 해결보다 최종 정착지로의 이동을 우선시했음을 알 수 있다. 1948년 7월에는 상하이시가 상하이에 있는 남사할린 귀국자에 대한 원호 예산을 추가로 편성했으나, 이후로 남사할린 귀국자의 집단적인 동향을 보여주는 공문서는 보이지 않는다.

한편 1951년에 어느 남사할린 귀국자가, 사할린에서 저축했던 일본 우체국 저금의 인출 여부에 관해서 외교부에 문의를 했다는 기록이 남아 있다. 안타깝게도, 이 남사할린 귀국자의 거주지는 밝혀지지 않았다. 그러나 1951년 중화민국 외교부에 편지가 도착했다는 것을 보면 이 무렵 중화민국의 실효적 지배지역인 대만, 펑후제도澎湖諸島, 진먼도金門島 등지에 거주하고 있었던 것으로 추측된다. 이를 통해 1948년 7월 이후에 상하이에서 이동해 온 남사할린 귀국자가 있었음을 알 수 있다. 또 개별사례 중에는 대만을 경유해서 홋카이도의 삿포로까지 이동했다는 사례[18]도 있다.

5. 왜 귀국했을까?

재남사할린 중화민국인들은, 왜 남사할린에서 상하이로 귀국했던 것일까? 이 부분을 파악하기 위해 우선은 당시 중화민국의 재외동포 정책을 확인하려고 한다.

1943년 국제기관인 UNRRAUnited Nations Relief and Rehabilitation Admini-

---

18 小川正樹,「樺太華僑史試論」, 谷垣眞理子・塩出浩和・容應萸編著,『変容する華南と華人ネットワークの現在』, 風響社, 2014.

stration; 연합국 구제부흥기관이 발족했다. 전쟁 피해자의 고향 귀환을 지원하는 것이 중요 사무 중 하나였다. 중화민국에서도 UNRRA와 행정선후구제총서行政善後救済総署, 교무위원회僑務委員会, 외교부가 연대해서 (1) 전화戰禍를 피하기 위해 거주국을 떠났던 중화민국인을 원래의 거주국으로 귀환시킬 것, (2) 국외로 유출된 중화민국인을 중화민국 본국으로 귀국시킬 것, (3) 중화민국에 있는 외국인을 그 본국으로 귀국시킬 것, 을 주요 업무로 삼았다. 그 후 중화민국 측의 근거법과 담당기관의 변천은 있었지만, 국외에 있는 중화민국인을 외국에서의 생활이 곤란해진 '난교難僑'[19]로 보고, 본국 귀환을 촉진하는 정책을 채택했다.[20]

실제로 남사할린 이외에도 1947년 4월에는 세미팔라틴스크(Semi-palatinsk, 오늘날의 세메이Semey), 같은 해 12월에는 타슈켄트Tashkent의 중화민국인들이 각지의 재소련총영사관과 접촉을 하고, 귀국 절차를 시작했다. 남사할린에는 재외공관이 없었지만, 재남사할린 중화민국인도 어떠한 형태로든, 소련 내의 재외공관과 접촉해서 귀국 절차가 진행된 것으로 보인다. 재남사할린 중화민국인은, 이전에는 집단으로서 왕진웨이 정권 지지를 표명했지만, 이 부분을 문제시 하지는 않았고, 중화민국 정부에 의해 보호해야할 난교로 받아들여졌다. 또 사할린 중화상회의 유력자층이 남사할린 귀국자 중에서 대표자의 역할을 담당하고 있었고, 일소전쟁 후 소련당국에 의해 대일협력자로 규탄을 받거나 하는 일은 없었던 것으로 보인다.

---

19 [역자주] 난교(難僑)는 재난을 당한 동포를 의미한다.
20 謝培屛編, 『戰後遣送旅外華僑回國史料彙編 - 德國, 土耳其, 義大利, 日本篇』, 國史館, 2007, 1 ~3쪽.

남사할린에서는, 재남사할린 중화민국인과 마찬가지로 소련우호 국 국민인 재사할린 폴란드인의 귀국도 시작되고 있었다. 일소전쟁 후 폴란드인 성직자들은, 종교정책을 포함한 소련의 여러 정책들이 재사할린 폴란드인에게 미칠 영향을 우려하고 재사할린 폴란드인들 에게 폴란드로 귀국할 것을 설득했다. 이 때문에 소련의 정치 하에서 생활에 불안을 느낀 일부 사람들이 귀국을 희망했고, 1948년 5월 사 할린을 떠나 다음 달에 폴란드에 입국했다.[21]

아쉽게도, 중국 측의 공문서에도 보도에도, 재남사할린 중화민국 인의 귀국 동기를 직접적으로 드러내는 기술은 보이지 않는다. 재남 사할린 중화민국인의 경우, 재남사할린 폴란드인과는 달리 소련의 종교 정책을 경계하고 있었다고 할 만한 충분한 근거는 확인되지 않 는다. 그러나 경제적인 부분에 눈을 돌리면 실마리가 드러난다. 재사 할린 폴란드인이 가진 자산의 상당 부분은 주로 전쟁 전 농장경영에 의해 형성된 것으로 보이는데, 재남사할린 중화민국인의 경우 대체 로 상업을 통해 자산을 형성한 것으로 생각된다. 어떤 업종도, 사회주 의 체제 하에서는 활동이 크게 제한되었고, 재남사할린 중화민국인 의 경우도 경제적 불안이 귀국의 주요 동기였다고 추측하는 것이 타 당할 것이다. 소련의 사회주의 체제로의 이행에 따라 경제적 환경이 점차로 악화되는 것을, 재남사할린 중화민국인도, 재남사할린 폴란 인과 마찬가지로 예측하고 있었던 것이다.

---

21 Федорчук Сергей , Русские на Карафуто, Южно-Сахалинск : Изд-во Южно-Сахали нского пединститута, 2015. 일본어 번역판으로 セルゲイ・フェドルチューク/板橋政樹 譯, 『樺太に生きたロシア人』, ナウカ, 2004, 이 있다.

6. 왜 대만을 정착지로 희망하는 사람이 많았을까?

앞서 언급했듯이 1947년 12월 단계에서는, 남사할린 귀국자의 약 3분의 1이, 그리고 1948년 3월에는 약 4분의 3이 최종정착지로 대만을 희망하고 있었다.

가장 명쾌한 해석은 남사할린 귀국자의 대부분이 대만인이었기 때문이라는 것인데, 이 해석을 그대로 받아들일 수는 없다. 그 이유는, 첫째, 일본 측 기록에서 볼 때 일소전쟁 시에 재사할린 대만인은 몇 명밖에 없었다는 점, 둘째, 외교부 기록에서 남사할린 귀국자 중에는 저장浙江, 푸젠福建, 산둥山東의 세 개 성省 출신자가 많았는데, 사할린 중화총회樺太中華総会의 기록과도 일치하는 점을 들 수 있다.

이처럼 남사할린 귀국자 스스로의 내재적 요인으로는, 이 현상을 설명할 수 없기 때문에 외재적 요인 즉 당시 상하이 및 중화민국의 상황에 주목하고자 한다.

당시 중화민국에서는 국공내전国共内戦이 진행되었고, 전쟁에서 도망친 피난민'난민'이 계속 상하이로 유입되고 있었다. 상하이의 자베이閘北에 체류하고 있던 피난민을 취재했던 현지 신문 기자는 10년 전에는 전화戦火로 불타버렸던 자베이가 이제는 '난민의 낙원'이 되었다고 평가했다. 항만 대도시인 상하이는 귀국한 '난교'뿐만 아니라 '난민'이 계속 유입되고 이들이 체류하는 공간으로 변화하고 있었다.

1948년 6월 톈진에서 상하이에 도착해서 현지 당국에 지원 요청을 했던 피난민 대표자는, '이번에는 일자리를 찾을 수 있다고 생각해서 상하이에 왔다. 만약 도무지 어쩔 수 없다면 대만에 가서 생활의 목표를 세울 것이다'라고 말했다. 이것은 대만으로의 이주와 정착을 지향하고 있던 사람이 남사할린 귀국자뿐만이 아니었음을 의미한다. 전쟁에서 먼 대만은 국내피난민의 이주정착지로도 인식되고 있었음을 시사한다.

또 남사할린 귀국자 특유의 사정을 보여주는 것이 있다. 1948년 3월 단계에서 상하이시 당국의 '이들 귀국자는 상해에서는 말이 통하지 않기 때문에, 취업 상 곤란한 사람들이 많았다'라는 인식이다. 상하이를 포함해서 저장성 일원은 언어적 다양성이 풍부한 지역이었지만 남사할린 귀국자 중에 저장성 출신자는 전무全無했고, 남사할린 귀국자들은 상하이에서 언어적으로 불리한 상황에 놓여 있었다. 다른 한편으로 남사할린 귀국자들은 일본령 사할린에서의 생활 경험이 있어 일본어 능력을 어느 정도 갖추고 있었다고 할 수 있다. 게다가 배우자가 일본인이었던 사람도 눈에 띄고, 그 외에도 귀국자의 대부분이 미성년자로 사할린에서 교육을 받았다면 생활언어로서 일본어에 크게 의존하고 있던 사람이 적지 않았을 것이라고 생각된다. 그렇다면, 사할린과 마찬가지로 일본제국의 일부였던 대만이라면 일본어가 통하고 상하이보다는 생활상의 부담이 낮을 것이라는 기대도 있었다. 게다가 대만에서 주류의 중국어방언을 사용할 수 있었던 저장성 출신자들이 마찬가지의 기대를 한다고 해도 전혀 이상하지 않았다.

또 이러한 중화민국인 사이의 언어소통 문제는 남사할린 귀국자들에게만 해당하는 것이 아니었다. 중화민국 정부가 만주국 해체 후 동베이東北 지역을 접수하려고 하는 중에도 남방출신자가 많았던 중화민국 정부 관리와 현지주민 사이에서 마찬가지로 언어소통 문제가

발생했던 것을 지적할 수 있다.[22]

또 남사할린 귀국자 중에는 헤어진 처자식이나 친척과 재회하려고 대만을 경유해서 일본 내지로 도항하려고 했던 사람이 있다. 실제로 앞서 서술한 대만을 경유해 삿포로까지 이동한 남사할린 귀국자의 동기는, 먼저 일본으로 돌아간 내연관계에 있던 여성과 재회하는 것이었다. 잔류 조선인 중에도 헤어진 처자식과의 재회를 위해 냉전기에 사할린에서 일본으로 출국하려고 했던 사례가 있었다. 소련의 사할린 침공 때 일본 정부와 군의 협력에 의해 긴급 소개疏開가 실시되어, 여성과 아이, 고령자가 우선적으로 홋카이도로 피난했기 때문에 가족이산이 발생했다는 사실이 그 배경에 깔려 있었다.

대만을 경유한 일본 국내로의 이동은, 헤어진 가족과 재회하기를 바랐던 사람뿐만 아니라, 일본 국내에 친척이 있는 사람들도 기대하고 있었다. 예를 들어 냉전기에 일본인 배우자와 일본으로 동반귀국했던 잔류 조선인들에 의한 귀국지원운동에서는 독자적으로 귀국을 희망하는 잔류 조선인의 귀국 희망지를 조사했는데, 1967년 단계에서는 20% 미만이 일본으로의 귀국을 희망했다. 가까운 친척은 일본 내지에만 있기 때문에 일본으로의 귀국을 허가해달라고, 일본 정부에 청원을 했던 잔류 조선인의 사례도 보인다. 물론 잔류 조선인과 재남사할린 중화민국인은 동질의 집단은 아니었지만, 실제 이 시기에 대만에서 일본 국내로의 '역류逆流'[23]도 발생하고 있었음을 간안하

---

22 加藤聖文, 『海外引揚の研究－忘れられた大日本帝國』, 岩波書店, 2020, 74쪽.
23 巫靚, 「日本帝國崩壊直後の人的移動－在日大陸籍者と台湾籍者の移動の諸相を中心に(1945 ~50年)」, 『社會システム研究』 17, 京都大學大學院人間・環境學研究科 社會システム研究刊行會, 2014(https://doi.org/10.14989/185704).

면, 불가능한 일은 아니었다.

왜 남사할린 귀국자가 원적지로 귀환하지 않았는지에 대해서도 생각해 보고자 한다. 당시의 보도에 따르면, 원적지 귀환이나 상하이 정착을 희망하지 않은 남사할린 귀국자에게는, 정부가 저장성에 있던 버려진 미경작지를 제공할 것을 제안했다. 게다가 그 토지가 있는 지역은 남사할린 귀국자들의 대표자 중 한 명의 출신지였다. 그럼에도 불구하고 즉시 거기에 응하는 사람은 없었다. 그 이유는 원래 출신지에서의 곤궁이 일본으로의 도항이나 사할린 거주의 동기였고, 오랜 해외생활로 인해서 일가친척과는 소원해졌고, 혹은 원래 출신지에 의지할 만한 사람이 없어서 고향으로 돌아가도 자신의 생활이 안정되지 못할 것이라고 판단했기 때문으로 보인다.

더구나 이런 농촌 입식入植은 남사할린 귀국자에게만 국한된 지원책이 아니었는데, 상하이시는 1948년 5월에 피난민 대책으로 항저우杭州 삼면만三門灣으로의 입식안을 발표했다. 그러나 토양이 적합하지 않은 것으로 판명되었기 때문에 장시성江西省으로의 입식을 다시 입안했다. 다음 달인 6월에는 동베이 지역에서 온 피난민이 유입되기 시작하면서 피난민 문제에 대한 우려가 커졌다. 11월이 되면 상하이시가 허난성河南省에서 온 피난민 3,500명을 선두로 삼아, 피난민 2만 명의 장시성 입식 계획을 발표했다.

흥미로운 것은, 지역을 넘어 공시적共時的으로 유사한 시책이 도입되었다는 점이다. 전후 일본에서는 귀환자 혹은 귀향 군인에 의해 식량과 취업처가 급격히 부족해지자 이를 메우기 위해 전후개척이 실시되었다. 당시의 기술력으로는 경작을 할 수 없었던 토지에 귀환자들을 입식시키려고 했던 것이다. 그것은 무모하면서도 파탄이 필연적이었기 때문에, 이것을 '기민棄民' 정책으로 평가하기도 했다.

다만 귀국자 지원책으로서 국내 입식 계획의 경우, 중화민국과 일본에서 이미 시행되고 있었다. 중화민국에서는 중일전쟁 무렵 일본에서 온 귀국자를 대상으로 한 입식계획을 설립했고, 일본에서도 전쟁 이재민 대책으로 농업 입식이 진행되고 있었던 것이다. 예를 들면 도쿄의 세타가야구世田谷區의 이재민 세대의 홋카이도 입식[24] 등이 실시되었다.

이상의 시책에서 지역 간의 직접적인 상호관계를 도출하는 것은 어렵겠지만, 이러한 공시성에 눈을 돌림으로써 보편성과 특수성의 시각에서 '일국사'의 극복을 도모할 수 있을 것이다.

7. 동시기同時期 전승국민의 본의 아닌 이동

재소련 중화민국인의 귀국뿐만 아니라, 같은 시기에는 재중 소련인의 귀국도 있었다. 상하이에서는 1947년 8월 재중 소련인의 집단 귀국이 시작되었는데, 그 해에 총 4,147명의 소련인이 상하이에서 소련으로 출국했다. 귀국자로부터 소련에서 생활고에 시달린다는 소식이 전해졌고, 귀국자를 우랄Ural Mountains의 광산으로 보낸다는 소문도 들려와서 재중 소련인 중 귀국을 망설이는 사람도 있었다. 또 귀

---

24 江別市總務部編, 『えべつ昭和史』, 江別市, 1995, 139~140쪽.

국이 늦어진 사람들 중에 백계白系 러시아인[25]이 포함되어 있었는데, 그 중 800명은 제2차 세계대전 후에 비로소 소련 국적을 취득해서 여권을 교부받은 사람들이었다.

텐진에서도 소련인의 집단 귀국이 시작되었고, 1947년 10월까지 재텐진 소련인 25명과 칭다오青島에 있던 소련인 142명이 두 차례의 집단 귀국으로 소련으로 떠났다. 칭다오에서도 30명이 직접 소련으로 귀국했다. 텐진을 경유한 귀국자의 경우, 텐진까지는 중화민국 측의 배로 이동하고, 텐진에서 소련의 배로 갈아타고 블라디보스토크로 향했다. 이들 재중 소련인의 귀국에서도, 재소 중화민국인의 귀국에서도 국제항로에는 소련 선박을 사용했다.

선양瀋陽의 외교부 주동북특파원공서駐東北特派員公署에서도 1947년 7월 하순까지 740명의 소련인이 귀국수속을 밟았다. 수속하러 온 소련인 중에는 '귀국하고 싶지 않았지만, 중국 측의 압박 때문에 어쩔 수 없이 귀국한다'라고 말하는 사람이 있는가 하면, 만약 선양에 있는 소련인이 모두 선양을 떠나버리면 중국공산당에 점령당할 것이라고 경고하는 사람이 등장하는 등, 귀국에 불복하는 사람들이 있었다.

전후 수년 동안, 패전국민인 일본인들이 아시아 각지에서 '송환'이라고 하는 형태로 본의 아닌 이동을 강요당했던 것은 널리 알려져 있었다. 그런데 승전국의 국민임에도 불구하고, 재남사할린 중화민국인도, 재중 소련이도 당시의 거주지에서 본의 아닌 귀국을 하고 있었다.

---

25 [역자주] 1917년 러시아혁명 이후 소비에트정권에 반대해서 국외로 망명한 러시아인을 가리킨다.

8. 마지막으로

　일소전쟁도 중일전쟁도, 동아시아의 평화를 위협하는 일본제국주의
·일본군국주의에 대한 저항이었고, 그 승리는 전승국민에게 평화와
안정을 주어야 했다. 그러나 본 장에서 다룬 재남사할린 중화민국인과
재중 소련인의 경우처럼, 전쟁에서의 승리는 일본 영토와 그 세력권의
축소라는 경계 변동을 야기했다. 이것이 그들의 생활에 새로운 곤란을
초래하면서 본의 아닌 귀국이라는 주민 이동을 강요당했고, 국민 재편
속에서 새삼스럽게 전승국인 '조국'으로 재편입되었다. 경계 변동은
패전국민에게만 송환과 같은 의도치 않은 귀국을 초래했던 것은 아니
었다. 경계 변동의 주도권을 쥐고 있다고 할 수 있는 승전국가의 국민
중에서도 본의 아니게 주민 이동을 강요당하는 사람들이 있었다.

　확실히 재사할린 중화민국인은 인구적으로는 소수였다. 그러나 일
본군에게 동원되어 시베리아 억류를 경험하고 일본으로 '귀환'했던
사할린 원주민인 윌타Uilta의 겐다누Geldanu가 국회에서 그 보상 문제
를 거론했고, 전후 일본 사회의 관심이 여기에 집중되기도 했다. 이
점을 감안한다면, 전후 일본사회의 기억 구축에서, 재사할린 중화민
국인은 잊혀진 집단이었다. 그러므로 전승국민의 본의 아닌 이동에
대해 검토한 적이 없었던 것이다.

　마지막으로 남사할린의 일본인은 소련에 의한 침략과 점령의 피해
자였지만, 일소전쟁 후에 이주해온 소련인도 소련의 희생자였다는
시각을 가진 일본인이, 그 당시부터 있었음을 언급하고자 한다. 송환
허가를 받지 못했던 어느 일본인이 동거인[26]이었던 소련인 P에게 저

녁식사 초대를 받았는데, 거기에서 P의 전임轉任에 대한 이야기를 들었다. 이 에피소드가 하나의 사례라고 할 수 있다.

"앞으로 열흘 안에 출발해야 하네. 나는 매우 우울하군. 생각해보게. 전쟁 중에 B(*P의 아내)는 모스크바에 있었지. 나는 스탈린그라드에서 싸우고 있었고. 긴 전쟁 동안 B와 함께 살았던 것은, 모스크바에서 근무했던 1년 뿐이었네.

그 때 B는 N(*딸)을 임신하고 있었지. 전쟁이 끝나고 작년에 처음으로 가정생활을 경험했어. 나는 N을 그때 처음으로 봤어. 그런데 이번에는 쿠릴 열도야. 겨우 1년 정도 생활했는데, 다시 헤어지고 이별이네. B는 모스크바로 돌아갈 거야. 나는, 혼자서 비행기를 타고 쿠릴 열도로 향하겠지."

P가 오늘밤 나를 초대한 것은, 전근(轉勤)으로 감상적이 된 것이 원인이라고 나는 생각했다.

"그것 참 안 됐군. B가 불쌍하게 되었네. 왜 같이 데리고 가지 않는 거야?"

"이번 근무지는 특수한 곳이거든. 게다가 북 쿠릴 열도는 춥고, 안개도 짙어. N이 몸이 약해서 걱정이야. 당분간 또 참을 수밖에 없겠지."

(…중략…)

P일가가 출발한 것은, 5월이 끝나갈 무렵으로, 이 거리 특유의 안개가 짙은 아침이었다. (…중략…)

---

26 소련군 장교들과 뒤이어 이주한 관리나 기술자들이 일본인의 집에 세들어 사는 것은 당시 일반적이었다.

P는 B를 위로하고 있었다. B부인의 눈동자가 젖어 있음을 눈치챘다. 안개 때문에 젖은 것은 아니었다. 앞으로의 운명을 염려하는 슬픔과 유즈노사할린스크(Yuzhno-Sakhalinsk) 시(市)를 떠나는 것에 대한 감상이, 정숙하기 이를 데 없는 B의 가슴에 복받치고 있음을 그는 느끼고 있었다. 그 자신도 아름다운 아침 안개에 걸핏하면 속눈썹이 젖곤 했던 것이다.

그는 내 손을 꼭 잡고,

"내가 있는 동안에 당신이 일본으로 돌아가지 못한 것이 유감이야. 나는 어디에 가서도 그걸 바라고 있을게."

라고 말하는 것이다.

(…중략…)

P가 떠나자, 나의 집은 갑자기 텅 비어버렸다. P의 방은 T가 사용하게 되었다.

그러나 그 날로부터 이틀이 지난 저녁, 어이없게도 나는 귀국 허가를 받았다. 눈썹에 침이라도 바르고 싶은 이 상황[27]이야말로, 소비에트 러시아 그 자체의 모습이다.

나는 오히려 어리둥절해져서 소비에트 러시아를 물끄러미 바라보고 있는 듯한 기분이 들었다.[28]

쿠릴 열도는 일소전쟁에 의해서 소련이 새로 영유화한 토지이지만,

---

27 [역자주] 눈썹에 침을 바른다는 것은 수상하거나 의심스러운 것에 속지 않으려고 조심한다는 의미인데, 여기에서는 그만큼 믿기 어려운 일이라는 뜻으로 사용되었다.
28 泉友三郎, 『ソ連南樺太』, 妙義出版社, 1952, 238・245~247쪽.

광대한 소련에게는 변경의 변경이었다. '북방특전北方特典' 등을 제공하는 것으로 겨우 이주가 진행되었지만, 그래도 퇴직하는 나이가 되면, 많은 사람들이 섬에서 살면서 모은 재산을 가지고 좀 더 살기 좋은 땅으로 다시 이주하는, 그 정도의 땅이었다.[29]

1890년 러시아 제국의 귀양지였던 사할린 섬을 방문한 작가 안톤 체홉은, 그 기행문에서 벽지僻地의 감시사무에 종사하는 병사에 대해 어떤 의사가 했던 말, '추방도형수들을 징벌하는 수단을 마련하기 위해서 이런 환경이 필요할지도 모른다. 그러나 이 경우에 보초를 서는 병사는 아무런 관계도 없다. 왜 그가 이런 벌을 받아야 하는가?'라는 개탄을 인용하고 있다. 이 섬의 주인인 러시아 제국 신민의 일원임에도 불구하고, 그리고 또 죄인이 아님에도 불구하고 이 병사는 고향에서 멀리 떠나 고독하고 열악한 환경에서 살아가고 있었다. 이 병사 역시 경계 변동의 희생자였던 것은 아닐까.

(정계향 역)

---

29 石鄕岡建・黒岩幸子,『北方領土問題の基礎知識』, 東洋書店新社, 2016, 119~121・126~128쪽.

참고문헌

セルゲイ・フェドルチューク/板橋政樹訳, 『樺太に生きたロシア人』, ナウカ, 2004.

加藤聖文, 『海外引揚の研究 – 忘れられた大日本帝国』, 岩波書店, 2020.

江別市総務部編, 『えべつ昭和史』, 江別市, 1995.

菊池一隆, 『戦争と華僑 – 日本・国民政府公館・傀儡政権・華僑間の政治力学』, 汲古書院, 2011.

李里花編著, 『朝鮮籍とは何か – トランスナショナルの視点から』, 明石書店, 2021.

巫靚, 「日本帝国崩壊直後の人的移動 – 在日大陸籍者と台湾籍者の移動の諸相を中心に(1945~50
　　年)」, 『社会システム研究』17, 京都大学大学院人間・環境学研究科 社会システム研究刊行
　　会, 2014.(https://doi.org/10.14989/185704)

謝培屛編, 『戦後遣送旅外華僑回國史料彙編 – 德國・土耳其・義大利・日本篇』, 國史館, 2007.

＿＿＿＿, 『戦後遣送旅外華僑回國史料彙編2 – 澳洲・蘇聯・羅馬尼亞・捷克篇』, 國史館, 2007.

石郷岡建・黒岩幸子, 『北方領土問題の基礎知識』, 東洋書店新社, 2016.

小川正樹, 「樺太華僑史試論」, 谷垣真理子・塩出浩和・容應萸編著, 『変容する華南と華人ネット
　　ワークの現在』, 風響社, 2014.

阿部康久, 「1920年代の樺太地域開発における中国人労働者雇用政策」, 『人文地理』53-2, 人文
　　地理学会, 2001.

塩出浩之, 『越境者の政治史 – アジア太平洋における日本人の移民と植民』, 名古屋大学出版会, 2015.

遠藤正敬, 『戸籍と国籍の近現代史 – 民族・血統・日本人』, 明石書店, 2013.

日本植民地研究会編, 『日本植民地研究の論点』, 岩波書店, 2018.

中山大将, 『サハリン残留日本人と戦後日本 – 樺太住民の境界地域史』, 国際書院, 2019.

＿＿＿＿, 「世界におけるサハリン樺太史研究」, 『北方人文研究』13, 北海道大学大学院文学研究
　　院北方研究教育センター, 2020(https://eprints.lib.hokudai.ac.jp/dspace/handle –
　　/2115/77237).

＿＿＿＿, 「日ソ戦後の在南サハリン中華民国人の帰国 – 境界変動による樺太華僑の不本意な移動」,
　　『境界研究』10, 北海道大学スラブ・ユーラシア研究センター境界研究ユニット, 2020.
　　(http://doi.org/10.14943/jbr.10.45)

＿＿＿＿, 『国境は誰のためにある? – 境界地域サハリン・樺太』, 清水書院, 2019.

泉友三郎, 『ソ連南樺太』, 妙義出版社, 1952.

Дин Ю.И., Корейская диаспора Сахалина—проблема репатриации и интеграция в советс
　　кое и российское общество, Южно-Сахалинск：Сахалинская областная, 2015.

Федорчук Сергей, Русские на Карафуто, Южно-Сахалинск：Изд-во Южно-Сахалинск
　　ого пединститута, 2015.

「北名好の祝賀会」, 『樺太日日新聞』, 1910.9.14.

해방 직후 남한 거주 일본인의 귀환양상과 재산처리 과정

공미희

1. 서론

아시아태평양전쟁에서의 일본패전 후 동북아해역에서는 일본의 제국주의 붕괴와 함께 구 식민지역에서의 일본인의 퇴출로서 송환과 귀환[1] 정책으로 대대적인 인구이동이 시작되었다. 일본인 귀환자들은

---

1 귀환, 인양, 송환 그리고 복원에 대한 용어 쓰임새에 대한 기술은 다음과 같다.
장석흥은 귀환의 의미를 단순 이주가 아닌, 식민통치의 강제와 모순에서 비롯한 이주 및 강제 동원으로 해외에 나갔던 한인이 해방과 함께 조국으로 돌아오는 것으로 규정(장석흥, 『해방 후 한인 귀환의 역사적 과제』, 역사공간, 2016); 황선익은 인양(引揚げ)은 종전 시 해외에 있던 육해군인·군속과 일반 일본인[邦人]이 포츠담선언 제9조에 따라 인도적 취급에 의해 조국으로 귀환하는 것(引揚援護廳編, 『引揚援護の記錄』, 引揚援護廳, 1950, 1면)이란 의미 에서 좁게는 '歸還'으로 이해할 수 있으며, '引揚의 주도권이 연합군사령부에 있어 전후처리 의 업무로 진행됐다'(引揚援護廳編, 위의자료, 11면)는 점에서 '送還'으로 해석될 수도 있음 을 기술(황선익, 「해방 전후 在韓日本人의 敗戰 경험과 한국 인식 - 모리타 요시오(森田芳夫) 를 중심으로」, 『한국학논총』 34, 한국학연구소, 2010, 1089~1090쪽) 또 황선익은 인양을 해외의 일본인을 현지에서 구출하여 귀환시킨다는 적극적 의지가 내재된 용어라고 설명(황 선익, 「연합군총사령부의 해외한인 귀환정책 연구」, 국민대 국사학과 박사논문, 2012, 4쪽); 김경남은 일본에서는 일반인의 귀환에 대한 용어를 사용할 때 '引揚(ひきあげ)'이라 하고, 군인과 군속의 귀환은 '復員'을 사용했다고 기술(김경남, 「재조선 일본인들의 귀환과 전후의 한국 인식」, 『동북아역사논총』 21, 동북아역사재단, 2008, 306쪽) 본고에서는 대상이 재조 선일본인이므로 장석흥의 정의를 바탕으로 귀환을 단순이주가 아닌, 일본정부의 제국주의

제국의 영역 내에서 각국에 따라 각기 다른 일본제국의 붕괴 방식을 경험했고, 각국의 내셔널리즘이라는 전혀 다른 귀환 조건 속에서 본토로 귀환하게 되었다. 이런 동북아해역에서의 인적이동의 규모·범위·방식 등은 각 지역에서의 전쟁 상황 및 변화와 밀접하게 연동되었고 이에 다양한 형태로 나타났다. 당시 해외에서 일본본토로 돌아온 일본인 규모는 최소 630만 명에서 최대 700만 명 규모로 추정된다. 1945년 일본본토 인구를 대략 7천만 명으로 보았을 때 약 9~10%에 해당하는 이 수치는 과거 일본제국이 아시아태평양 각지의 광대한 식민지와 점령지에 자국민을 식민자로 이주시킨 결과였다. 특히 동북아해역에서의 이들의 귀환규모를 구 거류지별로 살펴보면 한반도가 약 92만 명남한 약 60만 명, 북한 약 32만 명, 중국본토가 약 154만 명, 구 만주지역이 약 105만 명, 대만이 약 48만 명이었다. 그 밖에 구소련지역에서 돌아간 사람들이 약 47만 명, 쿠릴·사할린이 29만 명, 대련이 약 23만 명이었다.[2]

각 지역에서의 귀환방법도 다양하게 나타났다. 예를 들어, 중국 동북지방이나 북한과 같은 소련 점령지역에서는 귀환할 일본인들에게 많은 폭행이 이루어진데 반해, 남한, 중국·타이완·베트남 등에서는 상대적으로 평온한 가운데 귀환이 이루어졌다. 그러나 일본정부의

정책의 강제와 모순에서 비롯한 이주로 해외에 나갔던 일본인들이 패전과 함께 본국으로 돌아가는 것이라고 하고, 인양을 좁게는 '歸還'으로 이해할 수 있다는 황선익의 주장에 근거하여 재조선일본인이 본국으로 돌아가는 것을 전부 귀환이라는 용어로서 통일한다. 그러나 문맥에 따라 미군정의 입장에서 일본 군인들을 본국으로 귀환시킨 경우에는 송환이라는 용어도 사용.

2 이연식, 「일본제국의 붕괴와 한일 양 지역의 전후 인구이동 – 양 국민의 귀환과 정착과정 비교」, *e-Journal Homo Migrans Vol.2*, 이민인종연구회, 2010, 87~92쪽.

입장에서는 구 식민지에서의 일본인들의 일괄적인 귀환은 일본사회에 불안감을 더욱더 가중시키는 결과를 초래한다고 판단했다. 따라서 한반도[3]에서도 약 90여만 명의 일본인들이 한 번에 귀환하는 것보단 일본인들의 한반도에의 잔류유도와 생명재산의 보호, 그리고 제한적 귀환을 추진하도록 하였다. 그러나 한국인들의 일본인에 대한 폭행, 협박, 약탈에 일본인의 위험을 심각하게 느낀 조선총독부와 미 군정청은 일본인의 귀환을 서둘렀다. 일본인들은 예금을 인출하기 위해 은행으로 몰려들었고 각 은행은 인출 초과현상을 보였으며 금융기관에서 인출해 간 돈이 시중에 풀리기 시작하자 곳곳에서 환전상[4]이 나타났다. 이에 일본인들은 가재도구를 헐값에 내다 팔아 이익을 챙겼고 수단방법을 가리지 않고 조선에서 모은 재산을 가지고 돌아가려고 했다. 그리고 천 엔보다 많은 돈과 소지품을 가지고 가는 유일한 방법으로 밀항선[5]을 이용한 귀환자들이 많았다. 이런 밀항[6]에

---

3   해방당시 1944년 5월 한반도 거주 일본인은 남자 345,561명, 여자 367,022명, 합계 712,583명으로 한반도 총 인구의 3%에 미치지 못했다(森田芳夫, 『朝鮮終戰の記錄 – 米ソ兩軍の進駐と日本人の引揚』, 東京 : 巖南堂書店, 1964, 2쪽).

4   일본인들이 인출한 조선은행권을 일본에서 돌아오는 조선인들로부터 사들여 놓은 일화(日貨)로 환전해줬다. 환전상들은 환치기 수법으로 양쪽에서 이득을 챙겼고 모은 돈으로 일본인 재산을 헐값에 매수하거나 한일 양 지역 사이의 밀수에 관여함으로써 이중 삼중으로 이익을 극대화 했다(이연식, 『조선을 떠나며 – 1945년 패전을 맞은 일본인들의 최후』, 역사비평사, 2012, 35~36쪽).

5   부산에는 많은 밀선회사가 있었고 운임으로는 150엔을 받았으며 이런 밀선은 군경과 조선인 여자 검사원의 물품 검사를 피할 수 있었다. 부산역 앞에 일본인 세화회가 어느 선박회사가 비밀리에 출항할 것인가를 알려줬으며 1946년 3월 시점에 주한 미군이 일본의 GHQ에 보고한 내용에 따르면 밀선이용자 수가 18만 5,156명에 달했다(이연식(2012), 위의 책, 93~94쪽).

6   일본의 패전이후 재조선 일본인들은 사유재산을 다 가져가기 위한 밀항이 많았고 또한, 본국으로 귀환한 이후에도 실제 살아갈 수 있는 경제적 여건이 불안하여 일본으로부터 귀환하는 우리 동포 속에 숨어서 밀항해 부산을 중심으로 거주하고 있는 경우도 허다했다. 『민주중보』에 의하면 맥아더사령부는 일본인의 조선도항을 발견 즉시 도(道) 경찰부에 통지에 주면 엄중히 처단하겠다고 했다(「密航한 倭人 釜山에 潛伏」, 『민주중보』, 1946.1.14; 「조선서 번 돈 갖고 돌아가려면 밀항선을 타세요」, 『한겨레』, 2019.2.17).

대한 유명한 에피소드로서 부산지방 교통국장 다나베 다몬田辺多聞이 이날 상부의 지시로서 가장 먼저 받은 비상업무가 조선총독부인 일행이 일본 본토로 타고 갈 기범선을 준비하라는 것이었다.[7] 당시 패전소식을 접한 순간 권력을 독점한 고위간부들을 비롯해 정보가 빨랐던 일본인들은 어떤 수단과 방법을 가리지 않고 사유재산을 몰래 일본으로 반출하려고 했었다. 조선총독부도 일본인의 빠른 귀환절차를 밝기 위해「終戰事務處理本部」를 개설해 경성・대전・대구・부산・전주・여수・광주의 7개 도시에 안내소를 두어 일본인의 귀환과 구제救濟사무를 하도록 하였다. 이중에 전주・여수・광주 지부는 통신기관 결여로 활동을 할 수가 없었으며 38도선이북의 안내소는 소련군이 지역을 억압했기 때문에 그 업무를 정지시켰다.[8] 1945년 9월 25일까지 조선총독부보호부의 계획대로 귀환자의 수송은 외사과外事科의 관리하에 안내소[9]가 실시했다. 안내소는 귀환자에게는 조선총독부 발행의 귀환자 특별승차증명서를 교부했고 귀환자는 역 또는 교통공사에서 그 증명서와 교환으로 표를 구입해 보통의 객차에 타서 출발했다. 그러나 1945년 10월 16일 이후엔 세화회가 이런 일본인 귀환업무를 대행했다.

---

7   8월 17일 비밀리에 조선총독부인 일행이 부산에 도착해서 일본으로 향하는 배를 탔지만 이배는 부인일행이 조선에서 수집한 귀중품들의 과중 때문에 목도(영도)에서 배가 한쪽으로 점점 기울여줘서 결국은 절반 이상의 짐을 바다에 버리고 겨우 다시 부산항으로 되돌아올 수 있었다(田邊多聞,「終戰直後の釜山地方交通局」,『朝鮮交通回顧錄 別冊 終戰記錄編』, 1976(森田芳夫・長田かな子(編),『朝鮮終戰の記錄 - 資料編第二卷』, 東京 : 巖南堂書店, 1980, 285쪽); 이연식(2012), 앞의 책, 16쪽).

8   森田芳夫・長田かな子(1980), 위의 책, 7~8쪽.

9   외사과에서는 일본인 주민은 가급적 속히 본원사에 있는 안내소에 출원하여 귀환수속을 받으라고 지시, 현재는 하루에 한 대의 기차로 일본인 귀환을 시행하고 있으므로 이에 수속이 절대 필요함을 발표(「同胞歸還과 日本人撤退」,『민중일보』, 1945.11.21).

한편, 9월 28일 이후부터는 일본인의 재산처리문제에 대한 상담을 실시하기 위해서 법률전문 직원을 두었다.[10] 한일 양국은 재산의 성격 및 처리방식에 대해서 현저한 차이를 나타냈다. 한국인들은 일본 총독부를 비롯한 일본기관 및 개인들의 재산이라 하더라도 일본정부가 한반도를 식민지화 할 목적으로 이주정책을 실시해 결국은 조선인들에 대한 강탈과 착취의 산물로 이루어진 재산이기에 당연히 한국의 소유가 되어야 한다고 주장했다.[11] 반면, 일본인들은 자신들이 일본에서 자본을 들여와 자신의 공장과 사업장을 운영해 왔으므로 한국에서 일군 자신의 재산들은 귀환할 때 가지고 가야 된다고 주장했다. 남한거주 일본인들의 재산에 대한 인식은 한일양국의 뚜렷한 입장 차이를 나타냈으며 실제로 당시 그 재산의 성격과 처리방식을 두고 양 민족은 갈등양상을 초래했었다. 그리고 그 시기에 미국총사령부 군정청이 개입해 재산관리권을 행사하게 되었고 남한거주 일본인의 재산을 귀속재산[12]으로 명하기까지 여러 가지 절차가 이루어진 것을 알 수 있다. 귀속재산에 관한 미군정의 법령 발포와 아울러 한반도에서는 일본인들의 귀환자 원호활동과 일본인의 재산처리 건으로 복잡한 양상들이 나타났다.

이런 시대적 배경을 바탕으로 한반도거주 일본인 귀환 및 전후의 한국인식에 관한 연구와 귀환자 원호체계 및 원호활동에 관한 연구

---

10 앞의 책, 9쪽.
11 민통(民統)은 조선내 일본인 재산은 전부 조선인의 피땀 흘린 것을 착취하여 일본인이 자기의 것이라고 먹지를 부쳐 놓은데 불과한 것이므로 조선내 일본인 재산은 전혀 없다고 주장했다(「일본인 재산의 배상 대상 반대」, 『자유신문』, 1946.11.13).
12 일본 제국주의가 패망한 1945년 8월 15일 직전까지 한반도 내에 있었던 일제(日帝)나 일본인들의 공적재산 및 사적재산이 해방 후 미군정에 귀속된 재산을 말한다.

특히, 원호단체인 세화회에 관한 연구가 많이 진행되었다. 그리고 귀환정책에 따른 미군정의 대응 및 재조선일본인의 재산처리 양상에 관한 선행연구들도 다소 논의의 쟁점으로 부각되었다.

최영호[2003]는 해방 직후 특히 부산·경남 거주일본인들의 귀환자 동향과 이들의 귀환에 대해 조선총독부와 미군정청이 어떤 대책을 가지고 대응했는지에 관하여 분석했고 또한 최영호[2008]에서는 부산항의 일본인 귀환상황과 이들을 둘러싼 원호단체들을 살펴보았다. 그리고 군산세화회 결성과정과 조직 활동을 서울과 부산의 세화회 조직에 관한 연구와 대조해서 일본인 귀환의 지역적 특징을 도출했다.최영호(2014) 한편, 일본으로의 귀환 및 원호단체 활동과 아울러 재조선일본인들이 경험한 '패전'의 기억과 한국에 대한 인식이 한일관계에서 어떻게 작용하였는지에 대한 분석도 이루어졌다.최영호(2006), 김경남(2008), 황선익(2010), 이연식(2012)

재조일본인의 재산처리 양상에 관한 선행연구로서, 귀속재산을 직접적인 연구대상으로 삼은 선구적 연구는 이대근[1988]에 의해 이루어졌다. 그는 미군정기부터 이승만정권기에 이르기까지 귀속재산의 접수, 관리, 불하 실태에 대해서 살펴보았다. 그러나 귀속재산 처리과정에서의 실체 및 양상 등으로 한국인과 남한거주 일본인들의 갈등표출인 사회현상에 대한 분석보다는 귀속재산이 한국전쟁으로 인해 파괴되어 한국 경제발전에 끼친 영향력에 초점을 맞추어서 설명했다. 김기원[1990]은 귀속재산의 전체적인 규모와 실체를 구체적으로 분석해 귀속재산이 한국 자본주의 형성에서 결정적인 역할을 하였다고 주장하였다. 이에 배석만[2014]는 김기원의 기존 연구를 참조하여 해방 후 미군정이 귀속재산을 확인하고 접수하는 과정, 접수한 규모, 그리고 관리를 거쳐 이승만정권에 인계하는 과정을 전체적으로 재검토했다. 이와 아울러 이연식2009과 최영호2011는 사유재산에 대한 조선사회의 논의와 주장을 건준의 자주호양론에 초점을 두어 전개했고 조선인양동포세화회朝鮮引揚同胞世話會[13]의 재산권 보상 요구활동의 문제가 한일회담과 일본정부의 자국민 전후처리 정책에서 어떻게 전개되었는지를 분석했다. 한층, 일제시기 한반도에서 폐쇄기관에 속하지 않았던 개별 일본인 재산 사례에 대한 전후처리 과정을 분석한 연구도 있었다. 이와 관련하여 김대래·배석만은 미군정기 부산지역 귀속사업체의 접수 및 유실여부 그리고 이 귀속사업체가 이후 한국경제에 미친 영향에 대해서 분석했다. 김대래·배석만(2002), (2008), (2009)

이상으로 일본의 패전직후 재조선일본인의 귀환양상 및 귀환자 원호활동과 전후의 한국인식에 관한 연구, 귀환정책에 따른 미군정의 대응 및 재조선일본인의 재산처리 과정에 관한 선행연구를 살펴보았다. 그 결과, 기존연구는 주로 어떤 특정지역에서의 귀환자 규모와 체계 분석 그리고 원호활동에 관한 연구가 거시적으로 진행되었다. 그리고 귀속재산에 대해서도 전체적인 규모와 실태에 관한 분석과 아울러 이 귀속재산이 향후 한일회담과 일본정부의 자국민 전후처리 정책에서의 전개방법 등 정책적인 측면 등에서 분석되었음을 알 수 있었다. 그러나 어느 특정지역에서의 귀환자 규모와 체계분석 이외 당시 귀환자들의 실제상황과 구체적인 절차과정 및 특징 등에 관한

---

13 한반도 거주 일본인들이 귀환한 직후에 일본에서 결성한 최초의 전국적이고 통합적인 단체.

분석이 부족하다. 또한 재산처리과정에 있어서도 향후 한일회담에서 일본 역청구권의 계기를 제공한 사유재산제 인정 가부에 따른 사후 한국인들의 반응 등에 대한 분석은 다소 부족하다. 따라서 본 연구에서는 일본인 귀환이 거의 완료된 시기인 1945~1946년 남한 거주 일본인으로 범위를 좁혀 대부분의 귀환자들이 배를 타기 위해 몰려들었던 부산항 도착까지의 귀환 절차 및 특징과 그리고 부산항에서의 일본인의 귀환 절차 및 특징에 대해 사료와 신문자료 등을 활용하여 실증적인 방법으로 고찰하고자 한다. 또한 사유재산제 인정 가부 논쟁에 대한 중심내용인 법령 제2호와 제33호에 대한 분석을 통해 당시 한국인들의 반응과 사회현상에 초점을 맞추어 미시적인 방법으로 분석하고, 이 법령을 바탕으로 부산지역에서의 귀속재산의 양상에 대해서도 살펴볼 것이다.

2. 남한 거주 일본인의 귀환양상

1) 일본인의 귀환 배경

일제강점기 조선인에게 횡포를 부려 권력을 장악했던 일본인들은 패전이 되자 권력에서 밀려났고 실직이 되는 등 일제강점기와는 역전현상이 발생했다. 일본인들은 폐허가 된데다 생활의 터전도 없는 본국으로 귀환하는 것을 꺼려 잔류하기를 희망하는 사람들도 많았다. 일본정부도 초기에는 일본인들의 일괄적인 귀환은 일본의 정치적, 경제적인 불안정을 더욱더 가중시키는 결과를 초래한다고 판단해 잔류유도와 함께 제한적인 귀환을 추진하고자 했다. 따라서 남한 거주 일본인에 대해서 당초는 잔류도 귀환도 일본인의 자유의견에 맡겼고 단지 마을 소재지에서 10키로 이상의 여행을 금지하는 정도[14]이었다.

이런 사회적 배경 속에서 일본인들은 한국에서 일본인이 아닌 한국인으로 살아가기 위해 경성 YMCA 조선어 강습회[15]에 참가해 한국어를 배우고자 희망했고 심지어 정원을 초과할 정도로 희망자가 많았다. 그러나 한국은 사회적 혼란 속에서 반일감정이 격화되어 많은 폭행사건의 연속이었다. 즉, 경성에는 완장을 두른 한국인들이 경찰서와 파출소를 습격해 일본인 경찰관을 쫓아내고 무기를 빼앗았다. 또한 신문사, 회사, 공장, 대학 등에서도 한국인들이 일본인의 퇴출을 요구해 시내는 무질서한 상태였었고 이런 사태는 1~2일 만에 지방으로 전파하였다. 와카쓰키 야스오若槻泰雄, 1991의 기록[16]에 의하면 8월 16일부터 8일간 전 한반도 내 경찰서에 대한 습격이나 점거, 접수 요구가 149건, 경찰관 포함 일본인에 대한 폭행, 협박, 약탈 등은 146건, 살해 6명이었다. 그리고 일본인에 대한 것보다 일본에 협력한 조선인에 대한 복수 행위가 2배 이상, 살해만으로도 4배 이상에 달했다는 것을 알 수 있었다. 한층, 종전사무처리본부보호부終戰事務處

---

14 일본인은 경찰서를 경유해서 군정청이 발행한 허가증을 가지고 있지 않으면 현재 살고 있는 지역에서 10리 이상의 여행이 금지되었고, 그 범위 내를 여행하는 자도 그날 밤 교통금지 시간까지는 꼭 귀환해야만 했다(「在鮮日本人はすべて世話會に登録を十哩以上の無許可旅行禁止」, 『京城日報』, 1945.10.11).

15 1945년 9월 12일부터 3개월 과정으로 매주 화·목·토 오후 4시부터 90분 동안 경성 YMCA에서는 조선어 강습회가 진행될 예정이었고 첫날엔 조선어를 배우기 위해 일본인들이 많이 모여든 것을 보면 잔류를 희망하는 일본인들이 많았음을 의미(이연식(2012), 앞의 책, 80~83쪽).

16 若槻泰雄, 『戰後引揚げの記録』, 東京: 時事通信社, 1991, 233~235쪽.

理本部保護部 총무반장으로서 일본인의 귀환 수송 관계 사무를 담당해 왔던 하라다 다이로쿠原田大六 씨가 조선인에게 저격되었고 또 연속해서 부하 쓰보이 항마쓰坪井盤松 씨가 하라다原田 씨를 병원에 데려가는 중 저격되었다.[17] 이에 당초 일본인의 잔류에 대해 긍정적인 태도를 보였던 미군정도 한국인들의 반일감정의 정도가 점점 심해지자 일본인의 위험을 심각하게 생각했다. 따라서 미군정청은 일본인의 집결 거주 또는 귀환을 권했고 이에 조선총독부와 미군정은 일본인의 귀환 작업을 빨리 서둘렀다. 이런 귀환 배경을 바탕으로 다음 절에서는 남한 거주 일본인들이 배를 타기 위해 몰려들었던 부산항 도착까지의 귀환 절차 및 특징에 대해서 알아보고자 한다.

2) 부산항 도착까지의 일본인의 귀환 절차 및 특징

1945년 9월 25일까지 조선총독부보호부의 계획대로 귀환자의 수송은 안내소가 실시했고 1945년 10월 16일 일본인들의 숙박시설과 구제에 관한 업무를 안내소에서 세화회로 옮겼으며 이 세화회를 일본인 귀환에 관한 유일한 민간단체로서 공인했다. 일본인 거류민은 동년 11월 1일 미군정청 법령 제6호에 의해서 군정청과 일본인 민간단체인 세화회에 등록했고 이 세화회는 외사과의 지시를 받은 안내소장을 통해서 수송 귀환자의 수, 승차시간과 장소에 대해서 통보를 받았다. 당시 귀환을 희망하는 사람은 1,250의 집단에 소속되었고 이 집단에는 일정의 번호가 붙여졌으며 그 번호를 가지고 있는 일본

---

17 井手勇,「終戰後の朝鮮(一)—米軍政廳とその施政方針—」,『同和』166, 1961.10.1(四).

인은 지정된 정차장에 출두했다.

일본으로 귀환하는 모든 대상자는 먼저 장티푸스와 천연두 예방주사를 의무적으로 접종해야 했다. 이것을 실시하기 위해 윌리암 제이겐 중사와 의사이고 세화회원이기도 한 스즈키 키요시鈴木清에 의해 이동 의료국이 결성되었다. 1945년 10월 16일부터 이동의료국에서 주사증명서를 발행했고 귀환대상자는 승차에 앞서 주사증명서를 제시해야 되었으며 제시하지 않으면 승차는 거부되었다.[18] 또한 모든 귀환열차는 그 중 한 량을 병원 칸으로 사용하게 했으며 세화회의 지원 하에 일본인 의사와 의대생을 동승케 해 열차 내 응급상황에 대비했다. 동년 12월까지 각각 182명과 254명을 수용할 수 있는 두 대의 병원열차가 부산에 보내졌고 의료팀 또한 파견돼 일본인 및 조선인 귀환자들에 대한 의료지원을 수행했다.[19]

승차운임은 성인이 12세 이상으로 20엔 50전 전액을 지불해야 했고 소아는 6세에서 12세 까지로 반액의 10엔 25전을 지불, 6세미만은 무료였다. 당시 경성시내에는 세화회대표가 32명 있었고 이 세화회대표가 귀환자들의 승차운임을 모아서 안내소에 지불하면 안내소에서는 승차전원의 운임을 지불하는데 필요한 금액의 은행어음 및 여행증명서를 발행했다. 이 어음 영수증은 사본 1통과 함께 세화회에 교부되었고 사본은 외사과의 세화회 관계문서에 철해졌으며 그 여행

---

18 森田芳夫・長田かな子(1980), 앞의 책, 18쪽; 李淵植, 『解放 後 韓半島 居住 日本人 歸還에 關한 研究-占領軍・朝鮮人・日本人 3者間의 相互作用을 中心으로』, 서울市立大學校 博士學位論文, 2009, 98쪽.

19 「개인 보고서」 31쪽(신재준, 「1945-46년, 在朝鮮일본인의 귀환과 미군정의 대응」, 『군사』 104, 국방부군사편찬연구소, 2017, 69~70쪽 재인용).

증명서는 세화회대표가 개인에게 배부했다.[20] 이렇게 일본인 세화회는 귀환할 일본인에 대한 제한사항[21]을 제시해 남한 거주 일본인들의 귀환업무 대행을 실시했다.

그리고 외사과는 귀환자에게 수송일시를 알리기 위해 적어도 수송예정일 전날에 일·영문의 라디오 방송문을 준비해 안내소에 통지했으며 즉시 그 발표문은 방송용 신문용으로서 공보국公報局에 회부되었다. 출국일본인 수송의 우선순위는 무장해제한 현역일본군부대, 휴가 중 및 제대한 군인과 그 가족 등 일본군대의 송환을 최우선으로 했다. 군대 다음으로 경찰관과 신관神官,[22] 기생芸者, 유녀女郎, 일본인 광산노동자였다. 1945년 11월 2일 외사과장 엔더스소령은 신관은 군대와 함께 일본의 침략선병으로 간주되었기 때문에 즉시 각지의 일본인세화회에 등록시켜 재빨리 일본으로 귀환시키려 했다. 기생과 유녀는 가까운 일본인세화회나 군정청기관에 등록해야만 한다고 12월 5일 엔더스소령은 명령했고 그녀들을 급히 가능한 단체편성으로 귀환시켰다. 광산 관계자 귀환도 우선적으로 취급된 것은 동경의 연합군총사령부의 명령에 의한 것으로 일본 경제부흥을 위한 최중점 산업으로

---

20 앞의 책, 18~20쪽.
21 ① 민간인 1인당 천 엔에 한정해서 항구에서 교환할 수 있다. 교환비율은 조선엔 1엔이 일본엔 1엔이며 천 엔밖에 휴대할 수 없었다(1945년 10월 연합국총사령관 발전보 181007에 의함). ② 짐은 각자가 자기혼자서 가지고 운반할 수 있을 만큼 소지한다. ③ 금과 은, 유가증권, 금융상의 서류, 소유자의 의류, 총, 카메라, 보석, 미술품, 수집우표 등은 국외로 가지고 갈 수가 없었다(1945년 10월 12일 연합국총사령관명령, A-6, 09131에 의함) ④ 귀환자의 엄중한 검사가 군부대의 손으로 행해서 압수품에 대해서는 영수증이 교부된다. 그러나 이런 물건은 항구까지 가져와서는 안 된다. ⑤ 적어도 5일분의 식량을 휴행(携行)해야만 한다. ⑥ 대체로 철도수송에는 7, 5명의 탑승의 차량을 사용하게 되어 있었다(森田芳夫·長田かな子(1980), 앞의 책, 22쪽).
22 조선에는 신사(神社)에 50명, 신사(神祠)에 60명의 신관이 있을 예정이었지만 36명의 신관이 가족과 함께 귀환했다(森田芳夫·長田かな子(1980), 앞의 책, 24쪽).

지정되었던 석탄산업을 위한 기술자와 노동자를 확보하기 위한 것이었다. 그 다음으로 출국일본인 수송의 우선순위는 일반민간인의 원호대상자, 상급 공무원과 상급 회사직원을 제외한 그 외 일반 민간인, 상급 공무원과 상급 회사직원, 미군정장관이 승인한 교통 및 통신요원 순이었다. 부산항에서 배를 타고자 하는 경성지역 이외의 일본인 귀환절차도 부산항 승선 전까지 연합국 총사령관의 지시에 따라 현지 일본인단체에 먼저 등록을 했다. 그리고 일본인 세화회의 운영에 따라 귀환 순위의 결정, 예방접종천연두, 장티푸스, 개인별증명서 발행업무 등을 이행했다. 경성 외사과가 철도수송을 허가해 현지 일본인 세화회에게 그 지역에서 부산 승선항까지 귀환자의 운임에 대한 것을 어음으로 구입해 군정청교통국에 지불하도록 했다.[23]

이상으로 일반일본인이 부산항도착까지의 귀환절차 및 특징에 대해서 살펴보았다. 다음은 특별집단인 일본군인과 그 가족에 대해서 알아보고자 한다.

한반도에서의 일본육군의 송환은 1945년 8월부터 시작되었다. 군부대의 송환은 민간인의 귀환을 담당한 군정청 외사과의 직접적인 업무는 아니었다. 그러나 지방에서는 외사과가 일본군인과 그 가족의 귀환을 계속해서 실시하고 있었기 때문에 일본군인에 대한 책임당국은 제24군과 외사과 2개가 존재했다. 일본군 연락부는 일본육군 통신시설을 사용해서 경성지역 외에 있는 제대군인에게 출발시간을 알렸다. 수송열차는 통상 귀환자의 수송방법과 같이 외사과가 준비

---

23 森田芳夫・長田かな子(1980), 앞의 책, 21쪽.

했고 일본군 연락부는 일본인세화회에 협력해서 장티푸스와 천연두의 예방접종을 위해 일본육군의 왁친을 사용해 귀환자의 처리를 맡았다. 일본군인과 그 가족을 대량으로 수송할 때는 일본군 연락부의 분유대分遣隊가 출장해 열차 탑승과 발차 후 구내청소를 도왔으며 귀환 작업에 있어서 기타 순서는 앞에 기술한 일반인 귀환의 경우와 같았다.[24]

경성 및 타 지역에서 부산에 도착한 귀환자들은 열차에서 내려 검사장까지 다소 거리가 있기 때문에 보행할 수 있을 정도의 짐이어야 했다. 남한에서 일본으로 귀환하기 위해서는 교통수단이 필요했고 비행기로 가는 경우도 드물게 있었지만 거의 대부분이 선박을 이용해야만 했었다. 다음절에서는 부산항에 도착한 귀환자들의 승선까지의 절차 및 특징에 대해서 살펴보자.

3) 부산항에서의 일본인의 귀환 절차 및 특징

부산항은 지리적으로 일본과 가까운 곳에 위치해 있을 뿐만 아니라 선박의 접안接岸시설이 잘 되어 있어 귀환 항구로서 가장 많이 사용되었다. 일본 패전 당시 부산에 거주했던 일본인도 7만 명 정도로 서울 다음으로 많았으며 남한 거주 일본인들은 본국으로 귀환하기 위해 부산항으로 몰려들었다. 항구에 밀려든 일본인들은 어떻게든 바다를 건너지 않으면 안 되었고, 관부연락선의 출발지인 부산항에서 화물수송용의 기범선, 어선 등 있는 모든 배를 이용해서 일본으로 향했다.[25] 당

24　森田芳夫·長田かな子(1980), 앞의 책, 23~24쪽.
25　若槻泰雄(1991), 앞의 책, 234~235쪽.

시 남한거주 일본인들이 부산항을 경유한 귀환자수를 살펴보면 1945
년 478,956명이고 1946년 12,514명으로 합계 491,470명이었다는
것을 〈표 1〉에서 확인할 수 있다.[26]

〈표 1〉 부산항 경유 일본인 귀환자 수

년 월	남한	년 월	남한
1945.8	4,895	1946.5	117
1945.9	100,682	1946.6	53
1945.10	169,263	1946.7	0
1945.11	176,376	1946.8	0
1945.12	27,740	1946.9	0
1946.1	4,083	1946.10	0
1946.2	5,379	1946.11	0
1946.3	2,257	1946.12	0
1946.4	625	1947.1	0
합계		491,470	

또한 부산 거주 일본인 가운데는 미군이 진주해 오기 전에 재산을
처분하고 선박을 빌려 서둘러 귀환한 사람이 많았다.[27] 이후 부산 일
본인세화회에 의하면 부산, 경남 거주 일본인들 중 1945년 9월 중순
부터 10월 하순에 걸쳐 미군의 통제를 받지 않고 선박을 빌려 귀환한
사람이 33,000명이었다고 파악했다.[28] 부산 교통국에서는 동년 8월

---

26 丸山兵一, 「慶尙南道及び釜山の引揚(二)」, 『同和』166, 1961.10.1.(四).
27 대표적인 인물로 패전 당시 삼화(三和)고무 주식회사 사장으로 부산상공회의소 총재를 맡고
    있었던 요네쿠라 세이자부로(米倉淸三郞)와 조선방직 전무 도키오카 쇼헤이(時岡昇平)를
    들 수 있다. 이들은 패전 직후 고무신 제품과 광목을 한꺼번에 시장에 방출하고 미군이 진수하
    기 전에 일본으로 귀환했다(高崎宗司, 『植民地朝鮮の日本人』, 東京 : 岩波書店, 2002, 199쪽
    (최영호, 「해방 직후 부산항을 통한 일본인 귀환」, 『항도 부산』 24, 부산시사편찬위원회,
    2008, 97쪽 재인용)).
28 朝鮮篇二, 『終戰後朝鮮における日本人の狀況および引揚(二)』, 東京 : ゆまに書房, 2002, 310
    쪽(최영호(2008), 위의 논문, 97~98쪽 재인용).

17일 처음으로 귀환선에 대한 회의를 열었고 종전시終戰時 부산항에는 관부연락선이 한척도 없었으므로 히로시마 철도국에게 선박 배치를 의뢰했다.[29] 당시 부산 교통국장 다나베 다몬田辺多聞의 일지 기록[30]에 의하면 8월 20일 패전 후 처음으로 연락선 흥안환興安丸을 맞이해 마음이 든든했음을 기억한다고 기술했다. 또 8월 22일 저녁 무렵 덕수환德壽丸이 입항해서 종전 후 제2의 선박으로서 일본에 출항했고 8월 24일자엔 이 덕수환에 부산거주의 교통국원 가족 약 500명을 승선시킬 계획이었으나 의외로 희망자가 적어서 70명 정도 승선시켰다고 했다. 그리고 당일 연합군최고사령부SCAP가 18시 이후 백톤 이상의 선박은 일체 항해금지의 명령을 내렸고 이에 흥안환과 덕수환이 일본으로 1회 출항한 후 일시 운항을 중단했다고 설명했다. 이로 인해 부산항 부두에는 2천 명 정도의 일본인 귀환자가 남아 있었고 8월 31일에는 만 천명에 달해 대혼란을 자아냈었다. 이에 연락선에 한해 항행해금이 실시되었고 흥안환이 1주일 만에 센자키仙崎에서 저녁 무렵에 부산항으로 입항했다. 이처럼 연락선에 대한 승선은 부산거주자의 경우 9월 중순에서 10월 하순까지는 곤란했기 때문에 기범선이용에 의해 귀환이 수행되었다. 당시 기범선의 승선운임은 가라쓰唐津, 하카타博多, 시모노세키下関, 센자키仙崎행이 어른 1인 150엔, 아이 1인 100엔, 오사카행 어른 200엔, 아이 150엔이었다.

부산거주자의 반수 가깝게는 기범선에 의해서 귀환을 완료했으며

---

29 森田芳夫(1964), 앞의 책, 122쪽.
30 田邊多聞, 「終戰直後の釜山地方交通局」, 『朝鮮交通回顧録 別冊 終戰記録編』, 1976(森田芳夫・長田かな子(1980), 앞의 책, 286~287쪽).

10월 20일 이후 물건을 적재해서 운송하는 것에 대한 금지와 함께 기범선 운항도 정지되어 또 연락선에 의한 계획귀환이 이행되곤 했었다.[31] 이렇게 해방 직후 일본인들은 개별적으로 선박을 빌려 서둘러 귀환한 사람을 시작으로 차츰 귀환선이 정비되면서 대규모의 귀환이 부산항을 통과하여 이루어졌다. 남한주둔미군최고지휘관 하지 John R. Hodge 중장도 매일 평균 4천 명의 무장해제 일본군을 부산항에서 일본으로 수송할 계획이 완료되었고 수송될 군인은 증기선으로 이재민 수용항으로 향할 예정이며 휴대품은 개인 신변의 물건, 10일간의 식량 및 의료품에 한정했다고 밝혔다.[32]

부산항에 있어서 일본군대 및 일반 일본인의 귀환처리에 관한 절차 및 특징은 다음과 같다.[33]

먼저 일본군인과 그 가족에 대해서 살펴보면 첫째, 금지제품검사로서 40명의 검사 반을 구성해 각각 2열로 이들의 신체 및 소지금을 검사했고 민간인에게는 천 엔,[34] 사관에는 오백 엔, 하사관병에게는 이백 엔의 소지금을 인정했다. 둘째, 안내반이 역에서 일본군인을 맞이했고 군인을 부두처리지점으로 유도해 기차에서 내리는 즉시 무기와 총은 일절 빼앗았다. 셋째, 운송반은 일본으로 가는 군인, 민간인으로부터 회수한 화물을 운반했고 정리반은 귀환할 일본인에서 빼앗은 물품, 화물을 구분해서 각각 창고에 옮겼다. 이처럼, 검사가 끝나

31 丸山兵一, 「慶尙南道及び釜山の引場(一)」, 『同和』 165, 1961.9.1(四).
32 「무장해제 일본병, 연일 4천명을 송환, 일반물자의 반출은 불가」, 『京城日報』, 1945.9.29.
33 森田芳夫・長田かな子(1980), 앞의 책, 25~28쪽.
34 쫓겨 가는 일본인들의 재산은 정당한 수속에 의해 팔고 있지만 그들은 우편저금통장이나 은행예금통장을 일체로 못 가져가게 되었다. 그리고 부산을 떠날 때에 한사람이 천 엔밖에는 못 가져가게 된 것이다(「귀환 일본인들, 예금통장 持去 금지」, 『자유신문』, 1945.11.3).

면 일본군인은 승선을 했었고 승선반은 배타는 것을 감독했으며 각 선박에 일본군인 탑승 수는 일본군요색사령관이 결정해 미군의 승인을 얻어냈다. 승선이 끝나면 수송통제관에 보고해 배 출발명령이 있었고 군인가족의 처리순서는 일반일본인과 같았지만 단지 군인과 함께 그룹을 지어 승선했다.

다음은 일반일본인의 승선절차를 살펴보자. 일반일본인이 승선할 때는 부산일본인 세화회와 안내반이 열차까지 마중을 나왔다. 그러나 만약에 승선이 늦을 경우는 일본인세화회에 등록해서 숙박과 음식 도움을 받았다. 이들은 부두에 가까운 10개소의 건물에 숙박했고 귀환절차 순서는 군인의 경우와 같았다.

부산항에서 선박수송은 계획적으로 이행되었으나 계획수송에 따르지 않고 개개 혹은 단편적으로 부산으로 오는 경우에 대해서는 일정 숙사宿舍에 수용해 단체를 결성시킨 뒤 승선시켰다. 특히 부산거주자인 경우는 단독승선을 금지했고 일정한 정원250명이 되도록 지은사智恩寺 수용소에 수용한 후 단체를 결성시켜 승선시켰다. 다음 〈표2〉는 부산에서 수용소의 체류인원이 가장 많았던 1945년 10월 2일자 기준으로 당시의 수용소 현황을 나타낸 것이다.[35]

〈표2〉 부산의 수용소 체류인원 및 정원(1945년 10월 2일자 기준)

수용소	체류인원(정원)	수용소	체류인원(정원)
동본원사(東本願寺)	2,500(1,000)	출운대사(出雲大社)	700(300)
서본원사(西本願寺)	2,500(1,000)	마스라오관(ますらお館)	2,500(1,500)
금강사(金剛寺)	700(300)	제7국민학교(第7國民學校)	4,700(2,000)

---

35 丸山兵一, 「慶尙南道及び釜山の引揚(二)」, 『同和』166, 1961.10.1(四).

수용소	체류인원(정원)	수용소	체류인원(정원)
지은사(智恩寺)	700(300)	식물검사소(植物檢査所)	1,500(700)
묘각사(妙覺寺)	300(150)	세관창고(稅關倉庫)	8,700(5,000)
금광교(金光敎)	300(150)		
합계		25,000(12,400)	

이처럼 본국으로의 귀환 길에 오르기 위해 부산항으로 몰려들었던 일본인들은 상황에 따라 숙사나 수용소에서 대기하면서 승선절차를 따랐다. 경성일보에 의하면,[36] 부두검사는 조선인이 담당하고 있다고 했지만, 부두는 미군인 이외는 절대 출입이 불가능했기 때문에 물건 검사는 모두 미군 손으로 실시되었다고 보도했다. 그러나 여자는 한 반도의 노부인이 검사했고 환자 등의 보행이 곤란한 사람은 유조선 외 방법으로 승선을 허락했다. 승선할 때는 선은권鮮銀券을 소지하고 있으면 일은권日銀券으로 교환되었지만 가능하면 일은권日銀券으로 바꾸어두면 편리했다는 것을 알 수 있었다. 그럼 남한 거주 일본인들이 본국으로 돌아갈 때 그들이 남한에서 일구어 놓은 재산에 대해서 어떻게 처리했는지에 대해서는 제3장에서 살펴보자.

3. 미군정의 귀속재산 처리 과정

1) 법령 제2호에 의거한 귀속재산 처리

일본패전 후 재조선일본인들의 소유재산을 어떻게 처리하느냐는

---

36 「書留による契約作成 賣買の全事實記載 財産移讓規定第四項目發表」, 『京城日報』, 1945.10.31.

한일 양국뿐만 아니라 미국의 입장에서도 중요한 사후처리로서 관심의 대상이었다. 미군정은 1945년 9월 25일 패전국 소유재산의 동결과 이전 제한을 규정한 법령 제2호를 발포하여 8월 9일 현재 남한 소재 일본 재산의 미군정 관리를 선언하였다. 이 절에서는 법령 제2호 제3조의 규정에 나온 세부적인 항목에 대해서 미시적으로 분석하고 이것이 한국인에게 어떤 영향을 미쳤는지 알아보고자한다.

일본인의 재조선재산양도는 9월 25일 일반명령 제2호 제3조의 규정에 기반을 두고 행해졌지만, 아놀드 장군은 10월 23일 그 구체적인 세칙으로서 제1항목을 발표했다. 주요내용은 일본항복 당시 일본 정부 및 조선총독부에 소속해 있는 재산은 미군정청의 재산이 되며 미군정청이외의 재산을 사용, 또한 지배하는 것은 위법인 것을 성명함과 아울러 개인의 사유재산권은 어디까지나 존중할 방침인 것을 강조했다. 불법 취득한 재산을 소유하고 있는 경우는 그 재산소재 장소에서 가장 가까운 곳에 있는 군정관리에 보고해 재산관리를 군정관리에 양도해야만 했다. 또한 공공재산을 임의로 지배하고 이동시킨 것은 그 재산을 빨리 가장 가까운 경찰서에 반환해 미군정청관리인에게 인도하지 않으면 안 되었다. 그리고 일본인 사유재산 취득에 대해 3개를 강조[37]했다. 제2항목은 10월 25일 발표되었는데 그 내용

---

[37] ① 조선인은 일본인의 사유재산을 합법적으로 구입할 수 있다. 하지만 군정청에서 발표된 규정에 따르지 않으면 안 된다. ② 일본인의 사유재산에 대해 정당한 가격을 지불하지 않으면 안 된다. ③ 일본인의 사유재산에 대한 지불은 가장 가까운 은행 또는 우체국에 군정청 재산관리인의 구좌 앞으로 지불하지 않으면 안 된다. 한층, 다음 3항목도 이번 주 중에 발표됨을 공지했다. ① 식량·연료·의류 등의 생활필수품은 어떤 방법으로 일본소유자에서 구입해야 하는가 ② 토지 및 건물은 어떤 방법으로 일본인 개인 소유자에서 구입해야하는가 ③ 큰 사업 회사의 재산은 어떤 방법으로 운영하고 또 구입할 것인가(「不法取得者는 報告 正當한 價格으로 買入」,『京城日報』, 1945.10.24;「日本人財産賣買規定發表, 合法의 購入을 認定, 代金은 銀

은 식량·의류·일용품·연료 등 생활필수품에 관한 항목이었다. 이런 생활필수품을 획득하는 것이 곤란한 이유는 일부분에 한해서 생활필수품을 묻어두었기 때문이므로 일본인들은 필요이상의 사장품死藏品[38]을 필요자에게 판매하도록 강조했다. 조선인은 남의 것을 많이 훔쳐 식량·의류·연료 등의 일본인 재산을 소유하고 있었으나 이것은 정상적인 거래가 아니었기 때문에 조선인들에게 부정적인 작용을 불러일으켰다. 따라서 남의 것을 훔친 재산은 속히 군정청에 반환하고 일반민중의 이익을 위하여 일반시장에 판매하지 않으면 안 되었다. 그리고 생활필수품 판매의 점포를 소유 경영하는 일본인은 군정청의 법률에 의한 정당한 운영처치가 이루어질 때까지 그 일을 계승해도 되었다. 따라서 폭력으로 일본인의 점포를 빼앗은 조선인은 가장 가까운 경찰서에 관리를 넘겨주었고 또 숨겨진 점포는 군정청에서 고용하고 또는 임명된 조선인에 의해 전 민중을 위해 운영하도록 되었다. 수개월을 넘은 고난을 경감하기 위해 군정청은 3가지[39]를 잘 준수할 것을 일반민중에게 권고했다. 제3항목은 10월 27일 발표했는데 그 내용은 일본인 소유의 주택, 상사 및 토지 등의 매매대차 등 기타 사용 등에 관해 일본인 개인과 상담을 할 수 있었다. 그리고 구매자가 재산매매 및 임대 등에 관한 지불금은 일본인 소유자에게 직

行, 郵便局에 預金」, 『新朝鮮報』, 1945.10.24; 森田芳夫(1964), 앞의 책, 933~934쪽).

38 「死藏の生必物資を速かに販賣せよ 日本商人も營業可能」, 『京城日報』, 1945.10.26.

39 ① 일본인 소유재산을 포함해 타인 개인소유물을 존중하라 ② 생활을 위해 근면정직하게 움직이라 ③ 과잉의 물자를 시장에서 판매해라 ④ 물건을 훔쳐서 파는 것을 방지해라(「死藏の生必物資を速かに販賣せよ 日本商人も營業可能」, 『京城日報』, 1945.10.26; 森田芳夫(1964), 앞의 책, 934쪽(여기서는 ③과 ④를 합쳐서 ③으로 나타냈고 ,가능한 정상적인 상도(商道)를 조장하라는 문구가 추가 삽입)).

접 지불할 필요 없이 가장 가까운 은행 또는 우편국 재산관리관의 특별계좌에 납입할 것 등이었다.[40] 제4항목은 10월 30일 발표했고 그 내용은 일본인 소유의 토지·건물·기업재산·공장·광산 등과 같은 대규모의 영업재산에 착수되어 운영매수 방법이 설명되었다.[41] 즉, 매수인과 일본인 소유자와의 사이에 서면에 따른 계약을 작성해야 했고 매수인은 계약 작성에 대해 조선인 변호사에게 의뢰하는 것이 현명한 매수방법 임을 강조하였다.

이처럼, 법령 제2호 내용은 미군정이 일본재산 관리방법으로 일본 국공유 재산은 미군정이 접수하여 관리하고 일본인 사유재산은 소유권을 인정하여 매매를 허용한다는 것이었다. 사유재산의 소유권 인정은 국제법상의 규정, 즉 적국의 재산이라도 개인의 사유재산권은 어디까지나 존중할 방침인 것을 강조하였다.[42] 그리고 미군정은 자유매매를 인정했지만 그 거래대금을 조선은행[43]이 관리하도록 했다. 그러나 법령 제2호에 근거한 미군정의 귀속재산 처리원칙은 오래가지 못했다. 그 이유는 일본인 사유재산에 대한 소유권인정에 대해 한국 내부의 강력한 반발이 발생했기 때문이다. 아래 기사는 법령 제2호의 일본인 사유재산에 대한 소유권인정이 그 당시 한국인에게 어떤 영향을 미쳤는지에 대한 상황을 잘 나타내고 있다.

---

40 「外食券引揚証明書の交付を忘れるな宿泊料は八円から十円程度」, 『京城日報』, 1945.10.27.

41 「書留による契約作成 賣買の全事實記載 財産移讓規定第四項目發表」, 『京城日報』, 1945.10.31.

42 「不法取得者は報告正當な価格で買入」, 『京城日報』, 1945.10.24.

43 조선은행에는 주택에 대한 거래매매 이외에도 일본인의 실석주식공채저당권(實石株式公債抵當權)기타 귀중한 예술품을 접수해서 재산관리과 명의로 보관해 두라고 재산관리과에서 지시, 그리고 일본인에게는 영수증을 발행하고 은행에서는 접수품에 대한 정확한 기록을 해두라고 지시(「朝鮮銀行의 日本人財産接收」, 『광주민보』, 1945.11.24).

한국인들은 조선 안에 있는 일본인의 재산은 그들 일본인이 적수공거(赤手空拳)로 식민지조선에 건너와 총독정치의 강력한 자호(庇護) 아래에 착취와 사기로 조선인의 손으로부터 강탈하여 부를 이룬 것이니 이는 당연히 조선인의 소유가 되어야 할 것이라고 주장했다. 특히 만주사변 이후 지난 8월 15일 이전까지 말할 수 없는 허위정치와 폭력으로 조선인의 재산을 강탈하여 만들어 놓은 것이니 이것도 말할 것 없이 조선인의 소유가 되어야 한다는 것이다.[44]

또한 일본인 재산불매동맹을 결의한 청년단체대표자회에서도 조선의 신탁관리설에 대한 절대 반대의 성명을 발표했었다.[45] 그리고 한국인들은 일본인재산에 대한 불매동맹 결성을 촉구했고 만약에 반역 이적 행위자에게는 경고를 했었다.[46] 반면, 일본인들은 일본귀환에 따른 다양한 문제에 대해서 3개 사항[47]을 부탁했다.

당시 일본인재산 매입 양에 대한 어떤 한정선이 없으면 특수한 계급이 독점을 하게 될 것이라는 조선인들의 불만이 쏟아져 나왔으나 아놀드 소장은 "9월 25일부터 발표된 일본인 재산 처분령에 의하면

---

44 「일본인 재산의 처리문제」, 『자유신문』, 1945.10.25.
45 「靑年團體代表者會 결의 표명」, 『자유신문』, 1945.11.2(참가단체는 靑年硏學會, 朝鮮建國靑年會, 朝鮮學兵同盟, 解放靑年同盟, 建靑會, 東亞靑年會, 朝鮮解放靑年同盟, 建國婦女同盟靑年部, 出版勞組靑年會, 朝鮮靑年團, 仁旺靑年同盟, 北岳靑年同盟, 靑丘突擊隊, 解放靑年團, 駱山靑年同盟, 朝鮮學徒隊, 朝鮮勤勞靑年同盟, 朝鮮軍人同盟, 革新靑年同盟, 京西靑年同盟 외 6개 단체).
46 「日本人財産, 不買同盟結成하라, 反逆利敵行爲者에게 警告」, 『嶺南日報』, 1945.10.17.
47 ① 군정청의 결정에 따르면 1주일동안 500엔까지 생활비는 조선내 금융기관에서 인출예정 ② 예금통장, 송금증서 등은 일본으로의 휴대 허락 바람 ③ 한사람에 대해 2개월분의 생활용품 탁송을 허용부탁(中央日韓協會・友邦協會, 『朝鮮總督府 終政の記錄一』, 朝鮮資料 第三号, 1956, 66~71쪽).

파는 사람은 그 매매를 완료하기 위하여 군정청으로 그 원서를 제출해야 하고 이에 대하여 군정청법무국에서는 심사위원회가 조직되어 그 시가 혹은 매매행위 일체를 심사하는데 이때 특수계급에 독점이 된다든지 또는 어떠한 개인에게 편재하게 된다든지 하는 폐단이 없도록 한다"고 말했다.[48] 따라서 일본인들의 재산을 사 놓는 것은 큰 매매가 되며 한국인 측에서 이것을 사지 않는다면 군정청이 이를 접수할 것이나 급기야는 이런 매매가 조선의 부가 되고 재산이 되는 것을 강조했다. 그러나 법령 제2호 내용인 일본인 사유재산 소유권을 인정하여 매매를 허용한다는 것은 결국 식민지속에서 일본의 조선 침입 및 강탈을 인정한다는 내용이므로 동의할 수 없다는 한국인들의 강한 반발을 야기한 결과를 초래했었다. 따라서 일본인의 재산매매가 가능해짐에 따라 일체 결재하지 말라[49]는 목소리가 높아졌다.

이처럼 법령 제2호에 근거한 일본인 사유재산에 대한 소유권 인정이 적국의 재산이라도 개인의 사유재산권은 어디까지나 존중한다는 국제법에는 준수했을지는 모르지만, 한국 내부에는 강한 반발을 초래했다는 것을 신문보도자료 등을 통하여 확인할 수 있었다. 그러나 미군정은 당시 이런 상황에 대해서 조선 사람들이 너무 자기 국가의 큰 재산은 생각지 않고 눈앞에 보이는 개인이익 만에 눈이 어두웠다고 군정청으로도 할 수 없이 일본인 재산매매를 법문화하여 인정케 했다고 주장했다.

---

48 「일본인 재산, 매입에 蛋 제한은 없다」, 『자유신문』, 1945.10.17.
49 「일본인의 재산 매매는 일체로 결재하지 말라」, 『자유신문』, 1945.11.24.

2) 법령 제33호에 의거한 귀속재산 처리

한국인들은 법령 제2호에 근거한 미군정의 귀속재산 처리원칙이 결국은 일본인 사유재산에 대한 매매허가로 재조선 일본재산이 한국의 소유권으로 될 수 없다는 것에 강한 부정적인 반응을 보였다. 반면, 일본정부는 1945년 11월 20일 연합국군총사령부 앞으로 「남조선재류 희망의 일본인 안주를 가능하게 해달라는 것과 함께 일반일본인의 생명신체 및 재산보호」라는 기사[50]를 내어 재조선미군정당국의 호의적 배려를 얻도록 사령관의 알선을 요망하기도 했다. 그러나 미군정은 한국 내에서의 강력한 반발 수습을 처리하기 위해 법령 제2호의 방침을 변경하여 1945년 12월 6일 미군정 법령 제33호를 공포했고 제2조에서 조선 내에 있는 일본인재산권 취득에 관한 것을 언급했다.[51] 1945년 8월 9일 이후의 조선 내 일본국공유 및 사유재산 전부를 1945년 9월 25일부로 주한미군정에 귀속시키고, 이후 미군정청 사령관의 책임 하에 임대 및 매각을 허용한다는 내용이다. 군정청 재산관리과 래슬리 중좌도 가옥 기타 재산문제에 대해 1946년 1월 4일 군정청 기자단과 회견[52]하고 그 주지내용은 군정청법령 제33호에 의해 어떤 것이든 군정청 소유가 된다는 것과 군정청의 지시와 허가 없이 이것을 소유하거나 점령하고 있는 것은 불법한 일이라고 말하였다. 여기서 일본인의 재산권을 강제적으로 몰수한 시점을 8월 9일

---

50 ① 재류일본인 구제자금송부 허가를 얻는 것(당분간 1천만엔 정도 재경성일본인 세화회에 송금) ② 조선인의 불법행위로부터 일본인의 생명재산을 보호할 일 ③ 일본인이 남겨둔 재산 보호(森田芳夫(1964), 앞의 책, 941쪽).
51 법원행정처, 『구법령집(하)』, 47쪽; 森田芳夫(1964), 앞의 책, 934쪽.
52 「일본인 재산 무단 관리나 침입은 불법, 아직 처치할 방침은 미정」, 『자유신문』, 1946.1.5.

로 한 이유를 최영호[2013]는[53] 일본 정부가 연합국에 대해 포츠담선언 수락 의사를 통보한 날짜이기 때문에 스캡SCAP과 주한미군정은 이 날을 기점으로 귀속재산 문제를 파악했다고 기술했다. 또한 임건언[1967]은[54] 나가사키에 두 번째 원자폭탄을 투하함으로써 사실상 전쟁이 종결된 시점으로서, 일본정부 또는 일본인들은 임박한 공식적인 항복선언에 대비하여 각종의 재산권을 임의로 처분하거나 일본으로 무단이전 시킬 가능성이 높았는데, 미군정의 입장에서는 그러한 처분행위 또는 이전행위를 무효로 할 필요가 있었기 때문이라고 서술했다.

이렇게 해서 법령 제2호로 미군정청이 인정한 사유재산 수속과 법령 제33호 공포로 조선인과 매매계약을 한 거래는 일체 무효가 되었다. 즉, 일본인과 주택매매거래를 한 조선인이 자기 집이라고 생각을 했지만 법령 제33호 공포로 집의 소유자는 군정청인 것으로 알려졌고 한층 그 집의 집세를 군정청에 지불해야 했다. 당시 신문기사에 의하면[55] 경기도 재산관리과의 조사에서는 경성일본인가옥의 건평 1평을 최저 천 엔에서 2천 엔까지 평가해 약 5%를 1년의 집세로서 징수하도록 하고, 경성일본인 가옥이 약 3만 5천 호로서 그 집세 수입은 연 1억 엔으로 추산했다고 보고되었다. 그리고 일본인과 주택매매거래를 한 조선인은 주택이 자기소유로 되었다고 생각해 일본인에게 표면상의 계약과는 달리 현금을 몰래 전한 경우는 그 금액의 반환을 일본인에게 요구했다. 그러나 현금을 받아 도망치듯이 귀환한 일본

---

53 최영호, 『일본인 세화회』, 논형, 2013, 42쪽.
54 임건언, 『한국현대사』, 지성당, 1967, 11~12쪽(김성욱(2011), 앞의 논문, 96쪽 재인용).
55 森田芳夫(1964), 앞의 책, 944쪽.

인도 있었으며 이 당시 남한의 일본인은 1/10로 줄은 상태였다. 법령 제33호가 발포된 경에는 많은 일본인이 이 법령을 모른 채로 돌아갔으며 귀환한 후도 본국에서의 어수선한 생활에 적응하기 힘든 상황 하에 조선에 공포된 이 법령을 알 이유도 없었다. 따라서 조선에서 귀환당시 탁송한 물건도 일본으로 보내졌다는 것을 믿고 있었고 조선인과의 매매계약도 유효한 것이라고 생각했다.

그 후 1945년 12월 14일 재산관리령 제2호 「미군정청 취득 일본인 재산의 보고 및 재산의 경영점유 및 사용에 관한 건」이 발포되었다. 그리고 12월 26일 아놀드 군정장관은, "미군점령지역의 일본인 이름으로 된 전 재산을 접수했지만, 이것은 조선에 있었던 일본의 지배력을 배제하기 위해서 시행한 것이다. 사업 및 금융기관은 적당한 조선인의 경영자에 양도해 자산은 장래 조선독립정부에 이관해야만 하고 미군이 보관한다"고 발표했다.[56] 그러나 일본인들은 법령 제33호 공포에 대해 귀환자들의 개인재산을 보장하지 않는 점령당국에 대해 완곡하고 우회적인 표현으로 비판하는 기사를 내기도 했다.[57]

미군정은 법령 제33호에 근거한 일본인 공·사유재산에 대한 소유권 불인정이 적국의 사유재산 몰수를 금지한 헤이그 법규에 위반되는 것이기에 사후 문제 발생에 대한 책임소재에 대해 많은 고민이 있었을 것이다. 따라서 한국에 대해서는 '한미 재정 및 재산에 관한 협

---

56 森田芳夫(1964), 위의 책, 944~945쪽.

57 『引揚同胞』1卷 3~4호, 14~16쪽(최영호, 「韓半島 居住 日本人의 歸還 後 團體 結成과 財産權 補償 要求」, 『한일민족문제연구』 21, 한일민족문제학회, 237쪽 재인용). 지난날 서울 세화회가 권유하여 귀환 직전에 탁송하물 보관업자에게 맡긴 짐이 1945년 12월 6일 공포된 미군정청 법령 제33호에 의해 미군정청에 몰수되었다고 하는 점을 공지해, 기관지에 "우리의 힘이 부족했던 점을 깊이 사죄한다"고 보도했다.

정'을 맺어 미군정이 행한 귀속재산관련 처분을 한국정부가 승인을 하도록 했고, 차후 발생하는 귀속재산 관련 모든 분쟁의 책임은 한국 정부에 있음을 명문화하였다. 그리고 일본에 대해서는 샌프란시스코 강화조약을 통해 미국이 한국에서 취한 귀속재산 처리에 대해 일본 이 승인하도록 하였다. 법령 제33호 발포에 따른 당시 한국인들의 반 응에 대한 자료는 수집이 다소 어려웠다. 그러나 이 법령에 근거하여 일본인의 사유재산에 대한 소유권 불인정을 어떻게 평가해야 될 지 는 향후 다시 고찰할 필요성이 있다. 우선 필자가 말할 수 있는 부분 은 일본인들이 조선에서 이룬 재산들은 일제강점기 조선인들을 억압 하고 강탈해서 획득한 재산이다. 따라서 개개인의 사유재산을 매매 하는 것은 불합리하며 남한 거주 일본인이 소유했던 모든 재산은 한 국정부에 귀속되어야 함이 타당하다고 생각된다.

이상으로 미군정의 재산처리과정의 일환으로서 법령 제2호와 법 령 제33호의 세부적인 항목에 대해 살펴보았다. 이 두 법령 내용을 바탕으로 한반도에서의 귀속재산에 대한 실태분석에 관한 연구는 김 기원1990, 공제욱1993,[58] 최봉대2000,[59] 배석만2014 등에 의해 진행되었 다. 다음 절에서는 해방 직후 귀환이 많이 이루어졌던 부산지역에서 두 법령의 내용에 근거하여 일본인의 재산권이 어떻게 처리되었는지 귀속재산 양상에 대해서 알아보자.

---

[58] 공제욱, 『1950년대 한국의 자본가연구』, 백산서당, 1993.
[59] 최봉대, 「1950년대 서울지역 귀속사업체 불하실태 연구」, 『국사관논총』 94, 국사편찬위원 회, 2000.

3) 부산지역에서의 귀속재산 양상

해방 직후 남한에 귀속된 재산의 규모를 파악하는 데는 당시 미군
정의 정책적 혼란 속에서 귀속재산에 대한 신속한 접수 및 관리부족
으로 어려웠었다. 더구나 일본인에 의한 귀속재산의 무단처분과 파
괴행위 그리고 한국인의 무단 점유 및 소유권 주장, 무단처분 등으로
귀속재산의 상황을 상세하게 알기는 더 어려웠다. 이에 기존연구에
서도 여러 가지 자료를 비교하여 추론하고 있을 뿐이며 김기원[1990]는
귀속재산의 규모를 귀속농지, 귀속기업체, 기타재산의 3종류로 분류
해서 설명했다. 귀속농지는 미군정법령 제52호에 의해 동양척식주식
회사의 후신으로 설립된 신한공사가 관장했고, 경지의 경우 논 20만
정보, 밭 6만 정보, 기타 대지, 과수원, 임야 등 5만 5천 정보 정도였
으며 신한공사의 경지는 전체 남한 경지의 12.3%였다. 귀속기업체
에 대해서 『1949년도 경제연감』은 귀속사업체를 총 3,089개로 나
타냈고, 김기원은 해체·소멸되어 버린 것들을 제외한 귀속기업체의
숫자로 미군정 말기에 실태 미상인 부분까지 포함하여 대략
2,500~3,000개였다고 추정하였다. 기타재산은 상점, 음식점, 여관,
기타를 포함한 재산으로 남조선과 도정부 상공부의 『1947년 상공행
정연보』의 통계를 제시하고 있는데 총 13,461건이었다. 여기서 경남
지역은 상점 943, 음식점 429, 여관 153, 기타 2,133, 합계 3,658
건이었다.[60]

그리고 재조선일본인들의 귀환이 대부분 이루어졌던 부산지역에

---

60 배석만, 「해방 후 귀속재산 처리의 전개과정과 귀결」, 『韓日民族問題研究』 26, 한일민족문제
    학회, 2014, 55~59쪽.

대한 귀속재산에 대한 규모를 파악하는 것도 쉽지 않았다. 그 이유는 김대래·배석만[2002]도 언급했듯이, 일제 말 자료들을 은폐하였기 때문에 부산에서 해방 직전 일본인들이 소유했던 사유재산 및 사업체의 실체를 파악하기가 어려웠고 또한 해방 직후 사회적 혼란 속에서 미군정에 의해 접수되었던 귀속재산에 관한 완전한 자료도 존재하지 않았기 때문이었다. 이런 혼란상황을 이용하여 재부산일본인들은 미군정이 들어오기 전에 이미 그들의 재산을 빼돌린 것은 물론이고 창고에 쌓여 있던 원료와 완제품을 대량으로 방매하였다. 부산에서는 식량영단, 금융조합 그리고 남선 전기 등이 우선적으로 접수되었으나 당시 사회는 어수선한 상황이었고 대부분의 귀속사업체에 대해서 뚜렷한 방향을 제시하지는 못했다. 이마이즈미今泉 알미늄공업소의 이마이즈미 류今泉龍는 원료가 있음에도 공장의 기계를 파괴하여 다량의 알루미늄 솥을 만들어 중간상인에게 방매하였고, 남선南鮮수산 사장 마쓰모토 코이치로松本耕一郎가 어망·어선·어구를 일본으로 밀반출하였다. 그리고 조선방직 전무 도키오카 쇼헤이時岡昇平는 광목을, 삼화고무 사장 요네쿠라 세이자부로米倉淸三郎는 고무신을 방매하여 모은 일본 지폐 백원권 10가마를 배에 싣고 일본으로 도망쳤다.[61] 또한 일본인들은 물자의 방매와 연관해서 사업장과 기계들을 고의적으로 파괴했으며 회사의 자금과 설비 등을 일본으로 가지고 갔다. 수산재벌 카유우 겐타로香雄源太郎는 현금과 주권, 채권, 보험증서 등과 하

---

61 김대래·배석만, 「귀속사업체의 연속과 단절(1945~1960) - 부산지역을 중심으로」, 『경제사학』 33, 경제사학회, 2002, 66~67쪽; 「미군정기 부산지역 귀속사업체의 접수에 관한 연구」, 『항도부산』 24, 부산광역시사편찬위원회, 2008, 48쪽.

물을 몰래 밀항하려다가 적발되었다.

부산에 미군이 진주한 것은 1945년 9월 17일이었으나 그 이전에 건국준비위원회 부산지부 산하 치안대가 8월 18일에 결성되어 일찍부터 치안유지 뿐만 아니라 일본인의 재산도피를 감시하였다. 그러나 귀속사업체의 완전한 접수는 미군의 진주이후 상당한 시간이 경과한 상황에서 이루어졌으며 이에 완전한 접수방침과 접수체계가 완성되기까지 귀속사업체가 접수되지 않고 누락되었을 가능성도 컸다. 이에 모든 일본인 재산의 처분을 동결하고 접수관리를 시작한 것은 1945년 12월 6일 군정법령 제33호의 발포에 의해서였다. 당시 미군정에 의해 귀속사업체의 접수가 어느 정도 이루어졌는가를 파악하기 위해서는 먼저 일제 말에 부산에 존재했던 일본인 제조업체수에 대한 정확한 파악이 중요하다. 1940년 12월 말에 조선총독부식산국[1942] 자료에 의하면 부산에 584개의 공장이 있었고 그 가운데 476개가 일본인 소유였다. 그리고 부산부[1942]자료에 의하면 1941년 당시 부산에 5인 이상을 고용하는 일본인 소유공장은 약 439개였다.[62] 한층, 1948년 『남조선 과도정부 중앙경제위원회』에 의하면 1944년 부산에 650개의 제조업체가 있었고 여기에서 일본인 소유 80%를 감안하면 대략 일본인 소유 공장이 약 520개 정도 이었을 것이다.[63] 그럼 이렇게 존재했던 일본인 소유 제조업 사업체가 해방 이후 미군정에 의해 어느 정도 파악되고 접수 되었는지를 살펴보면 다음과 같다.

1944년 기준의 『경제연감』에서는 해방 직후 귀속사업체로 접수되

---

62 배석만·김대래(2002), 앞의 논문, 68쪽.
63 위의 논문, 71쪽.

었어야 할 사업체는 560여 개였는데, 실제로 접수가 확인이 된 것은 금속36개, 기계73개, 화학66개, 요업토석27개, 섬유50개, 식료87개, 목재제재21개, 인쇄제본13개, 기타48개 총 합계 421개로 당초 접수대상의 약 74.64%만이 접수되었음을 확인되었다.[64] 그러나 이런 귀속사업체에 대한 개별 기업별 연구에 대한 자료가 희박하고 일부 남아 있는 자료들도 내용이 빈약하다. 김대래·배석만2009도 귀속사업체에 대한 개별적인 연구가 부족하다는 것을 지적하면서 유일하게 화학 산업을 중심으로 해방 후 미군정에 의한 귀속사업체의 접수과정에서 파악된 사업체를 기술했다. 해방된 시점에서 부산에 존재한 화학 산업 관련 사업체에 대한 파악이 어려웠으므로 일제 패전시점에서 가장 가까운 시기인 1942년 釜山府가 출판한 『釜山の産業』 자료를 바탕으로 당시 사업체 현황을 설명했다. 『釜山の産業』에서 화학 산업의 범주에 넣은 업종은 제약, 비누, 석유, 양초, 고무, 코크스, 연탄이었고 1941년 3월 시점에서 일본인 소유업체가 31개였다. 여기에 1941년 4월 이후 신설 사업체 16개를 합쳐 총 47개의 일본인 사업체가 귀속사업체로 접수될 대상으로 파악됐다.[65] 그러나 『경제연감』에서 실제 접수가 확인된 사업체는 28개로 60% 접수율을 보였었고 이렇게 접수된 사업체의 대부분은 관리과정에서 유실되지 않고 불하가 이루어졌다.

이처럼 해방 후 사회질서가 혼란스러운 상황에서 부산에서도 개별 기업이 파산되어 현존하지 않았을 수도 있었고 또한 당시 업주가 일

---

64 배석만·김대래(2002), 앞의 논문, 35쪽.
65 김대래·배석만, 「부산지역 귀속사업체의 연속과 단절(1945~1960) – 화학산업을 중심으로」, 『항도부산』 25, 부산광역시사편찬위원회, 2009, 51~87쪽.

본으로 밀반출의 여지도 있었기 때문에 정확하게 귀속사업체를 파악하기에는 어려움이 있었을 것이다. 이에 1945년 12월 6일 군정법령 제33호의 발포에 의해서 모든 일본인 재산의 처분을 동결하고 귀속재산에 대한 접수관리를 시작했다. 이로써 미군정청은 부산시내 일본인 혹은 일본인 단체의 전 부동산을 소유했고 또한 재산관리관을 두어 귀속재산에 대한 규모 및 실태를 파악하는 접수사무를 진행시켰다.

4. 결론

본고는 해방 직후인 1945~1946년 남한 거주 일본인의 귀환양상과 재산처리과정에 대해서 고찰했다. 먼저, 부산항도착까지의 귀환절차 및 특징과 부산항에서의 귀환절차 및 특징에 대해서 고찰했다.

부산항도착까지 일반일본인 귀환절차의 경우, 1945년 9월 25일까지 귀환자의 수송은 외사과의 관리하에 안내소가 실시했고 1945년 10월 16일 일본인들의 숙박시설과 구제에 관한 업무를 안내소에서 세화회로 옮겼다. 귀환할 모든 대상자는 장티푸스와 천연두 예방주사를 의무적 접종했고 일본인 세화회 대표가 귀환자들의 철도운임에 대한 금액을 안내소에 대행했다. 안내소에서는 은행어음과 여행증명서를 발행해 일본인세화회에 교부했고 다시 세화인 대표가 이것을 개인에게 배부했다. 외사과는 귀환자에게 수송일시를 알리기 위해 적어도 수송예정일 전날에 일·영문의 라디오방송문을 준비해 안내소에 통지했다.

특별집단인 일본군인과 그 가족의 경우는 일본군연락부가 경성지역 외에 있는 제대군인에게 출발시간을 알렸다. 수송열차는 통상 귀환자의 수송방법과 같이 외사과가 준비했고 일본군 연락부는 일본인세화회에 협력해서 장티푸스와 천연두의 예방접종을 위해 일본육군의 왁친을 사용해 귀환자의 처리를 맡았다. 귀환 작업에 있어서 기타 순서는 앞에 기술한 일반인 귀환의 경우와 같다.

그리고 부산항에서의 귀환절차를 살펴보면, 일본군인과 그 가족인 경우는 금지제품 검사반, 안내반, 수입반, 운송반, 정리반으로 구성이 돼서 귀환절차를 진행했다. 또한 일반일본인은 부산일본인 세화회와 안내반이 주축이 되어 승선절차를 실시했다. 부산항에서 연락선에 대한 승선은 부산거주자의 경우 9월 중순에서 10월 하순까지는 곤란했기 때문에 기범선이용에 의해 귀환이 수행되었다. 수송은 계획적으로 이행되었으나 계획수송에 따르지 않고 개개 혹은 단편적으로 부산으로 오는 경우에 대해서는 일정 숙사宿舍에 수용해 단체를 결성시킨 뒤 승선시켰다. 특히 부산거주자인 경우는 단독승선을 금지했고 일정한 정원250명이 되도록 지은사智恩寺 수용소에 수용한 후 단체를 결성시켜 승선시켰다.

다음은 미군정의 귀속재산 처리과정에 대해서 살펴보았다.

일본인 사유재산에 대한 소유권을 인정하여 매매를 허용한 법령 제2호는 한국 내부에 강력한 반발을 초래했었다. 이에 미군정은 1945년 12월 6일 법령 제2호의 방침을 변경하여 일본인 사유재산 소유권을 불인정하고 이에 모든 재산을 주한미군정에 귀속시켜, 이

후 미군정청 사령관의 책임 하에 임대 및 매각을 허용한다는 법령 제
33호를 공포하였다. 그러나 이 법령 제33호는 적국의 사유재산 몰수
를 금지한 헤이그법규에 위반되었다는 이유로 향후 일본이 한일국교
정상회담에서 한국의 일제침략에 대한 배상에 대해 이른바 역청구권
의 계기제공이 되었다. 그리고 법령 제2호와 법령 제33호의 내용을
바탕으로 부산지역에서의 귀속재산 양상을 살펴본 결과, 해방 직후
사회적 혼란 속에서 미군정에 의해 접수되었던 귀속재산에 관한 완
전한 자료가 존재하지 않았기 때문에 귀속재산에 대한 규모를 파악
하는 것은 쉽지 않았다. 당시 1944년 기준의 『경제연감』에서는 해방
직후 귀속사업체로 접수되었어야 할 사업체는 560여 개였다. 그러나
실제로 접수가 확인이 된 것은 금속36개, 기계73개, 화학66개, 요업토석
27개, 섬유50개, 식료87개, 목재제재21개, 인쇄제본13개, 기타48개 총 합계
421개로 당초 접수대상의 약 74.64%만이 접수되었음을 확인하였
다. 이렇게 접수된 사업체의 대부분은 관리과정에서 유실되지 않고
불하가 이루어졌었다는 것을 알 수 있었다.

본 연구에서 고찰한 해방 직후 남한 거주 일본인의 부산항 중심의
귀환양상과 재산처리 과정은 근대 일본 제국주의 패망의 결과에 따
른 현상이었던 반면, 또 한편으로는 각 국가가 현대적인 재편을 시도
하는 디딤돌로서 국민국가 성립의 계기제공에 대한 하나의 특징임을
확인할 수 있었다. 특히 이들이 귀환할 때 가져갈 수 있었던 사유재
산의 소유권주장 가부에 대한 법령 제2호와 제33호에 착목하여 분석
함으로써 당시 이 법령이 한국인에게 미친 영향을 파악할 수 있었다.
그리고 미군정의 귀속재산이 향후 불하라는 형태로서 한국정부의 재

편에 실질적인 영향을 미쳤다는 것을 밝힘에 의의가 있었다. 부산지역 귀속재산에 대한 자료부족으로 좀 더 다양한 분야로 분석이 진행되지 못했다는 한계를 지니며 이것은 향후 과제로 삼고자 한다.

참고문헌

김경남, 「재조선 일본인들의 귀환과 전후의 한국 인식」, 『동북아역사논총』 21, 동북아역사재단, 2008.

김기원, 『미군정기의 경제구조 – 귀속기업체의 처리와 노동자 자주관리운동을 중심으로』, 푸른산, 1990.

김대래·배석만, 「귀속사업체의 연속과 단절(1945~1960) – 부산지역을 중심으로」, 『경제사학』 33, 경제사학회, 2002.

_____, 「미군정기 부산지역 귀속사업체의 접수에 관한 연구」, 『항도부산』 24, 부산광역시사편찬위원회, 2008.

_____, 「부산지역 귀속사업체의 연속과 단절(1945~1960) – 화학산업을 중심으로」, 『항도부산』 25, 부산광역시사편찬위원회, 2009.

김성욱, 「재조선 미국 육군사령부 군정청 법령 제33호에 의한 소유권의 강제적 귀속」, 『법학연구』 42, 한국법학회, 2011.

배석만, 「해방 후 귀속재산 처리의 전개과정과 귀결」, 『韓日民族問題硏究』 26, 한일민족문제학회, 2014.

신재준, 「1945~46년, 在朝鮮일본인의 귀환과 미군정의 대응」, 『군사』 104, 국방부군사편찬연구소, 2017.

이대근, 「미군정하 귀속재산 처리에 대한 평가」, 『한국사회연구』 1, 한길사, 1983.

李淵植, 『解放 後 韓半島 居住 日本人 歸還에 關한 硏究 – 占領軍·朝鮮人·日本人 3者間의 相互作用을 中心으로』, 서울市立大學校 博士學位論文, 2009.

이연식, 『조선을 떠나며 – 1945년 패전을 맞은 일본인들의 최후』, 역사비평사, 2012.

_____, 「해방 후 남한 거주 일본인 송환문제를 둘러싼 갈등 – 조선총독부와 남한사회의 인식 및 대응과정을 중심으로」, 『한국민족운동사연구』 63, 한국민족운동사학회, 2010.

최영호, 『일본인 세화회 – 식민지조선 일본인의 전후』, 논형, 2013.

_____, 「해방 직후 부산경남지역의 귀환자 원호체계와 원호활동」, 『한국민족운동사연구』 36, 한국민족운동사학회, 2003.

_____, 「해방 직후 부산항을 통한 일본인 귀환」, 『항도 부산』 24, 부산시사편찬위원회, 2008.

_____, 「한반도 거주 일본인의 귀환과정에서 나타난 식민지 지배에 관한 인식」, 『동북아역사논총』 21, 동북아역사재단, 2008.

_____, 「韓半島 居住 日本人의 歸還 後 團體 結成과 財産權 補償 要求」, 『韓日民族問題硏究』 21, 한일민족문제학회, 2011.

_____, 「군산거주 일본인의 귀환과정에 나타난 지역적 특성 – 세화회의 조직과 활동을 중심으로」, 『韓日民族問題硏究』 26, 한일민족문제학회, 2014.

황선익, 「해방 전후 在韓日本人의 敗戰 경험과 한국 인식 – 모리타 요시오(森田芳夫)를 중심으로」, 『한국학논총』 34, 한국학연구소, 2010.

_____, 「해방 후 귀환구호운동의 전개와 미군정의 대응」, 『한국근현대사연구』 85, 한국근현대사

학회, 2018.

井手勇, 「終戰後の朝鮮(一) – 米軍政廳とその施政方針」, 『同和』166, 1961.10.1(四).

丸山兵一, 「慶尚南道及び釜山の引揚(二)」, 『同和』166, 1961.10.1(四).

森田芳夫, 『朝鮮終戰の記録 – 米ソ両軍の進駐と日本人の引揚』, 東京 : 巖南堂書店, 1964.

森田芳夫·長田かな子(編), 『朝鮮終戰の記録 – 資料編第一巻』, 東京 : 巖南堂書店, 1979.

_____, 『朝鮮終戰の記録 – 資料編第二巻』, 東京 : 巖南堂書店, 1980.

山名酒喜男, 『朝鮮総督府終政の記録(一) – 終戰前後に於ける朝鮮事情概要』, 東京 : 友邦協会,
1956.

若槻泰雄, 『戰後引揚げの記録』, 東京 : 時事通信社, 1991.

「朝鮮銀行의 日本人財産接收」, 『광주민보』, 1945.11.24.

「不法取得者は 報告 正当な価格で買入」, 『京城日報』, 1945.10.24.

「死藏の生必物資を速かに販売せよ 日本商人も営業可能」, 『京城日報』, 1945.10.26.

「外食券引揚証明書の交付を忘れるな 宿泊料は八円から十円程度」, 『京城日報』, 1945.10.27.

「書留による契約作成賣買の全事実記載 財産移讓規定第四項目発表」, 『京城日報』, 1945.10.31.

「日本人財産賣買規定發表, 合法的購入을 認定, 代金은 銀行, 郵便局에 預金」, 『신조선보』, 1945.
10.24.

「日本人財産, 不買同盟結成하라, 反逆利敵行爲者에게 警告」, 『영남일보』, 1945.10.17.

「일본인 재산, 매입에 量 제한은 없다」, 『자유신문』, 1945.10.17.

「일본인 재산의 처리문제」, 『자유신문』, 1945.10.25.

「靑年團體代表者會 결의 표명」, 『자유신문』, 1945.11.2.

「일본인의 재산 매매는 일체로 결재하지 말라」, 『자유신문』, 1945.11.24.

「일본인 재산 무단 관리나 침입은 불법, 아직 처치할 방침은 미정」, 『자유신문』, 1946.1.5.

「일본인 재산의 배상 대상 반대」, 『자유신문』, 1946.11.13.

패전 직후 일본의 해항검역과 귀환

최민경

1. 서론

1945년 8월 15일 일본의 제2차 세계대전 패전은 제국 일본의 세력권이었던 지역 내부에서 다방향의 인구이동을 야기했다. 약 900만 명의 사람들이 대부분 출신지를 향해 '돌아가는' 움직임을 보였는데, 이러한 귀환歸還[1]의 움직임은 단순한 인구이동이 아니라 제국 일본의 붕괴 이후 동아시아지역이 재편되고 신질서가 성립되는 과정과 깊게 관련된 것이었다.[2] 일본은 제국에서 하나의 국민국가로 '축소'되었고 해방을 맞이한 한반도에는 냉전의 소용돌이 속에서 새로운 국가 수

---

1 누군가를 출신지(국)으로 돌려보내는 행위를 뜻하는 repatriation을 번역한 것으로 이산(離散)했던 한인 디아스포라(diaspora)가 해방 직후 한반도로 돌아오는 과정이라는 특수한 역사적 맥락 아래에서 쓰이는 경우가 많다. 한편, 일본에서는 repatriation에 대응하여 인양(引揚/ひきあげ/히키아게)이라는 용어를 사용한다. 이는 제2차 세계대전 패전 후 제국 일본의 세력권 내에 있던 일본인들이 일본 본토로 돌아오는 과정을 말하며, 군인·군무원의 인양의 경우, 복원(復員)이라고 표현하기도 한다. 본 연구에서는 고유명사를 제외하고는 귀환이라는 용어를 통일하여 사용하도록 하겠다.

2 蘭信三, 「引揚·追放·殘留の國際比較·關係史に向けて」, 蘭信三·川喜田敦子·松浦雄介編, 『引揚·追放·殘留―戰後國際民族移動の比較研究』, 名古屋大學出版會, 2019, 8쪽.

립의 움직임이 시작되었으며 중국대륙과 대만 또한 주도권을 두고 내전을 벌였다. 그리고 이처럼 귀환이라는 인구이동은 동아시아지역에서 1940년대 후반 새롭게 국민국가의 제도적 기반이 마련되는 과정과 맞물리면서 진행되었기 때문에 결과적으로 국민국가의 구성원, 즉, 국민의 경계를 재규정하는 과정 중 하나라는 의미도 지녔다.

그리고 1940년대 후반 동아시아지역에서 귀환 흐름의 중심은 일본이었다. 군인·군무원과 민간인을 합친 재외在外일본인 약 625만 명이 일본으로 돌아왔고 반대로 일본에서는 조선인, 대만인 등 '외국인', 약 170만 명이 모국으로 돌아갔다. 즉, 제국 일본의 패망에 따라 일어난 인구이동의 흐름 중 90퍼센트 이상이 일본을 매개하여 이루어진 것인데, 그만큼 귀환은 전후戰後 일본의 구성원을 경계 짓는데 중요한 역할을 하였다. 바꾸어 말하자면 귀환은 국민국가로 재탄생한 전후 일본이 포섭해야 할 대상과 배제해야 할 대상을 각각 영토 안과 밖으로 재배치하는 과정이었다고 할 수 있다. 그렇다면 귀환이라는 과정은 구체적으로 어떻게 일본인의 경계를 규정하였을까.

본 연구에서는 이와 같은 질문에 대한 답을 모색하기 위하여 패전 직후 일본의 해항海港검역에 주목한다. 기본적으로 검역은 국제적인 이동의 자유와 국민국가 영토 내부의 건강 유지를 조정하기 위한 "공간적 예방" 조치로 "질병이 발생한 장소를 특정하여 그 장소 또는 그 장소에서 이동해 온 것에 대한 장벽을 만듦으로써 장벽 내부에서 이동의 자유를 확보하는 것"이다.[3] 그리고 그중에서도 특히 해항검역은 인

3 　永田尙見,「國際檢疫制度の文化的成立―人々の健康と國際移動」,『國際政治』192, 日本國際政治學會, 2002, 156~157쪽.

구이동과 무역활동 대부분이 바다를 통해 이루어졌던 20세기 전반까지의 동아시아에서 매우 중요한 역할을 하였다. 해항검역은 "전염병 유행지와 경유지의 선박들을 집중 검역함으로써 전염병의 유입을 우선적으로 방어할 수 있는 제1차 방역"이라는 의미를 지니고 있었다.[4]

그런데 여기서 중요한 사실은 외부로부터의 질병, 많은 경우, 전염병의 유입을 막기 위해 장벽을 만드는 논리와 과정이 결코 과학적 지식에만 근거하는 것은 아니며 다양한 의미에서 정치성을 띤다는 것이다. 즉, 검역은 국민국가가 영토 내부에 머물러도 되는 대상을 선별하는 과정이라는 점에서 정치적이며 검역의 기준과 방법은 국민국가가 구성원의 경계를 어떻게 규정하는지 그 논리를 반영한다. 앞에서 언급한 바와 같이 패전 직후 일본은 귀환이라는 거대한 인구이동의 소용돌이 속에 휩쓸렸으며, 이 흐름은 전후 일본이 일본인의 경계를 재규정하는 과정과 궤를 같이 하였다. 그리고 귀환항歸還港[5]을 중심으로 한 해항검역은 이러한 재규정 과정을 구체적으로 살펴볼 수 있는 대상이라고 할 수 있다. 본 연구에서는 이와 같은 문제의식을 바탕으로 패전 직후 일본의 귀환항을 중심으로 해항검역의 실상과 의미를 고찰하고자 한다.

4　신규환, 「海港檢疫과 東아시아 – 1919-20년 臺灣과 朝鮮의 콜레라 防疫」, 『中國史研究』 24, 중국사학회, 2020, 212쪽.
5　1945년 11월부터 연합국최고사령부가 지정한 귀환 업무를 전담하는 항구이다. 구체적으로는 이 글의 제3장 참조.

2. 선행연구 검토-귀환, 검역 그리고 바다

19세기 산업혁명을 통한 교통의 발전은 유럽을 중심으로 1차 세계화를 견인하였다. 그리고 이를 통해 과거와는 비교할 수 없을 만큼 빠르고 큰 규모로 상품, 사람의 국제이동이 시작되었다. 흥미로운 사실은 교통의 발전에 힘입은 국제이동, 그중에서도 사람의 이동과 함께 질병의 이동 또한 활발해졌다는 것이다. 예를 들어 19세기 유럽에 가장 큰 영향을 준 전염병인 콜레라는 과거 인도 북동부지역의 풍토병이었으나 영국의 식민지배에 수반된 인구이동을 통해 영국으로 건너왔다. 1830년대 영국에 처음으로 등장한 콜레라는 이후 급속하게 발달하던 철도망을 타고 유럽 전역으로 퍼졌다. 그리고 "교통혁명의 세계화는 동시에 전염병의 세계화와 표리관계"[6]에 있었던 만큼 대륙과 대륙, 국가와 국가를 잇는 해륙海陸 교통망이 촘촘해 질수록 전염병 또한 빠르고 강하게 퍼져나갔다.

한편 전염병의 국제적 확산은 이에 대한 대처 또한 국제적 협력을 통해 이뤄져야 한다는 합의를 이끌어 냈다. 이러한 합의의 결과물로 탄생한 것이 1851년 시작된 국제위생회의International Sanitary Conference로, 전염병에 대한 국제적인 정보 공유의 필요성에 대하여 합의하고 무엇보다 검역의 의미, 방법에 대한 지속적인 논의를 바탕으로 표준화를 추구했다. 그런데 이렇게 검역의 국제적 협력 방안이 모색되는 과정을 이끈 것은 당시 국제무역을 주도하던 영국이 아니고 프랑스

---

6 이영석, 「19세기 후반 전염병과 국제공조의 탄생」, 『역사비평』 131, 역사문제연구소, 2020, 227쪽.

였다. 그 이유는 무엇일까. 바로 바다와의 관계 때문이다. 당시 전염병이 유럽으로 유입하는 주요 통로는 바다였다. 따라서 해항검역의 필요성 또한 강하게 제기되었는데 영국은 전염병의 원인을 도시의 불결함에서 찾는 장기설瘴氣說을 바탕으로 해항검역보다 도시 위생 강화를 주장했다. 이는 바다를 통하여 패권을 이룬 영국의 경우 해항검역 강화가 자국의 국제정치, 경제 활동에 지장을 초래한다고 판단했기 때문이다.

이처럼 바다와의 관계는 근대 이후 각 국가가 검역의 방향성을 모색하는데 큰 영향을 미쳤다. 대량의 상품과 사람이 바다를 통해 이동함에 따라 이와 함께 이동하는 전염병 또한 해항검역을 통해 막을 필요성이 높아졌는데 정치경제적으로 바다에 대한 의존도가 높은 국가일수록 해항검역을 어떻게 얼마나 엄격하게 하느냐는 중요한 문제였다. 해항검역을 너무 엄격하게 하면 넓은 의미의 자유 무역을 제한하게 되고 반대로 완화하면 바다를 통해 유입하는 전염병의 확산 가능성이 높아진다. 그 결과 해항검역의 논리, 방법, 정도에는 국가전략과 정체성이 반영될 수밖에 없었다. 그리고 이는 메이지유신明治維新 이후 일본도 마찬가지였다. 섬나라라는 지리적, 환경적 특성에 더해 근대 국가로서의 자리매김을 확고히 하고자 했던 일본에게 해항검역은 국가적 과제 중 하나였다.

일본에서 근대 해항검역의 시작은 1879년 '해항 호열자병 전염 예방규칙海港虎列刺病伝染予防規則'의 시행이라고 할 수 있는데 이는 불평등조약 아래에서 매우 제한적으로 운용되었다. 이러한 한계를 극복할 수 있게 된 것은 불평등조약 개정과 함께 기존의 각종 해항검역 관련

규칙들을 종합하여 1899년 '해항검역법海港檢疫法'이 시행되면서 부터이다. 전전戰前 일본에서 해항검역의 근간이 된 해항검역법은 총 15조로 일본에 입항하는 선박에 대하여 검역을 의무화한 것으로, 검역이 이뤄지는 항구와 대상 선박, 전염병은 내무대신內務大臣[7]이 정한다. 흥미로운 점은 제정 당시 해항검역법은 해외 항구에서 출발한 선박뿐만이 아니라 이미 식민지화 한 대만으로부터 입항한 선박도 동일하게 검역 대상으로 지정하였다는 것이다. 그러나 이후 한일병합 등을 거치며 제국 일본의 세력권이 점차 커지고 세력권 내의 상품, 사람의 이동이 늘어나자 일본과 조선, 대만, 만주 사이의 해항검역은 실시하되 전염병 발생 시를 제외하고는 항외港外 정박 없이 입항 후 검역을 하고 선박 내 검사는 생략하여 간소하게 이루어졌다.[8] 즉, 전전 일본의 해항검역은 제국으로서의 물리적, 정치적 경계를 고려한 것이었으며 일본과 식민지의 경계는 포섭과 배제 사이에서 애매모호한 것이었다.

그리고 물론 이와 같은 해항검역의 논리는 일본이 1945년 8월 15일 제2차 세계대전에 패전하면서 실효성과 의미를 잃게 된다. 제국에서 하나의 국민국가로 '축소'된 일본은 새로운 해항검역의 방법과 의미를 모색해야 했는데 이 과정에서 중요한 변수 중 하나였던 것이 귀환이라는 특수한 인구이동이었다. 앞 장에서도 언급하였듯이 일본은 패전 직후 재외일본인이 돌아오고 재일在日 외국인은 돌아가는 귀환

---

7 전전 일본의 행정기구인 내무성(內務省)의 장관. 지방행정·재정, 경찰, 토목 등 다양한 분야에 권한을 가지고 있었다.
8 山下喜明, 「日本檢疫史」, 『日本医史學雜誌』14-1, 日本医史學會, 1968, 29쪽.

흐름의 중심에 있었다. 일본을 둘러싼 귀환은 단시간에 대규모로 이루어졌다는 사실 이외에 가깝게는 동북아 멀게는 남태평양에 이르기까지 다양한 지역을 대상으로 했다는 점, 그리고 거의 모든 귀환자가 바다를 통해 이동했다는 점에서 특징적이다. 그리고 이러한 특징으로 인해 패전 직후 일본을 중심으로 한 귀환이라는 인구이동은 전염병의 공포와 직면한 가운데 이뤄질 수밖에 없었다. 전쟁으로 악화된 일본 국내의 위생 및 영양 상태 속에서 특히 귀환선이 출발, 도착하는 귀환항은 전염병 확산이 심각하게 우려되는 공간이 되었고 그만큼 해항검역은 중요한 의미를 지녔다.

여기서 주목해야 할 측면은 귀환 국면의 해항검역은 단순히 전염병의 유입, 확산을 저지하는 의미만을 지닌 것은 아니었다는 점이다. 패전 직후 일본의 해항검역은 일본으로 돌아오는 재외일본인과 일본을 떠나는 재일외국인 모두를 대상으로 하였으며 구체적인 운용 과정은 이 두 집단의 경계를 새롭게 만들어 "누가 '일본'에 속하고 누가 속하지 않는지를 결정하는 실천의 하나"이기도 했다.[9] 물론 국민국가로 '축소'한 일본이 포섭과 배제의 대상을 구분한 논리와 방법에 대해서는 이미 다양한 기존연구가 존재한다.[10] 다만 귀환 및 해항검역

---

9 山本めゆ, 「性暴力被害者の歸還 –『婦女子医療救護』と海港檢疫のジェンダー化」, 蘭信三・川喜田敦子・松浦雄介編, 『引揚・追放・殘留―戰後國際民族移動の比較研究』, 名古屋大學出版會, 2019, 175쪽.

10 대표적으로 오구마 에이지(小熊英二)의 연구를 들 수 있다. 오구마 에이지는 전전과 전후에 걸친 일본의 국민, 민족 인식을 역사사회학적으로 분석하였다. 구체적으로는 전전 다민족국가에서 전후 단일민족국가로의 변화를 관련 담론 및 정책 검토를 통해 그 특징과 원인 구조를 살펴보았으며, 다음 연구를 참조할 수 있다. 小熊英二, 『單一民族神話の起原 –「日本人」の自畵像の系譜』, 新曜社, 1995; 小熊英二, 『「日本人」の境界 – 沖縄・アイヌ・台湾・朝鮮植民地支配から復歸運動まで』, 新曜社, 1998.

과 연계하여 이러한 시각에서 이루어진 기존연구는 매우 적은 실정이다. 거의 유일하게 들 수 있는 것이 야마모토 메유山本めゆ의 연구인데 이 연구는 귀환 국면의 해항검역이 지니는 정치성에 대하여 구체적으로 분석하고 있다는 점에서 의의가 크지만,[11] 젠더gender 요인에 국한하여 분석을 진행하였다는 점에서 한계를 지닌다.

본 연구에서는 이와 같은 문제의식을 바탕으로 우선 제국 일본의 패망 결과 나타난 귀환이라는 인구이동의 흐름에 대해서 개괄하고 이 특수한 흐름에 직면하여 이루어진 일본의 해항검역 전개 과정을 전후 일본의 새로운 구성원 규정이라는 측면에서 살펴보겠다. 이렇게 패전 직후 귀환을 둘러싼 해항검역의 실상과 의미를 고찰하는 것은 전후 일본인의 경계가 재규정되는 가장 초기 국면을 구체적이고도 역동적인 시각에서 살펴보는 작업이라는 의미를 지닌다.

3. 제국의 붕괴와 귀환

1) 재외일본인의 귀환

패전 직후 제국 일본 세력권 내의 일본인 수를 정확하게 파악하는 것은 불가능하다. 관련 통계마다 서로 다른 수치를 제시하고 있기 때문인데, 이는 1940년대 초반 일본 본토의 인구통계 또한 교란이 심했다는 점을 고려하면 충분히 납득할 수 있는 부분이다. 다만 다양한

---

11 山本めゆ, 앞의 글, 172~195쪽.

통계자료를 종합했을 때, 패전 직후 재외일본인의 수는 최소 660만 명 이상이었다고 추측할 수 있으며, 이 중 군인·군무원이 310만 명, 민간인이 350만 명 정도였다. 660만 재외일본인의 지역적 분포를 살펴보면 만주, 대만, 중국대륙, 조선의 비중이 압도적으로 높지만 사할린, 인도차이나반도, 미크로네시아지역 등에도 광범위하게 퍼져 있었다. 이 중 만주, 대만, 조선의 경우 민간인의 비중이 높았으나 기타 지역에서는 군인·군무원이 대부분이었다.

1945년 8월 중 일본이 내세운 재외일본인의 귀환 방침은 군인·군무원의 즉시 귀환과 민간인의 현지 정착이었다. 군인·군무원의 경우 포츠담선언에 명시된 무장해제를 이행하기 위하여 신속하게 일본으로 이동시키는 반면, 민간인의 경우는 귀환선 부족, 일본 국내의 주택 및 식량사정 악화를 이유로 부득이한 경우를 제외하고는 현지에 머무르도록 한 것이다. 패전 당시 재외일본인의 수는 일본 본토 인구의 10퍼센트에 육박하는 규모였고 일본정부 입장에서 이러한 대규모의 인구가 돌아올 경우 일본사회에 미치는 정치적, 경제적, 사회문화적 영향은 예측할 수 없을 만큼 크다는 우려가 있었다.[12] 물론 이러한 방침을 내세울 수 있었던 이유 중 하나는 재외일본인의 현지 체류 상황이 크게 나쁘지 않다는 판단을 내렸기 때문이기도 했다. 다만 이 판단이 잘못되었다는 것을 아는 데는 오래 걸리지 않았는데, 1945년 9월부터 만주지역 치안과 체류 일본인의 상황이 매우 안 좋으므로 조속한 귀환을 요청한다는 소식이 들려오기 시작했다. 그러나 일본정

---

12 加藤聖文,「大日本帝國の崩壞と殘留日本人引揚問題 – 國際關係のなかの海外引揚」, 增田弘, 編著,『大日本帝國の崩壞と引揚·復員』, 慶応義塾大學出版會, 2012, 20~23쪽.

부는 국내 혼란을 이유로 대대적인 방침 전환에는 이르지 못했으며, 이후 귀환사업의 주도권은 연합국최고사령부SCAP/GHQ로 넘어가게 되었다.

1945년 10월 이후 연합국최고사령부가 재외일본인의 귀환을 위한 체제 정비를 본격적으로 진행하면서 나타난 가장 큰 변화는 민간인의 현지 정착이라는 방침을 고수하지 않게 된 것이다. 특히 미국이 불안정한 중국 상황에 적극적으로 개입하는 방향으로 정책을 전환하면서 민간인 또한 조기 귀환의 대상으로 자리매김한다.[13] 물론 이미 패전 직후부터 일본정부의 방침과는 상관없이 지리적으로 인접한 조선으로부터의 민간인 귀환은 비공식적으로 이뤄졌으나, 연합국최고사령부가 귀환사업을 주도하면서 기타 지역으로부터의 민간인 귀환도 계획적, 체계적으로 진행되기 시작한 것이다. 연합국최고사령부는 일본정부에게 귀환사업을 실제 운용할 책임 부처를 정하도록 하였고 그 결과 후생성厚生省[14]에 담당 부서를 설치, 관련 업무를 일괄 처리하게 되었다.

연합국최고사령부가 계획 · 관리, 후생성이 실행하는 체계가 갖춰진 후 가장 먼저 〈표 1〉과 같이 일본 전국에 10개 귀환항이 지정되었고 여기에 지방인양원호국地方引揚援護局, 이 중 3개는 출장소을 설치하였다.

---

13 위의 글, 32~39쪽.
14 1938년 내무성의 위생국과 사회국이 분리되어 설치되었다. 의료, 보건 관련 업무를 담당한다. 2001년에 노동성(勞動省)과 통합하여 오늘날 후생노동성(厚生勞働省)에 이른다.

지방인양원호국			
우라가(浦賀)	마이즈루(舞鶴)	구레(呉)	시모노세키(下関)
하카타(博多)	사세보(佐世保)	가고시마(鹿児島)	
지방인양원호국 출장소			
요코하마(横浜)	센자키(仙崎)	모지(門司)	

재외일본인은 귀환항을 통해 귀환하기 시작했고 지방인양원호국이 그 과정에서 필요한 다양한 조치들을 행하였는데, 본 연구에서 주목하는 해항검역도 그중 하나이다. 이후 실제 귀환의 흐름을 반영하여 새롭게 지방인양원호국이 설치되는 귀환항이 생기는 반면, 그 기능을 잃는 곳도 있었다.[15] 그리고 각 귀환항은 지리적, 기능적 요인을 고려하여 특정 지역으로부터의 일본인 귀환을 담당하였다. 예를 들어, 가장 많은 일본인이 귀환한 하카타博多와 사세보佐世保는 둘 다 규슈九州 북서부지역에 위치하지만, 하카타는 지리적으로 가까운 조선으로부터의 귀환을 중심으로 운용된 반면, 사세보는 대규모 군항으로서의 특징을 살려 만주, 중국대륙 남부, 대만, 미크로네시아지역 등 광범위한 지역으로부터의 귀환을 모두 담당하였다. 한편, 마이즈루舞鶴 등 동해와 면하고 위도가 높은 지역의 귀환항은 사할린으로부터의 일본인 귀환에 이용되었다.

그런데 재외일본인의 귀환에는 큰 물리적 장애물이 존재했다. 바로 귀환선의 부족이다. 연합국최고사령부는 당초 재외일본인의 귀환에 일본 선박만을 이용하도록 하였다. 미국 선박의 공여라는 선택지

---

15 각 지방인양원호국의 연혁, 특징에 관한 자세한 내용은 다음 자료를 참조할 수 있다. 厚生省社會・援護局援護50年史編集委員會, 『援護50年史』, ぎょうせい, 1997, 144~158쪽.

도 있었으나 미군 병사들의 귀환에 우선적으로 사용하기 위해서 선택되지 않았다. 그리고 물론 초기에는 재외일본인 중 민간인의 귀환에 대한 정확한 방침도 없었기 때문에 일본이 원래 보유하던 선박으로 군인·군무원부터 귀환토록 하였다. 그러나 패전국 일본에 남아 있는 온전한 선박은 매우 적었고 결과적으로 귀환사업의 진행 속도 또한 지지부진했다. 이러한 상황이 변화하기 시작한 것은 1946년부터인데 미군 병사들의 귀환이 마무리되면서 선박 공여가 가능해져 재외일본인의 귀환에도 투입되었기 때문이었다. 그리고 군인·군무원, 민간인의 여부를 가리지 않고 재외일본인 모두 귀환하는 방향으로 기본방침이 굳어짐에 따라 보다 신속하게 귀환자 수송이 이뤄졌다. 결과적으로 귀환한 재외일본인은 패전 후 만 5년이 지난 시점에서 약 625만 명에 이르며 이들 대부분은 1947년 이전에 돌아왔다. 전체 귀환자 중 만주 및 중국대륙에서 귀환한 비중이 44.7%에 이르고 그 다음을 조선 14.6%, 대만 7.6%가 잇는다.[16]

2) 재일외국인의 귀환

제국 일본의 패망은 여러 가지 이유로 일본에 건너와 체류하고 있던 외국인에 의한 귀환 흐름도 만들어냈다. 여기에서 중요한 사실은 편의상 '외국인'이라고 하는 사람들의 구성이 매우 복잡하며 일본 체류의 역사적 배경과 현실이 다양하다는 것이다. 재외일본인의 경우와 마찬가지로 1945년 8월 15일 당시 일본에 체류하던 외국인의 정

---

16 위의 책, 729~730쪽.

확한 수를 파악하는 것은 힘들다. 다만 여러 가지 자료를 종합했을 때 약 230만 명 정도의 재일외국인이 있었다고 추측되며 이 중 가장 큰 비중을 차지하던 것은 조선인으로 약 200만 명이다. 조선인의 일본 유입은 1910년 한일병합을 전후하여 본격적으로 시작되었는데 1920년대까지는 돈벌이를 위한 노동이주, 1930년대 중반 이후부터는 강제동원에 의한 이동이 대규모로 일어났다. 조선인 이외에는 식민지였던 대만 출신자가 비슷한 배경으로 일본에 체류 중이었고 강제동원 된 중국인도 있었으며 이들이 바로 귀환 대상이었다. 한편, '류큐인琉球人', 즉, 오키나와沖繩 출신자도 '외국인'으로 분류되어 귀환해야 했는데 이는 미국이 오키나와를 일본으로부터 분리하여 직접 통치하게 된 결과였다.

약 230만 명의 재일외국인 중 귀환길에 오른 것은 약 74퍼센트에 해당하는 170만 명 정도였다. 그리고 이 중 조선인의 귀환이 차지하는 비중이 80퍼센트를 넘어 패전 직후 재일외국인 귀환 흐름의 중심을 이루었다. 제2차 세계대전에서 일본의 패색이 짙어지면서 1945년 이전에 이미 미국을 중심으로 연합국측은 재외일본인, 그중에서도 군인·군무원의 귀환 문제에 대한 논의를 시작하였다. 반면에 재일외국인에 대해서는 큰 관심을 보이지 않았고 그러한 상태에서 일본이 패전하였기 때문에 패전 직후 재일외국인의 귀환과 잔류를 둘러싸고는 매우 혼란스러운 상황이 지속되었다. 연합국최고사령부의 공식적인 방침이 부재한 가운데 일본정부는 독자적인 지침을 내놓기도 했는데 가장 빠르게는 1945년 9월 1일 강제동원 조선인 노무자는 귀환하고 일반 재일한인은 대기하라는 통달通達을 내렸다.[17] 이는 강제동원 노무자가 계속해서 체류하는 것과 많은 일반 조선인이 급속도로 귀환을 시도하는 것 모두 사회적 불안 요소가 될 수 있다고 판단했기 때문이었다.

그러나 일본정부의 이러한 방침은 현실과 괴리된 것이었다. 재일외국인의 대부분을 차지하는 조선인은 강제동원 여부를 떠나 하루빨리 해방된 고국으로 돌아가고 싶어 했기 때문이다. 특히 1945년 9월 중순 대한해협을 잇는 선박[18]이 운항을 재개하면서 이들의 귀환에 대한 기대감은 더욱 커졌다. 운항이 재개된 선박은 기본적으로 강제동원 노무자의 귀환을 위한 것이었으나 일반 재일한인들도 이를 이용할 수 있지 않을까라는 기대 속에 항구로 몰려들었다. 물론 대부분은 연락선을 탈 수 없었고 '밀항'의 형태로 대한해협을 건너 귀환하는 조선인들이 속출했다. '밀항'을 통한 귀환자 수는 통계에 잡히지 않아 얼마나 되었는지는 정확히 파악할 수 없지만 이후 재일외국인 관련 통계가 정비되어 역산한 결과를 놓고 보면 적지 않은 규모였음은 확실하다.

한편 연합국최고사령부가 재일외국인의 귀환 문제에 관한 공식적인 지령을 내린 것은 1945년 11월이 되어서였다. '비非일본인의 일본으로부터의 귀환Repatriation of Non-Japanese from Japan'이라는 제목의 이 지령은 재일외국인의 귀환을 "지연 없이 효율적으로" 수행하기 위한 것으로 〈표 2〉와 같이 4개의 항구를 지정하여 각각 특정 지역으로의

---

17 厚生省勤勞局長・厚生省健民局長・內務省管理局長, 「朝鮮人集團移入勞務者等ノ緊急措置ニ
    關スル件」, 『內鮮關係通牒書類編冊』(アジア歷史資料センター所藏), 1945, 2~8쪽.
18 전전 사용되던 부산-시모노세키(下關), 부산-하카타(博多) 항로를 사용하였다.

귀환을 담당하도록 하였다.[19] 가장 수가 많은 조선인의 경우 일본 국내에서의 이동 또한 규슈 북부지역, 간사이關西지역, 기타 지역으로 나눠 순서를 통제하였고 일본정부로 하여금 이들의 원활한 수송을 위한 교통편을 마련토록 하였다.

〈표 2〉 재일외국인 대상 주요 귀환항(1945년 11월 1일 지정)

항구	주요 귀환 대상
센자키(仙崎)	조선인
하카타(博多)	조선인, 중국인(북부지역 출신)
가고시마(鹿児島)	중국인(중부지역 출신)
구레(呉) (위 세 항의 보조항)	조선인, 중국인(북부 및 중부지역 출신)

이후 1945년 11월 말이 되면 앞 절에서 검토한 바와 같이 재외일본인의 귀환을 위한 귀환항 및 지방인양원호국 지정이 이뤄지고 재일외국인의 귀환도 이 체제 아래에서 진행되기 시작한다. 〈표 2〉의 4개 항이 여전히 재일외국인 귀환의 중심으로 기능하였고 이 외에 마이즈루로부터 조선 북부지역, 가고시마鹿児島로부터 오키나와로의 귀환도 이루어졌다. 재일외국인의 귀환은 매우 신속하게 진행되었는데 특히 가장 많은 비중을 차지하였던 조선인 강제동원 노무자의 경우 대부분이 1945년 말까지 귀환을 완료하였다. 그리고 1946년 들어 연합국최고사령부는 일본에 잔류하던 외국인을 대상으로 귀환 희망 여부를 등록하도록 하였다. 그런데 이렇게 1946년 3월 등록된 재일외국인의 수와 1947년 5월 일본정부가 외국인등록령[20]을 시행하면

---

19 國立國會図書館デジタルコレクション, 「SCAPIN-224 – Repatriation of Non-Japanese from Japan 1945/11/01」, https://dl.ndl.go.jp/info:ndljp/pid/9885288(검색일 : 2021. 1.19), 2015.

서 집계한 재일외국인의 수에는 큰 차이가 없다. 이는 1946년 3월 이전에 이미 대다수의 재일외국인이 귀환을 마쳤다는 사실을 말해주며 연합국최고사령부의 공식적인 귀환 방침이 가동되기 전에 비공식적인 형태로 많은 재일외국인이 모국으로 돌아갔음을 알 수 있다.

4. 해항검역과 일본인의 경계

1) 해항검역의 개요

연합국최고사령부는 일본의 패전 직후부터 해항검역에 관심을 보였다. 1945년 9월 22일 연합국최고사령부는 '공중 위생 대책에 관한 건Public Health Measures'이라는 지령에서 전반적인 검역 강화와 더불어 미 해군과 협력하여 귀환 국면의 검역을 철저히 하도록 했고 그 결과 후생성 위생국 아래에 임시방역과가 설치되었다.[21] 임시방역과는 기존에 군과 타 부처운수성, 運輸省[22] 소관이었던 검역 관련 시설과 인력을 이관 받거나 차용하여 해항검역에 임했으며 1945년 10월에

20　1947년 5월 2일 공포 및 시행되었다. 이 등록령에 따라 대만인(일부)과 조선인은 '당분간 외국인으로 간주'되었으며 1952년 4월 28일 외국인등록법이 시행될 때까지 재일외국인 정책의 근간이 되었다. 외국인이라는 일반적인 용어를 사용했지만 기본적으로 식민지 출신자에 대한 통제 관리를 목적으로 한 것이었다(김광열, 「1940년대 일본의 渡日조선인에 대한 규제정책」, 김광열·박진우 외, 『패전 전후일본의 마이너리티와 냉전』, 제이앤씨, 2006, 53~56쪽.

21　國立國會図書館デジタルコレクション, 「SCAPIN-248 - Public Health Measures 1945/9/22」, https://dl.ndl.go.jp/info:ndljp/pid/9885110(검색일 : 2021.1.25), 2015.

22　1945년 설치되었다. 철도성이 전신이며 이 외에 체신성(遞信省), 내무성 등의 관련 업무를 일부 이관 받아 육해공 교통 행정을 담당하였다. 2001년 건설성(建設省) 등과 통합하여 국토교통성(國土交通省)이 되었다.

는 임시방역국으로 격상되었다. 그리고 같은 달 연합국최고사령부는 최초로 해항검역만을 대상으로 한 지령을 내렸다. '귀환 시 상륙 및 항만 위생에 대한 의학, 위생학적 처치에 관한 건Medical and Sanitary Procedures for Debarkation and Port Sanitation in Repatriation'이라는 제목의 이 지령에서는 귀환항에서 전염병 및 이lice 보유 여부 검사와 격리를 실시하도록 하였으며[23] 이를 바탕으로 후생성은 '해항검역실시요강海港検疫実施要項'을 만들어 1945년 11월말부터 실제 귀환 업무를 실행하던 지방인양원호국에 하달했다.

이렇게 패전 직후 일본에서는 귀환 국면의 해항검역 체계가 갖춰져 갔는데 그것은 일반적인 해항검역보다 검역 대상이 방대하다는 특징을 가지고 있었다. 일반적인 해항검역은 이른바 검역전염병콜레라, 페스트, 천연두, 발진티푸스, 황열병을 대상으로 하지만 귀환 국면의 해항검역에는 이와 더불어 법정전염병장티푸스, 파라티푸스, 디프테리아, 이질, 성홍열, 수막구균성수막염, 일본뇌염 뿐만 아니라 결핵, 한센병, 탄저병도 대상이 되었으며 여성의 경우 성병 등 '특수 질환'이 추가되었다. 그만큼 귀환 국면의 해항검역은 중요시되었고 전방위적으로 엄격하게 진행되었다. 인양원호원引揚援護院[24] 검역국이 출판한 『인양검역사引揚検疫史』[25]의 서문을 보면 해항검역은 "국민 보건, 바꾸어 말하자면, 국민

23 國立國會図書館デジタルコレクション, 「SCAPIN-167 - Medical ans Sanitary Procedures for Debarkation and Port Sanitation in Repatriation 1945/10/20」, https://dl.ndl.go.jp/info:ndljp/pid/9885231(검색일 : 2021.1.25), 2015.
24 1946년 3월 13일 후생성의 외청(外廳)으로 설치되었다. 기존의 지방인양원호국을 포함하고 후생성 내 귀환 업무 담당 부서를 합쳐서 만들어졌다. 1948년 5월 31일에 인양원호청으로 승격.
25 총 3권으로 구성되는데 본 연구에서는 이 중에서 1947년 10월에 출판된 제1권을 참고한다 (제2권은 1948년, 제3권은 1952년 출판).

생활의 안전에 지대한 영향을 미치는 것"으로 인식되었으며[26] 이것이 제대로 이루어지지 않을 경우, 전쟁으로 인해 주거, 식량 부족이 심각한 상태의 일본 국내에 전염병이 대유행 할 것이라는 우려 속에 귀환 국면의 해항검역이 이루어졌음을 알 수 있다.

그렇다면 귀환 국면의 해항검역은 구체적으로 어떠한 과정을 거쳐 진행되었을까. 우선 재외일본인이 귀환하는 경우부터 살펴보자. 귀환선이 일본에 입항하면 먼저 검역정박지에서 승선검역을 실시하였다. 승선검역에서는 선박보건상태신고서Maritime Declaration of Health 확인, 출발지의 전염병 유행 상황 청취, 전염병 환자·의심환자 유무 조사, 선내 위생 상태를 점검하고 문제가 없을 경우에는 입항시켜 승선자가 상륙하였다. 상륙한 승선자는 세관검사와 휴대품에 대한 DDT 살포를 거친 후 검진소에서 다시 한 번 정밀검사를 하였다. 정밀검사 결과 입원이 필요한 경우에는 해당 조치를 하고 그렇지 않은 경우에는 입욕, 예방접종 후 검진을 마쳤다. 검진을 마친 귀환자는 수용소에서 1~2박 후 최종 목적지로 떠났다. 한편, 승선검역에서 전염병 환자·의심 환자가 발견되면 병원선에 격리 수용되었으며 나머지 승선자도 잠복기 동안 해상에서 대기하였다. 한편, 재일외국인이 일본을 떠나 귀환하는 경우에는 승선 전 수용소에서 검사 후 전염병 환자·의심환자는 육상 격리시설에서 머물도록 하였으며 1946년 3월부터는 재외일본인과 마찬가지로 예방접종, DDT살포가 이루어졌다.

그리고 『인양검역사』에 따르면 1946년 12월 31일까지 이와 같은

---

26 引揚援護院檢疫局, 『引揚檢疫史』 第1卷, 引揚援護院檢疫局, 1947, はしがき(서문).

<표3> 귀환항에서의 해항검역 대상 수(1946년 12월 31일까지)

입항			출항		
귀환선		귀환자	귀환선		귀환자
3,619척	10,936,695톤	4,662,597명	1,068척	1,711,382톤	794,380명

과정을 거친 선박, 귀환자의 수는 다음과 같다.[27]

이 통계에는 공식적인 귀환시스템을 거치지 않은 귀환, 예를 들어 대한해협을 밀항하는 흐름은 포함되지 않으며 1945년 말부터 1946년 초에 걸쳐 해항검역 체계가 확립되기 이전의 귀환 흐름 또한 누락되어 있다. 그 결과 특히 패전 직후부터 비공식적 루트를 통한 귀환이 활발하게 이루어진 재일외국인의 경우, 전체 귀환자 수와 해항검역을 거친 귀환자 수에 차이가 크다.

해항검역 과정에서 가장 중요했던 부분은 전염병 환자를 가려내는 세균검사였다. 특히 콜레라를 대상으로 한 세균검사 수는 다른 전염병과 비교를 할 수 없을 정도로 방대했으며 전체의 90% 이상을 차지했다.[28] 콜레라가 귀환 국면의 해항검역에서 중심이 된 이유는 재외일본인의 귀환지 중 콜레라가 풍토병이거나 대규모 유행하는 지역이 포함되어 있어 유입 가능성이 매우 높았으며, 수인성 전염병이라는 특성으로 인해 항구를 중심으로 확산되기가 쉬웠기 때문이었다. 게다가 콜레라의 경우, 천연두나 발진티푸스와 달리 1941년부터 1945년까지 일본 국내에 발생 사례가 없었기 때문에 귀환이라는 인구이동에 의해 유입되었다는 인식이 다른 전염병보다 훨씬 강했고 결과적으로 귀

---

27 위의 책, 2쪽.
28 위의 책, 86쪽.

환 국면 해항검역에서 가장 중요시 된 것이다. 실제 해상에서 대기하는 사례와 사망자 수, 백신 접종 건수도 콜레라가 가장 많았다.

2) 해항검역 속의 포섭과 배제―콜레라검역을 중심으로

앞 절에서 살펴본 바와 같이 패전 직후 귀환 국면에서 일본의 해항검역은 콜레라를 중심으로 이뤄졌기 때문에 이러한 배경을 고려하여 이 절에서는 콜레라검역을 중심으로 해항검역 속에 나타난 새로운 일본인의 경계 구성 과정을 검토하도록 하겠다. 귀환 국면의 해항검역에서 특히 콜레라가 중요했던 시기는 1946년 봄부터 가을에 걸쳐서이며 1947년 이후에도 간헐적으로 환자가 발생하기는 하였으나 대규모 유행은 없었다.

재외일본인과 재일외국인의 쌍방향적 귀환이 진행되는 가운데 귀환항에 처음으로 콜레라 환자가 승선한 귀환선이 입항한 것은 1946년 4월 5일이었다. 이 귀환선은 3월 29일 중국을 출발하였는데 항해 중 콜레라가 발병, 전염되어 결과적으로 환자 21명이 중, 3명은 사망, 의심환자 20명을 태운 상태로 우라가항浦賀港에 입항하였다. 1946년 봄은 재외일본인의 대규모 귀환이 본격적으로 진행된 시기로 이후에도 중국 광둥廣東, 베트남 하이퐁海防 등에서 출발한 귀환선에서 콜레라 환자가 속출하였다. 첫 콜레라 환자 발생으로부터 2개월 동안 해상 격리된 선박은 20척이었으며 해상 격리 중 사망한 사람의 수는 141명에 다다랐다.[29]

---

29 위의 책, 96쪽.

우라가항 다음으로 콜레라 환자를 태운 귀환선이 입항한 것은 사세보항이었다. 1946년 5월 4일 방콕을 출발하여 5월 17일 도착한 귀환선에서 환자가 발생한 것인데, 이후 상하이^{上海}, 후루다오^{葫蘆島}, 인천, 부산에서 출발한 귀환선에서 콜레라 환자가 발생하였고 해상 격리되는 선박과 귀환자는 크게 증가하여 한 때 약 3만 명에 이르는 사람들이 해상에 머물렀다.[30] 하카타항은 우라가항 다음으로 많은 콜레라 환자가 발생한 곳이었다. 첫 환자는 1946년 6월 3일 상하이로부터 귀환한 군인이 상륙 후 발병하였으며 1946년 10월 24일 입항한 귀환선에서 마지막 콜레라 환자가 확진될 때까지 29척의 귀환선에서 총 131명의 환자가 발생했고 이 중 65명은 사망하였다.[31]

결과적으로 1946년 4월부터 10월까지 주요 귀환항 5곳, 즉, 우라가, 사세보, 하카타, 마이즈루, 센자키에서는 1,190명의 콜레라 환자가 발생하였는데 이들 환자를 특정하기 위하여 시행된 콜레라균 검사 건수는 230만 건 이상이었다.[32] 특히, 상륙 후 발병을 하면 수용소에서의 밀집된 생활과 선박의 소독 지연으로 인해 크게 확산될 우려가 컸기 때문에 항해 중 상황을 파악하여 선내 검사를 철저히 하는 데 주력하였다. '콜레라항'으로 지정된 위 5곳의 귀환항에는 콜레라 대책본부가 마련되어 임시직원도 추가로 채용하였다. 의료진의 경우, 도쿄대^{東京大}, 교토대^{京都大}, 게이오^{慶應大}, 규슈대^{九州大} 등 일본 유수의 대학과 국립병원 소속의 의사와 수련의가 각 귀환항에 투입되었다.

---

30 위의 책, 103쪽.
31 위의 책, 100~101쪽.
32 위의 책, 113쪽.

이처럼 귀환 국면의 해항검역에서는 콜레라 유입을 막기 위하여 패전으로 혼란스러운 상황 속에서도 인적, 물적 자원이 동원되어 선제적으로 매우 많은 검사와 치료가 이루어졌으며 그만큼 일본 국내로의 콜레라 유입을 치열하게 경계하였다는 사실을 알 수 있다. 귀환하는 재외일본인은 제국 패망 후 국민국가로 재구성되는 일본이 포섭해야만 하는 존재였다. 물론 패전 직후 일본정부는 국내사회의 혼란을 우려하여 재외일본인의 현지 정착 방침을 내세우기도 했지만 귀환사업의 주도권이 연합국최고사령부로 넘어가고 재외일본인의 전원 귀국으로 방침이 바뀌면서 재외일본인을 포함하여 새롭게 일본인의 경계가 만들어졌다. 그리고 이렇게 포섭할 재외일본인은 가능한 일본 국내정치, 경제, 사회, 문화에 부담을 주지 않는 형태로 귀환할 필요가 있었고, 철저한 해항검역은 이를 위한 수단 중 하나였다.

한편, 귀환 국면의 해항검역은 일본을 떠나 모국으로 돌아가는 재일외국인을 대상으로도 이뤄졌다. 재일외국인을 대상으로 한 해항검역은 크게 두 가지 이유에서 이루어졌다. 첫째, 귀환선 승선을 기다리며 머무르는 동안의 확산을 막기 위해서였다. 수용소 등을 포함하는 귀환항의 육상구역은 재외일본인의 경우 해상검역을 마치고 콜레라 비감염자만 거치게 된다. 그러나 재일외국인의 경우 콜레라균 보유자라도 일단은 귀환항으로의 유입 자체를 막을 수는 없다. 따라서 가능한 빨리 세균검사를 실시하여 감염자를 격리하지 않으면 재외일본인의 해상검역 결과도 의미가 없어진다는 우려가 있었다. 둘째, 재일외국인이 승선하는 귀환선이 다시 재외일본인을 싣고 돌아오는 경우가 많았기 때문이다. 즉, 귀환선 자체의 오염을 막기 위해서는 재일외국인에 대한 세균검사가 필수 불가결했으며 이는 재외일본인이 귀환 항해 중 추가 감염되는 것을 막는다는 의미가 있었다.

이처럼 당초 재일외국인을 대상으로 한 해항검역은 재외일본인의 귀환에 부수되는 형태로 이루어졌다. 재일외국인은 어디까지나 일본을 떠나는 사람들이었고 이들에 의한 검역은 제한된 시공간만을 대상으로 하여 포섭 대상인 재외일본인의 귀환에 문제를 일으키지 않는 형태로 이루어지면 되는 것이었다. 예를 들어, 1946년 5월 7일 일본 정부에게 내린 지령, '귀환Repatriation' 속에서 연합국최고사령부는 일본을 떠나는 재일외국인을 대상으로 한 검역 과정은 일부 생략 가능하다고 하였다.[33] 그런데 일단 귀환한 재일외국인이 재도일再渡日하는 사례가 늘어나면서 이들을 둘러싼 해항검역의 의미도 변화하기 시작한다. 재도일은 특히 조선인 사이에서 두드러졌다. 해방된 한반도로 돌아간 재일조선인이 마주한 것은 사회 전반의 혼란과 생계의 어려움이었다. 물론 패전국 일본의 상황 또한 좋지 않았지만 과거 일본에서 일을 해 본 경험, 인적네트워크의 존재, 인접한 지리적 조건은 다시 한반도를 떠나는 결심을 하는데 충분한 배경이 되었다.

중요한 사실은 이러한 흐름이 1945년 말부터 이미 나타났고 초기에는 적극적인 규제의 대상이 아니었지만 1946년 봄 콜레라 확산 국면에서 변화하기 시작했다는 것이다. 재일외국인, 특히 조선인, 대만인 등 식민지 출신자의 법적지위는 1945년 8월 15일 이후 혼란스러운 상태가 이어졌고 이들의 일본국적 보유 여부에 대해서는 명확한

---

33 國立國會図書館デジタルコレクション, 「SCAPIN-927 - Repatriation 1946/5/7」, https ://dl.ndl.go.jp/info:ndljp/pid/9886009(검색일 : 2021.1.25), 2015.

방침이 없는 상태였기 때문에 당초 재도일을 규제할 근거는 없었다. 그런데 이 시기 한반도 남부에서도 한인 디아스포라의 귀환과 더불어 콜레라가 유입, 크게 확산되면서[34] 모국으로 귀환한 '비일본인'의 일본으로의 재입국은 돌연 금지되었다. 즉, 조선인의 재도일은 콜레라 확산과 더불어 불법적인 '밀항'으로 '만들어진' 것이다. 이 과정에서 연합국최고사령부과 일본정부에게 밀항자는 콜레라균을 가지고 와 "일본 영토의 안전을 침범할 수 있는" 존재로서 강력한 단속 대상이 되었고[35] 단속된 밀항자에 대한 해항검역은 이들을 배제하는 '과학적 근거'를 제공했다.[36]

흥미로운 사실은 밀항자에 대한 해항검역을 귀환항에서 담당했다는 것으로 귀환항은 재외일본인의 귀환과는 또 다른 의미에서 "외부의 불안전 요소들의 유입을 막고 돌려보내는 제방 역할"을 하였다.[37] 이러한 귀환항의 역할에 대한 구체적인 기술은 『인양검역사』에도 나타나는데 여기에서 조선인 밀항자는 "무지자無智者가 많고 위생사상이 약할 뿐만 아니라 검역규칙에 따르지 않는" 존재로 묘사된다.[38] 이들은 일본 국내에 악영향을 미칠 수 있는 위험 요인으로 간주되어 송환

---

34 한반도에서 콜레라 환자가 처음 발생한 것은 1946년 5월 1일로 중국 광둥에서 재중한인을 싣고 부산에 온 귀환선에서였다. 이후 한 달 연 동안 300명에 육박하는 콜레라 환자가 발생하였고 사망률은 40% 이상이었다.

35 조경희, 「불안정한 영토 밖의 일상 – 해방 이후 1970년대까지 제주인들의 일본 밀항」, 권혁태·이정은·조경희 엮음, 『주권의 야만 – 밀항, 수용소, 재일조선인』, 한울아카데미, 2017, 130쪽.

36 콜레라 검사 결과, 밀항자의 경우 재외일본인과 달리 증상이 발현된 환자보다 무증상 보균자가 더 많았다. 바꾸어 말하자면 검사를 거치지 않으면 콜레라에 감염되었다는 사실을 알 수 없는 것인데 이러한 무증상 보균자를 포함하여 밀항자 중 콜레라 환자 발생 수가 집계, 활용되었다(引揚援護院檢疫局, 앞의 책, 109~110쪽).

37 조경희, 앞의 글, 130쪽.

38 引揚援護院檢疫局, 앞의 책, 105쪽.

送還이라는 수단을 통해 물리적으로 배제해야 하는 대상으로 자리매김했다. 그리고 이처럼 콜레라를 중심으로 한 해항검역과 맞물려 이루어진 밀항자 단속, 송환 강화는 기존에 애매하게 남아있던 식민지 출신자의 법적지위를 점차 명확하게 바꾸어 가는 과정 중 하나였다. 귀환항이라는 공간을 중심으로 해항검역이라는 절차를 거쳐 재일외국인의 재도일이 '불법'으로 만들어지는 과정은 이후 샌프란시스코 강화조약 및 외국인등록법[39]을 거치며 조선인을 중심으로 한 식민지 출신자가 일본인의 경계 외부에 재배치되는 움직임의 시작이라는 의미를 지닌다고 할 수 있다.

5. 나가며

제국의 붕괴와 더불어 일본은 다민족 제국에서 단일민족으로 구성된 국민국가로 구성원의 경계에 급격한 변화를 겪을 수밖에 없었다. 이러한 변화는 귀환 국면에서 재외일본인의 포섭과 재일외국인의 배제로 나타나며 본 연구에서는 기존에 그다지 주목받지 않았던 해항검역을 통해 이를 구체적으로 검토하였다. 재외일본인의 귀환은 전염병, 그중에서도 콜레라 유입에 대한 강한 경계 속에서 진행되었다. 그러나 이들은 어디까지나 전후 일본사회가 포섭, 해야만하는 대상이었기 때문에 많은 자원을 동원하여 일본 국내에 문제를 일으키

---

39 1952년 4월 28일 샌프란시스코강화조약 체결에 맞춰 발효되었다. 이 법이 발효되면서 외국인등록령에서 '당분간', '간주'되던 식민지 출신자의 외국인으로서의 법적 지위는 확정되었다.

지도 부담을 주지도 않는 형태로 영토 내부에 들어오도록 했다. 반면, 재일외국인의 경우, 당초 재외일본인의 귀환과정에 걸림돌이 되지 않는 범위 내에서 해항검역이 이루어졌으나 조선인을 중심으로 재도일이 증가하면서 콜레라 유입을 막는다는 '과학적 근거'에 힘입어 철저한 배제가 이루어졌다. 그리고 이렇게 '만들어진' 밀항자에 대한 해항검역은 애매모호한 상태로 남아있던 식민지 출신자의 법적지위를 일본인의 경계 밖으로 자리매김하는 과정의 시작이라는 의미를 지닌 것이었다.

본 연구에서 검토한 패전 직후 일본의 귀환항에서 이루어진 해항검역은 특히 제국에서 국민국가로의 구조적 재편 국면에 초점을 맞췄다는 점에서 검역이 지니는 정치성을 잘 살펴볼 수 있는 사례 중 하나라고 할 수 있다. 검역이 "새로운 국가가 혼돈, 타자성otherness, 질병이라는 공포와 싸우기 위하여 사용한 가장 상징적인 수단"이라는 점을 고려한다면[40] 제국 일본에서 국민국가 일본으로 변화하는 시기는 검역이 지니는 정치성이 가장 두드러지게 나타나는 국면이기 때문이다. 특히 귀환항이라는 제한된 시공간에서 이뤄진 검역은 '우리'의 포섭과 '그들'의 배제가 동시에 대규모로 진행된다는 측면에서 더욱 그러했다. 본 연구는 각 귀환항이 지니는 특징, 콜레라 이외의 전염병에 대한 검역 과정 등 귀환 국면의 해항검역의 전체상을 보다 뚜렷하게 이해하는데 필요한 섬세한 분석들은 진행하지 못했다는 한게

---

40 Seidelman, R.D., "Conflicts of Quarantine : The Case of Jewish Immigrants to the Jewish State", *American Journal of Public Health* 102-2, American Public Health Association, 2012, 244쪽.

를 지니며 앞으로의 과제로 삼기로 한다. 이와 더불어 귀환 국면의 해항검역 속 '사람'의 모습, 즉, 해항검역 종사자와 대상자에 대한 미시적 고찰 또한 추후 분석이 필요한 부분이겠다.

참고문헌

김광열, 「1940년대 일본의 渡日조선인에 대한 규제정책」, 김광열·박진우 외, 『패전 전후일본의 마이너리티와 냉전』, 제이앤씨, 2006.

신규환, 「海港檢疫과 東아시아 – 1919~20년 臺灣과 朝鮮의 콜레라 防疫」, 『中國史硏究』 24, 중국사학회, 2020.

이영석, 「19세기 후반 전염병과 국제공조의 탄생」, 『역사비평』 131, 역사문제연구소, 2020.

조경희, 「불안정한 영토 밖의 일상 – 해방 이후 1970년대까지 제주인들의 일본 밀항」, 권혁태·이정은·조경희 엮음, 『주권의 야만 – 밀항, 수용소, 재일조선인』, 한울아카데미, 2017.

蘭信三, 「引揚·追放·残留の国際比較·関係史に向けて」, 蘭信三·川喜田敦子·松浦雄介編, 『引揚·追放·残留―戦後国際民族移動の比較研究』, 名古屋大学出版会, 2019.

小熊英二, 『単一民族神話の起源 – 「日本人」の自画像の系譜』, 新曜社, 1995.

_____, 『「日本人」の境界 – 沖縄·アイヌ·台湾·朝鮮植民地支配から復帰運動まで』, 新曜社, 1998.

加藤聖文, 「大日本帝国の崩壊と残留日本人引揚問題 – 国際関係のなかの海外引揚」, 増田弘編著, 『大日本帝国の崩壊と引揚·復員』, 慶応義塾大学出版会, 2012.

厚生省勤労局長·厚生省健民局長·内務省管理局長, 「朝鮮人集団移入労務者等ノ緊急措置ニ関スル件」, 『内鮮関係通牒書類編冊』(アジア歴史資料センター所蔵), 1945.

国立国会図書館デジタルコレクション, 「SCAPIN-48 – Public Health Measures 1945/09/22」, https://dl.ndl.go.jp/info:ndljp/pid/9885110(검색일 : 2021.1.25), 2015.

_____, 「SCAPIN-167 – Medical ans Sanitary Procedures for Debarkation and Port Sanitation in Repatriation 1945/10/20」, https://dl.ndl.go.jp/info:ndljp/pid/9885231(검색일 : 2021.1.25), 2015.

_____, 「SCAPIN-224 – Repatriation of Non-Japanese from Japan 1945/11/01」, https://dl.ndl.go.jp/info:ndljp/pid/9885288(검색일 : 2021.1.19), 2015.

_____, 「SCAPIN-927 – Repatriation 1946/5/7」, https://dl.ndl.go.jp/info:ndljp/pid/9886009(검색일 : 2021.1.25), 2015.

厚生省社会·援護局援護50年史編集委員会, 『援護50年史』, ぎょうせい, 1997.

永田尚見, 「国際検疫制度の文化的成立 – 人々の健康と国際移動」, 『国際政治』 192, 日本国際政治学会, 2002.

引揚援護院検疫局, 『引揚検疫史 [第1巻]』, 引揚援護院検疫局, 1947.

山下喜明, 「日本検疫史」, 『日本医史学雑誌』 14-1, 日本医史学会, 1968.

山本めゆ, 「性暴力被害者の帰還 – 「婦女子医療救護」と海港検疫のジェンダー化」, 蘭信三·川喜田敦子·松浦雄介編, 『引揚·追放·残留 – 戦後国際民族移動の比較研究』, 名古屋大学出版会, 2019.

Seidelman, R.D., 'Conflicts of Quarantine : The Case of Jewish Immigrants to the Jewish State', *American Journal of Public Health* 102-2, American Public Health Association, 2012.

제국 붕괴 후의 인적 이동과 에스니시티^{Ethnicity}
오키나와계 사람들을 중심으로

마쓰다 히로코(고베가쿠인대학)

1. 시작하며

3월 시즈에(静枝) 일가는 일본 본토로 가는 귀환선에 올랐다. 그때까지 시즈에는 남편인 나가히코(永彦)[1]와 류큐로 돌아가자, 일본 내지로 가자, 고 하며 말다툼을 벌였다. 시즈에는 자식의 교육은 반드시 본토에서 해야 한다는 의견을 내세워 결국 남편을 설득시켰고, 본토로 돌아가게 되었다. 그러나 자식의 교육이라는 것은 구실이었고, 시즈에의 진짜 속마음에는 식민지의 많은 류큐인이 그랬듯이, 지금까지 류큐인이라는 것을 말에서도 얼굴에서도 드러내지 않도록 강요받았던 것에 대한 비굴함이 깔려 있었다. 또 일본인으로서 일본 본토로 귀환한다는 것이 정말이지 대단해 보이고, 멋지다는 생각까지 들었다. 그러나 시즈에도 이런 부분까지 확실하게 알아 채지는 못했다.[2]

---

1 [역자주] 본문의 인용 소설에서 시즈에의 남편의 이름은 대부분 나가히코(永彦)라고 표기되어 있는데, 이 부분에서만 에이조우(永造)라고 되어 있다. 오기(誤記)로 보이는데 여기에서는 독자의 이해를 돕기 위해 나가히코로 번역했다.
2 谷藏三, 「引揚者 – 第1部 さかな」, 『八重山文化』 8, 1947, 21쪽.

이 인용은, 아직 종전 후의 혼란이 가라앉지 않은 1946년 7월에 창간된 종합문예지 『야에야마 문화八重山文化』 1947년 2월호에 게재된 소설 『인양자引揚者』 제1부 「물고기さかな」(저자 : 타니 조우三藏三)의 한 구절이다.[3] 이 작품은 시즈에와 남편인 나가히코, 그리고 나가히코의 동생인 코스케浩助, 각자의 시점에서 3회에 걸쳐서 대만 인양자의 전후戰後를 묘사하고 있다. 설정에서, 스즈에는 오키나와 현 최서단에 위치한 야에야마 지방에서 태어났다. 대만의 관리가 된 아버지를 따라 다섯 살에 대만에 건너갔고, 중학교 국어교사로 근무하고 있던 나가히코와 결혼해서 대만 중부의 마을에서 살았다. 시즈에는 대만에서의 생활을 다음과 같이 회상했다.

시즈에는 가끔 자신들이 살았던 대만 중부 도시의 평화롭고 밝고 즐거움이 가득했던 생활을 떠올리지 않을 수 없었다. 미술가도 있었다. 음악가도 있었다. 교사도 있었고, 관리도 있었다. 은행의 간부와 바나나 회사의 중역부터, 더 나아가서는 선종禪宗의 스님까지 있었다. 이들은 월 2회 열리는 정례 구회句会[4]에 함께 모여서 떠들썩하게 이야기꽃을 피웠다.[5]

서두에서 인용한대로, 시즈에는 남편을 설득해서 종전 후 일본 본

---

3 당시 야에야마 제도는, 외부와의 정규 교역 루트가 거의 차단되었고, 밀무역과 미군에 의한 배급 이외에는 자급자족적으로 경제를 유지해야 하는 상태였다. 그럼에도 불구하고 주민에 의한 문화 활동이 활발했고, 나중에 야에야마의 문예부흥기라고 불릴 정도였다. 『야에야마 문화(八重山文化)』는 이후 차례로 간행된 잡지의 선구였고, 1950년까지 40호가 간행되었다.
4 [역자주] 일본 특유의 단형시(短型詩)인 하이쿠를 짓는 모임을 의미한다.
5 谷藏三, 앞의 논문, 23쪽.

토로 갔다. 그러나 전후 혼란기 속에서 연고자가 없이 일본 본토에서 생활을 하는 것은 불가능했고, 결국 이시가키 섬石垣島으로 귀환했다. 나가히코의 돌아가신 어머니가 남긴 저택에서 살면서, 밭을 경작하며 새출발을 하게 되었다. 제3부에서는 아들들이 이시가키 섬의 새로운 생활에 익숙해져 가는 모습을 보면서도, 도저히 섬에서의 삶을 현실로 받아들이지 못해서 당황하는 시즈에의 모습을 그리고 있다.

일반적으로 귀환자는, 식민지 제국이었던 일본이 국민국가로 압축되는 과정에서 생긴 다양한 모순을 최전선에서 경험했던 사람들이라고 할 수 있다. 그러나 시즈에는 제국이 네이션Nation으로 압축되는 과정에서 '떨어져 나간 섬'으로 귀환할 수밖에 없었다. 그 순간 시즈에는 '류큐인'이라는 비굴함과 '식민자로서의 일본인'이라는 우월감을 주체할 수 없었다.

질병과 굶주림에 괴로워하고 생사를 오가면서 간신히 일본에 도착한 사람들이 대부분이었던 와중에, 자식에 대한 교육방침과 결부시켜서 어디로 귀환할 것인지 남편과 말다툼을 하는 시즈에의 모습은 너무 무분별하다고 느껴져서 화가 날지도 모르겠다. 지금까지 널리 읽혀 왔던 '인양 문학引揚げ文学'[6]에서 묘사된 귀환자의 모습과도 차이가 있고, 또 종전 직후 류큐 열도에서 열심히 살았던 여성들의 이미지와도 다르다.

다른 한편으로, 여기에는 전후 국제관계라는 거대한 물결 속에서

---

6 박유하(朴裕河)는 자신의 식민지 생활과 가혹한 귀환의 경험을 모티브로 삼은 문학작품을 통칭해서 '인양문학(引揚げ文學)'이라고 불렀다(朴裕河, 『引揚げ文學論序說 – 新たなポストコロニアルへ』, 人文書院, 2016).

의 개인의 고민이 반영되어 있다. 즉 남편과 언쟁하면서 주체적으로 갈 곳을 택하려고 했던 시즈에의 모습을 볼 수 있는 것이다. '자녀 교육은 구실'이었다고 서술했지만, 몸에 배어 있는 식민지 지배자적인 우월감을 버릴 수 없었기 때문에 자식을 일본 본토에서 '일본인'으로 교육시키는 데에 집착했을 것으로 짐작된다.

그리고 다섯 살의 시즈에와 가족을 데리고 대만으로 건너갔던 시즈에의 아버지도, 섬에서 농업과 베짜기로 현금 수입을 얻어 아들을 고등사범학교까지 진학시킨 나가히코의 어머니도, 역시 자식들의 이력을 생각해서 식민지 대만으로의 이동을 택했을 것이다. 시즈에가 종전 직후 일본 본토의 상황을 잘 알지 못한 채, 단지 '자식의 교육'을 구실 삼아 귀환지를 정한 것은, 이 격동의 시대에도 부모 세대로부터 물려 받은 심적인 어떤 경향이 여전히 남아 있기 때문일지도 모른다.

소설 『인양자』가 어떤 경위로 쓰여졌는지는 명확하지 않지만, 이 작품이 발표된 1947년 2월의 야에야마 지역에는 시즈에와 그 가족과 유사한 상황에 있던 사람들이 많았을 것이다. 이번 장에서는 '시즈에와 그 가족과 비슷한 사람들'에 관해 이야기를 하려고 한다. 즉, 제국 일본으로 확대되었다가, 종전에 의해 국민국가 일본으로 축소되고, 류큐 열도가 '떨어져 나가는' 과정에서, 고민하고 갈등하면서도 경계를 넘어 이동을 함으로써, 스스로의 삶을 개척했던 사람들 말이다.

2. 연구의 문제의식

오키나와와 대만 사이의 인적 교류에 대해서는, '지리적으로 가깝기 때문에 교류가 활발한 것은 당연하다'는 이야기를 자주 듣는다. 그러나 시즈에가 전후 혼란기에 굳이 지리적으로 가까운 부모님의 고향을 그냥 지나쳐 일본 본토로 귀환한 것처럼, 지리적인 근접성과 인적 교류의 양적인 측면이 반드시 비례하는 것은 아니다. 사실 류큐 왕국은, 도민이 대만과 자유롭게 교류하는 것을 금지했기 때문에 19세기 중반까지 해난 사고로 인한 표착 등을 제외하면 대만과 류큐 열도 간의 인적 교류는 극히 제한적이었다.

청일전쟁 이후 일본이 대만을 지배하고, 일본 본토와 대만을 잇는 항로가 개통되기 시작하면서, 류큐 열도와 대만 사이의 교류가 활발해졌다. 그러나 선박으로 연결된 류큐 열도와 대만의 관계는 어디까지나 제국의 구조에 의해서 규정된 비대칭적인 관계였다는 것을 강조할 필요가 있다. 그것은 항로가 개통된 후에 류큐 열도에서 식민지 대만으로 이동하는 사람이, 대만에서 류큐 열도로 이동하는 사람의 수보다 압도적으로 많았다는 사실에 상징적으로 드러난다. 류큐 열도와 식민지 대만 사이의 인적 왕래는, 일본이라는 식민지적 권력이 만들어낸 불균등한 구조에 의해서 촉진되었다. 그리고 그런 구조는 대만 주민이 류큐 열도로 향하는 방향성보다, 류큐 열도의 사람들이 식민지로 가는 경향성을 더욱 강화시켰다.

물론 종주국의 주민이 식민지로 이동하는 것은 드문 일은 아니다. 군인 혹은 식민지 관료로서 직접적인 권력을 행사하고, 지배자라는 특권을 이용해서 식민지에서 상인이나 종교 포교자로 활동하는 것은 일본뿐만 아니라 19세기부터 20세기 전반 세계 각지에서 나타난다. 또 정부의 직접적이고 계획적인 후원에 의해 종주국 출신이 이민을 가서 식민지의 농업 개척에 종사했다는 사례도 있다. 그러나 류큐 열도에서 식민지 대만으로의 이동은 직접적인 정책 개입에 의해 촉진된 것은 아니었다. 그 배경에는 일본이 식민지 제국을 확대함에 따라 진행된 오키나와 현의 변경화邊境化가 있었다. 즉, 식민지 제국 일본이라는 구조에서, 오키나와 현의 변경화와 오키나와 현에서 대만으로의 인적 이동은 매우 밀접하게 관련되어 있었다.

1945년 8월, 일본정부는 포츠담 선언을 수락했다. 19세기말부터 계속 확장된 일본 식민지 제국은 붕괴했다. 제국 붕괴에 따른 국경선의 이동은, 단기간에 많은 사람들의 인적 이동을 촉진했다. 최근 귀환사업과 귀환자 지원사업, 또 전후 귀환자의 동향을 밝히는 연구가 비약적으로 진행되고 있다. 기존 연구의 대부분은 국경이 변경됨에 따라 특정 에스닉 그룹한인, 일본인, 화교 등이 언제, 어떻게 이동했는지, 이동의 객관적 경위와 그것을 초래한 정책, 제도에 주목했다. 또 이런 연구보다는 적지만, 이주자귀환자의 기억에 주목하거나 이주귀환 후 사회에 정착하는 과정에 관한 연구도 진전되고 있다.

최근에는 류큐 열도로의 귀환 경과에 초점을 맞춘 연구도 많이 발표되었다. 대부분의 선행연구는 '류큐인'과 '오키나와인'을 이미 존재하는 집단으로 파악한 후, 전후사의 틀에서 귀환의 경위와 귀환자의 경험을 밝히고 있다. 즉, 선행연구에서는 '오키나와인이기 때문에 류큐 열도로 귀환한다'는 것을 자명한 사실로 간주하면서, 귀환의 과정 혹은 귀환 사업을 가능하게 한 제도와 정책을 검토했다고 할 수 있다. 한편 본 연구는, 19세기말부터 일본이 동아시아에서 진행한 제국주의적 확대와 식민지 지배가 원주민뿐만 아니라 이민을 온 민족 그 자체에 큰 변화를 가져왔다는 점을 중시한다. 그리고 아시아태평양전쟁이 종결되면서 국경의 재편이 있었고, 이것이 귀환자의 에스니시티에 어느 정도의 변용을 초래했는지를 밝히고 싶다. 본장에서는 우선 일본의 식민지 지배 하에 있던 대만의, 오키나와계 이민자의 에스니시티 현황을 보여줄 것이다. 다음으로 종전 후 국경의 재편과 인구이동의 물결 속에서 귀환자의 에스니시티가 어떻게 변용했는지를 검토할 것이다.

3. 대만의 식민지화와 인적 이동

1895년 청일전쟁의 강화회담에서 체결된 시모노세키下關=馬關조약에서 청나라는 대만을 일본에 할양하기로 합의했다. 일본이 대만을 차지하고 처음 10여 년 동안은, 대만 각지에서 일본통치에 대한 무력 저항이 자주 발생했고, 치안도 불안정했다. 이 때문에 내지에서 대만으로 왔던 일본인의 대부분은 관료나 경찰, 군인들이었고, 혼자 와서 단기간 체류하는 것이 일반적이었다. 그러나 치안이 안정되고, 인프라 정비를 비롯한 개발사업이 본격화되면서, 민간인의 이주도 증가하고 체류기간도 장기화되었다. 대만의 총인구에 대한 내지인의 인구 비율은, 1910년에는 3% 정도였지만, 1920년에는 4%를 넘어섰

고, 1940년에는 5.7%를 점하게 되었다.[7]

1910년대부터 오키나와 현의 주민이 대만에 돈을 벌기 위해 갔다가, 가족과 함께 정착하는 경우를 흔히 볼 수 있게 되었다. 하와이나 브라질, 필리핀에 1세의 오키나와계가 이민을 가서 화이트칼라 직업을 갖는 경우는, 그 예가 드물었다. 그러나 식민지 대만에서는 처음부터 총독부 관계 기관의 사무직원이 되거나, 주로 일본계 이민자들을 상대하는 상공업의 점원, 어업 등 다양한 직업을 갖는 것이 특징이었다. 그리고 어업 관계자를 제외하면, 대부분의 사람들은 일본인 이민자가 많은 도시에 정착했다.

그 배경으로, 일본이 대만에 매우 큰 식민지 관료조직을 구축했기 때문에 거기에 고용된 인원수가 방대했음을 들 수 있다. 식민지 대만은 메이지헌법의 적용 범위 밖에 있었고, 따라서 대만총독부는 사법, 입법, 행정을 담당하는 거대한 관료기구였다. 또 대만에는 내지의 국회에 해당하는 의회 조직이 없었기 때문에, 총독부의 권한을 감시하고 제한할 수 있는 공적 기관이 존재하지 않았다. 대만은 가히 '총독부 왕국'[8]이라고 할 만한 곳이었다. 1896년 시점에, 총독부의 관료 수는 5,000명을 넘지 않았지만, 1920년에는 3만 명을 넘어섰고, 1941년에는 86,212명에 달했다.[9]

7　台湾總督府官房統計課編,『台湾總督府第十五統計書』, 台湾總督官房統計課, 1913, 36~37쪽; 台湾總督官房調査課編,『台湾總督府第二十四統計書』, 台湾總督官房調査課, 1922, 36~37쪽; 台湾總督府總務局,『台湾總督府第四十五統計書』, 台湾總督府總務局, 1943, 18~19쪽.

8　小熊英二,『〈日本人〉の境界 ― 沖縄・アイヌ・台湾・朝鮮 植民地支配から復歸運動まで』, 新曜社, 1998, 第5章.

9　岡本眞希子,『植民地官僚の政治史 - 朝鮮・台湾總督府と帝國日本』, 三元社, 2008, 51~55쪽. 덧붙이자면, 조선총독부에서는 1940년에 일본인(내지인) 4만 9,907명과 조선인 3만 6,002명이 직원으로 고용되어 있었다(동 저서, 60쪽).

이런 상황에서, 대만의 오키나와계 이민자가 화이트칼라 직업을 갖는 것 자체는 그다지 드문 일은 아니었다. 그러나 총독부 관계 기관의 관리직이나 고위관료 직에 오르는 사람은 적었는데 그 이유 중 하나는 오키나와계 이민자에 대한 차별이나 편견이었을 것이다. 그러나 높은 지위에 오르는 사람 중에 본적지를 오키나와 현에서 다른 부현府県으로 변경한 경우가 있었기 때문에, 오키나와 현 출신이라는 것이 공적 기록에 남아 있지 않은 것도 고려해야 할 것이다. 대만에서는 차별이나 편견을 우려해서 본적지를 변경한다든지, '오키나와 풍'의 성姓을 바꿈으로써 자신의 출신을 숨기는 사람들이 적지 않았다.

오키나와의 근대 경험 중 하나가 일본정부와 다른 부현 사람에 의한 차별과 편견이다. 오키나와 현은 구조적으로 차별받았을 뿐만 아니라, 옛날부터 류큐 열도에 전해지던 문화와 전통, 섬에서의 구어口語에 대해서도 멸시를 당했고, 오키나와 현 출신이 개인적으로 차별 대우를 받은 일도 드물지 않았다. 오키나와 현 내에서는, 일본 본토에서 표준이라고 간주되고 있던 '야마토'의 풍습을 모방해서 표준 일본어를 말하는 것, 즉 '일본인'이 되는 것이 정책적으로 추진되었다. 이러한 오키나와인에 대한 차별은, 식민지 대만에서도 나타났다. 다른 한편으로는 식민지에서 '일본인'이 되는 것은 '지배계급'이 된다고 하는 독특한 의미를 내포하고 있다. 즉, 식민지에서 사회적 상승을 목표로 할 때 '일본인'이 되는 것은 매우 큰 의미를 가지고 있었던 것이다. 그러므로 대만에 있는 오키나와계 이민자가 표준 일본어를 구사하고, 표준적이라고 하는 일본의 풍습을 모방하는 한편, 오키나와라는 자신의 출신지를 숨기고 생활하는 것은 이상한 일이 아니었다.

4. 대만의 오키나와계 이민자 커뮤니티

오키나와계 이민자는 세계 각지에 정착하면서 그 나라에 오키나와 현인회県人会를 조직했는데, 식민지 대만에도 오키나와 현인회가 조직되어 있었다. 그러나 대만의 오키나와 현인회는 친목단체로서의 성격이 강했고 규모도 그다지 크지 않았다. 대만에 오랫동안 살고 있어도 현인회와는 일절 관계하지 않는 오키나와계 이민자도 적지 않았다. 그 배경으로는 대만의 오키나와계 이민자의 지리적, 사회적 배경의 다양성을 지적할 수 있을 것이다. 대만은 이민회사를 통하지 않고도 자유롭게 도항 하는 것이 가능했기 때문에, 오키나와 현내 다양한 지역에서 온 사람들이 많았다. 다른 정착국과 비교하면 미야코 제도宮古諸島나 야에야마 제도 출신의 비율이 높았다. 오키나와 본섬에서는 지리적으로 떨어져 있었던 미야코와 야에야마 제도는, 류큐 왕부시대부터 '오키나와'의 타자로 취급 받았고, 미야코 제도나 야에야마 제도의 주민도 또한 스스로를 '오키나와인'과 동일시하지 않았다. 이 때문에 야에야마와 미야코 제도 출신 중에는, 오키나와 본섬 출신이 중심이 된 오키나와 현인회를 경원시敬遠視하는 사람도 있었다.[10] 그런 가운데, 야에야마 출신자는 독자적으로 향우회鄕友会를 결성했는데, 향우회 참가자의 대부분은 성인 남성이었고, 젊은 여성들이 참가하는 일은 거의 없었다.[11] 즉, 식민지 대만에서는 지리적으로도 사회적으로도 다양한 배경을 가진 이민자들의 조직이 각각 만들어졌고,

---

10 『八重山新報』, 1933.12.5.
11 『八重山新報』, 1933.2.15.

'오키나와인'으로서 공통의 이익을 대표하는 향우회는 타이베이台北에서도 그 외의 지역에서도 만들어지지 않았다.

예외였던 것은 어민과 어업관계자였다. 이들 남성과 여성의 대부분은 어업의 거점이었던 항만지역에 정착하면서 집단 거주지를 형성했다.[12] 1930년에는 오키나와 현에 본적지를 둔 어민 383명이 대만에 거주한다고 등록되어 있었다.[13] 오키나와계 어민은 해안을 따라서 몇 개의 마을을 형성했고, 그곳을 거점으로 삼아 어업 경영을 하고 있었다. 그 중에서도 규모가 컸던 곳은, 타이베이에 위치하고 있던 사료 섬社寮島의 집주 구역이었다. 그곳에서 항해의 안전과 풍어를 기원하기 위해서 '하아리爬竜'[14] 같은 전통행사를 개최할 때에는 대만의 다른 지역에 있는 오키나와계 이민자도 구경하러 왔다.[15] 또 오키나와계 어민들은 단순지 집주지를 형성하고 전통행사를 진행한 것에 그치지 않고, 때로는 동업자 단체를 만들어서 공통의 이익을 위해 싸우기도 했다. 그러나 그처럼 집단응집성이 높고 정치적인 현인회 조직은, 도시부에서는 결성되지 않았다.

---

12 마타요시 세이키요(又吉盛淸)는 문헌 사료와 현지 조사에 기초해서, 일본통치시대인 1930년대 중반까지 대만 전역에서 오키나와인 마을 13개소를 확인할 수 있다고 지적했다. 13곳 중 대만 시내의 3곳을 제외하면, 나머지는 어민에 의해서 연안부에 형성된 마을이라고 밝히고 있다(又吉盛淸, 『大日本帝國植民下の琉球沖縄と台湾 – これからの東アジアを平和的に生きる道』, 同時代社, 2018, 88~99쪽).

13 台湾總督官房臨時國勢調査部編, 『國勢調査結果表 昭和五年 全島編』, 台湾總督官房臨時國勢調査部, 1934, 456쪽.

14 [역자주] 음력 5월 4일 오키나와 각지의 항구도시에서 열리는 선박 경기를 말한다. 가늘고 긴 배에 10~20명의 사람들이 타고 노를 저으며 속도를 겨룬다.

15 台湾總督官房臨時國勢調査部編, 『國勢調査結果表 昭和五年 全島編』, 台湾總督官房臨時國勢調査部, 1934, 456쪽.

5. 제국의 붕괴

1945년 8월 14일 일본 정부는 포츠담 선언을 수락했고, 일본국의 주권은 혼슈, 홋카이도, 큐슈, 시코쿠 및 주변의 섬으로 제한되었다. 종전 직후 대만의 상황에 관해서는 다른 많은 지역의 상황과 비교해서 예상했던 것보다 평온했다는 보고가 있다.[16] 생각 외로 평화로운 대만의 상황을 보면서, 특히 대만 체제 기간이 길었던 이민자들의 대부분은 초토화된 일본 본토에서 생활을 재건하기보다는, 중화민국 통치 하에 있던 대만에서 생활을 계속하기를 원했다.[17] 그러나, 1945년 10월 25일 타이베이 시내에서 일본군의 항복식이 거행되고, 대만성台灣省 행정장관공서行政長官公署가 정식으로 설치되자 대만 섬 내의 상황은 급속하게 변화했다. 공용어는 중국어북경어로 바뀌었고, 대만 총독부와 일본인 이민자가 대만 섬 내에 소유하고 있던 공유·사유재산의 몰수가 시작되었다. 일본인이 대만에서 종전 전의 생활을 계속할 수 있을 것이라는 희망은 사라졌다. 중화민국으로의 업무상의 인수인계를 위해 이전의 직장에 출퇴근했던 일본인들 외에 다른 일본인들은 직업을 잃어버렸고, 물가가 오르는 가운데 먹는 것조차 뜻대로 할 수 없는 상황이었다.[18]

대만에 잔류하고 있던 민간 일본인의 처우에 관해서, 대만성 행정

---

16 台湾總督府殘務整理事務所/加藤聖文編, 「台湾統治終末報告書」(1946年), 『海外引揚關係史料集成(國外篇)』 第31卷, ゆまに書房, 2002, 9~11쪽.

17 台湾總督府殘務整理事務所, 앞의 책, 9~11쪽; 塩見俊二, 『秘錄・終戰直後の台湾 – 私の終戰日記』, 高知新聞社, 1979, 44~50쪽.

18 塩見俊二, 앞의 책, 92쪽.

공서는 즉각적으로 공식적인 성명을 발표하지 않았다. 이 때문에, 치안도 악화되는 중에 일본인들은 장래에 대한 불안을 느끼고 있었다. 당초 일본인의 대다수가 대만에 잔류할 것을 희망하고 있었음에도 불구하고, 연말에 일본인 송환 방침이 발표될 무렵에는 대부분이 일본으로의 귀환을 바라게 되었다고 한다. 1945년 12월에 원래의 일본군인·군속과 그 가족을 포함해 약 40만 명의 송환이 개시되었다. 민간인의 대부분은 1946년 3월부터 5월 사이에 실시된 송환 절차에 의해서 일본 본토로 귀환했다.[19]

6. 종전 직후 대만의 오키나와인

1940년의 조사에서, 대만에서 오키나와 현을 본적지로 하는 사람의 수는 14,695명이었는데,[20] 종전 당시에는 3만 명 정도까지 증가했다고 한다. 군대에 징병되어 대만에서 종전을 맞은 오키나와 현 출신의 사람뿐만 아니라, 전쟁 중에 일본 정부가 대만으로 대피 시킨 사람도 많았기 때문이다. 1944년 7월 7일, 오키나와 지상전을 예측했던 일본정부는, 8만 명을 큐슈 북부에, 2만 명을 대만으로 소개疏開 시키기로 결정했다.[21] 실제 대피한 사람은 그보다 적은 수였다고 추

19 台湾總督府殘務整理事務所, 앞의 책, 24~29쪽; 大藏省管理局/小林英夫監修, 「白日下の台湾」(1945~1946), 『日本人の海外活動に關する歷史的調査』, 第九卷台湾篇(四), ゆまに書房, 2000, 91~95쪽.
20 台湾總督府, 「台湾島勢要覽」(1945年), 『台湾島勢要覽』, 成文出版社, 1985, 32쪽.
21 防衛廳防衛研修所戰史室, 『沖繩方面陸軍作戰』, 朝雲新聞社, 1968, 614쪽.

정되지만, 그럼에도 1944년 7월부터 종전까지 1만 명 이상이 피난을 목적으로 대만으로 건너갔다고 한다. 또 각의 결정이 내려지기 이전부터 오키나와 현내에서는 이미 대만에 거주하고 있는 친척이나 가족을 의지해 대피하는, 이른바 '연고 소개緣故疎開'가 실시되고 있었다. 종전 후 피난민을 송환시킬 때 작성된 복수의 문서에 의하면, 연고 소개자는 4,369명이다. 대만에 친인척이 없었음에도 불구하고 각의 결정에 의거하고, 시정촌市町村 자치체의 지도를 받아서 대피한 '무연고 소개자'는 8,570명이었다고 한다.[22]

게다가 전쟁 중에 남양군도南洋群島[23]에 있던 이민자 중에 오키나와 현으로 귀환하는 도중에 대만에 잠시 머물렀다가 그대로 종전을 맞이했던 '귀환자'도 있었다. 남양군도의 경우 오키나와 현보다 더 빨리 미군의 공격을 받을 것이라는 예측이 있었기 때문에, 1943년 말부터 1944년 초까지 여성과 어린이, 고령자들을 오키나와 현으로 귀환시키려고 했다. 그러나 항해 중에 미군의 공격을 받아 조난을 당하면서 항해를 단념하는 선박이 속출했다.[24] 결국 오키나와로 직접 귀환하지 못했던, 남양 출신 귀환자의 상당수가 대만에 체재했던 것이다.

즉 전쟁 중 대만에는, 주로 취업이나 진학을 위해서 대만에 건너 온 오키나와계 이민자가 있었는데, 여기에 그들의 가족과 친척이 가세했다. 미야코와 야에야마 지역 출신자가 중심이 된 피난민이 있었고, 전

---

22 漢那敬子・地主園亮・根川智美, 「台湾における琉球關係史料調査報告 台湾總督府文書・台湾省行政長官公署資料を中心に」, 『史料編集室紀要』 31, 沖縄縣敎育委員會, 2006, 98~104쪽.
23 [역자주] 남양군도는 1914년부터 1945년 2차 세계대전이 끝날 때까지 일본의 위임통치를 받았던 중서태평양지역을 가리킨다. 구체적으로 미크로네시아 중 괌을 제외한 마리아나제도, 캐롤라인제도, 마셜제도 등이다.
24 厚生省援護局, 『續々・引揚援護の記錄』, クレス出版, 2000(1963), 379~383쪽.

쟁 중에 남양군도로부터 온 귀환자와 일본군인·군속으로 대만으로 왔던 오키나와 현 출신자까지, 모두 합쳐서 약 3만 명 정도였다고 추정된다. 종전 직후 대만은, 오키나와 본섬은 물론이고 일본 본토와 비교해서도 비교적 식량이 풍부했다고 한다. 그러나 대만에 가까운 친척이 없었음에도 전시 중에 오키나와 현에서 대만으로 건너갔던 '무연고 소개자'들은 대체로 어려운 상황에 처해 있었다. 대부분의 피난민들은, 일본인과 오키나와계 이민자들이 거주하고 있던 타이베이와 기룽基隆에서 멀리 떨어진 산간 지역에 임시 거주지를 마련했다. 무연고 소개자들은 낯선 환경에서 살 길을 찾지 못했다. 전쟁이 끝나고 일본정부로부터 지원이 끊기게 되자 생활은 더욱 곤궁해졌다.[25]

7. 밀항선으로 대만을 탈출

앞서 서술한 것처럼 대만에서 일본 본토로의 귀환은 비교적 순탄하게 실시되었는데, 미군 통치 하의 류큐 열도로의 귀환은 어떻게 진행되었을까. 사실 대만에서 종전을 맞았던 오키나와계 이민자 중에 미야코 제도와 야에야마 제도로 귀환하고 싶어했던 사람들 중 다수는 밀항선을 타고 대만을 탈출했다. 이시하라 마사이에石原昌家 등이 선행 연구에서 밝힌 것처럼, 종전 후에도 미야코, 야에야마 제도를 거점으로 한 어업관계자들은 스스로 마련한 소형 선박으로 전쟁 전과

---

25 松田良孝, 『台湾疎開 – 「琉球難民」の1年11ヶ月』, 南山舎, 2010.

마찬가지로 대만과의 왕래를 계속 하고 있었다. 전쟁으로 모든 생산 수단이 파괴되고 일본 본토와의 왕래가 끊긴 상황에서 대만과의 사적 교역은 주민들이 필요로 하는 식량과 생활물자를 입수하기 위한 몇 안 되는 수단의 하나였다. 대만에서 지리적으로 가장 근거리에 있었던 요나구니 섬与那国島은, 종전 직후부터 대만과 류큐 열도의 사이에서 전개된 사무역 — 이른바 밀무역 — 의 일대 거점이었다. 게다가 이들 소형 선박은 물자를 운반할 뿐만 아니라 대만에서 종전을 맞이한 사람들을 귀환시키는 역할도 담당하고 있었다.[26]

실제로 필자가 인터뷰했던 이시가키 섬 혹은 타케토키 섬竹富島 출신자의 상당수가 1946년에 공식적인 송환이 시작되기 전에 밀항선을 타고 대만을 탈출했다고 증언했다. 종전 직전에 피난처에서 부인을 잃어버렸던 츠지 히로무辻弘도 그 중 한 명이다. 츠지의 부인은 대만의 피난처에서 말라리아에 걸려 사망했다. 게다가 츠지가 두 아이를 데리고 귀환하려고 기륭항으로 향하던 도중에, 아들 역시 말라리아 감염으로 사망했다. 부인과 아들을 잇달아 떠나보낸 츠지는 7살의 큰 딸과 함께 오키나와계 어민이 많이 거주하고 있던 기륭의 사료社寮 마을에서 밀항선에 올랐다.

패전 직후이기 때문인지, 해외도항은 까다로웠다. '키혼마루(基本丸)'라는 14, 15톤 급의 소형 발동기선에 2, 30명분의 짐을 싣고 출발했는데, 세 차례나 나포되어 끌려가 수상경찰서(水上警察署) 앞에 계류되었다. 선장과

---

26 石原昌家, 『空白の沖縄社會史 – 戰果と密貿易の時代』, 晩聲社, 2000.

관계자에 대한 조사는 엄격했다. 다음 해인 소화 21년(1946) 1월 20일, 어느 곳에서 밀항을 계획하고 있다는 연락이 와서, 급하게 사료 마을에서 출발했지만, 순시원에게 발각되었다. 순시원은 안벽을 따라 추적을 하면서 큰 소리로 고함을 질렀다. 우리들은 모르는 척 하면서 길을 야에야마로 돌리고 속도를 높였다. 다행히 겨울의 바다라고는 생각할 수 없을 만큼 평온한 항해였고, 무사히 이시가키 항에 도착했다.[27]

츠지의 회상을 통해, 대만에서 류큐 열도로 밀항하는 것이 결코 쉽지 않았음을 엿볼 수 있다. 실제로 1945년 11월 1일에는 소형발동기선 에이마루栄丸에 100명 이상을 태우고 미야코 섬宮古島으로 향하던 배가 전복되는 사고가 발생했는데, 구출된 사람은 2, 30명에 불과했다.[28]

8. 대만-오키나와 동향회연합회同郷会連合会의 결성

위험한 상황이 이어졌음에도 야에야마와 미야코 제도를 향한 밀항이 계속되었다. 이것은 류큐 열도에 대한 군사점령을 막 시작했던 미군이 미야코나 야에야마 제도로 귀환하는 사람들의 상륙을 묵인했기 때문이다. 한편 지상전이 시작되고, 그 후에 군사기지의 건설작업이

---

27 辻弘/石垣市史編集室編, 「台湾で妻や子を亡くして」, 『市民の戰時戰後体験記録 第一集』, 石垣市役所, 1983, 29쪽.
28 沖縄縣敎育委員會, 『沖縄縣史 第十卷 沖縄戰記録 (2)』, 沖縄縣, 1974, 403~409쪽.

진행되었던 오키나와 본섬에는 민간인 귀환자뿐만 아니라 일본군에 징병되었던 오키나와 현 출신자의 귀환도 허용되지 않았다. 그런 상황에서 가장 형편이 어려웠던 것은, 전쟁 중에 '무연고 소개'에 의해서 대만의 산간지역에 갔다가 그곳에서 종전을 맞이했던 사람들이었다. 이들 남녀는 정부의 지시로 친척도, 아는 사람도 없는 대만에 왔기 때문에, 일본의 패전으로 정부의 지원이 중단되자 곤궁困窮한 상태에 빠졌다.

전쟁 전부터 대만에 거주하던 사람들은 오키나와계 피난민들의 어려운 처지에 대해 알게 되었고, 타이베이, 타이중台中, 타이난台南, 가오슝高雄, 화렌항花蓮港 등의 현인회를 하나로 모아 상위조직으로 대만-오키나와 동향회연합회를 결성했다.[29] 대만에 있던 오키나와계 이민자들은, 일본 식민지 통치 시기동안 전체 대만을 아우르는 현인회를 조직하지는 않았다. 지역마다 현인회와 친목회의 역할을 하는 곳이 있었지만, 지역적 사회적으로 다양한 사람들을 포함시켜서 조직화하지는 못했다. 그러나 류큐 열도가 미군에게 점령되고, 대만의 일본 통치가 종료되면서, 어떤 정부의 비호도 받을 수 없게 되자 처음으로 '오키나와인'으로서의 결속을 부르짖으며 전 대만 차원의 조직을 발족시킨 것이다.

동향회연합회는 우선 대만 각지에 있는 오키나와계 이민자와 피난민들의 상황을 파악하기 위해, 1945년 10월 31일자 『대만신생보台湾新生報』에 광고를 게재하고, 오키나와계 이민자와 피난민들에게 각지

---

29 松田良孝, 앞의 책.

에 있는 현인회에 이름과 연락처를 등록할 것을 당부했다. 또 피난민 지원을 위한 의연금을 모금하기 위해, 자선 쇼를 기획했다. 자선 쇼는 '류큐 예능의 저녁琉球芸能の夕'으로 불렸다. 대만에 체류하고 있던 오키나와계 이민자, 피난민들의 류큐 고전무용과 고전극, 옛 무술 연기와 코러스 등이 공연 목록에 포함되었다.[30]

중화민국은 일본인 송환 방침이 결정된 이후, 일본인의 송환과 체류에 관한 업무를 담당하기 위해 일교관리위원회日僑管理委員会를 설치했고, 위원장에 주몽린周夢麟이 취임했다. 주몽린은 대만에 거주하는 오키나와계 이민자들이 일본인으로서의 정체성을 갖고 있다고 인식했고, 대만-오키나와 동향회연합회 간부들에 대해 '오키나와는 미군에게 점령되었고, 일본정부의 정치력이 미치지 못한다. 일본인이라고 자각한다면 당연히 일본 본토로 철수해야 한다'고 주장했다.[31] 그러나 현실에서, 대만의 오키나와계 이민자의 상당수는 일본 본토와는 전혀 인연이 없었다. 대만과 달리 일본 본토는 오키나와와는 기후와 풍토가 매우 달라서, 그곳에서 생활하는 데에는 상당한 어려움을 예상할 수 있었다. 더구나 종전 직후 많은 국민이 힘든 생활을 하고 있던 시대였다. 대만-오키나와 동향회연합회는 주몽린에 대해서, 오키나와 귀환이 허가될 때까지 대만에 체재하는 것을 허용해 달라고 요청했다. 주몽린은 대만-오키나와 동향회연합회가, 대만에 남아 있는 오키나와인을 파악하고, 일본으로 귀환해야 할 일본인과 구별하는 것을 조건으로 오키나와인만 특별히 대만에 남는 것을 허가했다.

---

30 川平朝申, 「わが半生の記(七)」, 『沖縄春秋』 12, 沖縄春秋社, 1974, 83~85쪽.
31 川平朝申, 앞의 책, 85쪽.

주몽린은 오키나와 현인 사이에 일본인이 섞여서 대만에 남을까봐 우려를 했던 것이다.

그 이후 일본인을 의미하는 '일교日僑'와는 구별해서, 오키나와계 이민자와 피난민 혹은 오키나와 현으로 귀환을 희망하는 사람들을 '류교琉僑'라고 불렀다. 그리고 대만-오키나와 동향회 연합회가 그 때까지의 명부 작성의 연장선으로, '류교'를 확인하는 임무를 맡게 되었다.[32]

일본 통치 하의 대만에서, 많은 오키나와계 이민자는 '일본인'이 되려고 노력했고, 그 결과 대만에서 태어난 2세, 3세 중에는 '오키나와인'으로서의 정체성을 갖지 못한 이들이 많았다. 자신의 본적지가 오키나와 현인 것을 모르는 아이들도 있었다. 그러나 2차 세계대전 종결과 함께 촉발된 국제관계의 큰 변화 속에서, 대부분의 사람들이 강제적인 재이동을 재촉 당하게 되면서, 오키나와계 이민자들은 스스로의 정체성을 마주해야만 했다.

9. 일본 병사에서 류큐 관병官兵으로

한편 전시에 소집되어 대만에서 종전을 맞은 오키나와 현 출신의 군인·군속들은 일본군의 무장해제와 함께 갈 곳을 잃어버렸다. 연합군은 일본군에 소속되어 있던 대만 출신 병사, 조선 출신 병사, 오키나

---

32 川平朝申, 앞의 책, 85~86쪽.

와 출신 병사에 대해 각각 다른 부대를 조직하라고 명령했다. 그러나 조선 출신 병사가 별개의 부대를 조직한 것에 대해, 오키나와 현 출신 군인·군속들은 '우리는 일본 병사이기 때문에 전우들과 함께 행동한다'라고 하면서, 오키나와 부대의 결성을 거부했다고 한다.[33]

그 후 오키나와로의 귀환을 희망하는 군인―즉 오키나와 부대―은, 당초 일본 본토로의 귀환을 희망하는 사람들과 마찬가지로 1945년 12월에 대만 북부에 있는 기륭과 신죽新竹에 집결했다.[34] 그러나 일본 본토로의 복귀가 진행되는 중에도 오키나와로 향하는 귀환선은 마련되지 않았다. 미군으로부터 상륙허가를 받지 못했기 때문이다. 날이 갈수록, 오키나와 본섬으로의 귀환에 대한 전망이 매우 어두워졌기 때문에, 오키나와 본섬으로 귀환하려고 했던 사람들 중 일부는 직접적인 귀환을 포기하고 일본 본토로 향했다. 결국 약 2,000명의 오키나와 부대 병사가, 오키나와 본섬에 언제 귀환할 수 있을지도 알지 못한 채 대만에 남았다.[35]

일본 본토로 가는 군인·군속과 그 가족들의 송환이 끝나가던 1946년 1월, 오키나와 부대는 기륭 승선지사령부의 업무를 인계하도록 요청을 받았다. 그러면서 오키나와 부대는 다른 군인·군속들이 귀환한 후에 일본인 귀환자의 귀환업무 일체를 담당하게 되었다. 원래 일본군 소위少尉였고, 귀환업무에서 노영지露營地 근무대장으로 근무했던

---

33 川平朝申,「わが半生の記(六)」,『沖縄春秋』11, 沖縄春秋社, 1974, 79쪽.

34 台湾引揚記編集委員會編,『琉球官兵顛末記 – 沖縄出身官兵等の台湾引揚げ記録』, 台湾引揚記刊行期成會, 1986, 437쪽.

35 永山政三郎/台湾引揚記編集委員會編,「在台沖縄籍軍人軍属の管理について」,『琉球官兵顛末記 – 沖縄出身官兵等の台湾引揚げ記録』, 台湾引揚記刊行期成會, 1986, 437쪽.

히가 아츠오比嘉厚夫는, 지인知人이었던 일본군 대좌大佐로부터 일본인 송환 업무를 의뢰받았던 당시의 심정을 다음과 같이 회상했다.

2월 10일 혼성 제32연대장인 구도(工藤) 대좌가 돌연 기륭국민학교 장교실에 와서, 치바나(知花) 대대장에게 인사를 한 뒤 갑자기 나에게 '히가 소위, 기륭 안벽에 가서 귀환 수송 업무에 협조해 주지 않겠는가, 오키나와 출신 병사 중에 안벽 업무 희망자는 많은데 지휘할 장교가 한 명도 없어서 곤란하다네. 내 부탁을 들어주게'라고 함. 나는 잠시 주저했는데, 오키나와전에서 오키나와인이 스파이 취급을 받았다는 소문이 뇌리에 박혀 있었기 때문. 이 요청을 딱 잘라서 거절할 지, 아니면 마지막 봉공(奉公)이라고 생각하고 한 번 해볼까를 고민. '대좌님, 일본인이 많이 있지 않습니까? 왜 무리해서 오키나와 출신 병사를 쓰려고 합니까?'라고 묻자, 대좌는 '아무리 생각해도 그 방법뿐이야. 그리고 수송 업무를 하고 있는 중이고, 주민의 송환은 이제부터 시작인데, 병사들이 불만을 터뜨리고, 폭동이 일어났기 때문에, 어쩔 수 없이 부대마다 할당제로 해서 귀환을 시켰어. 이제 여기에 일본군은 거의 남아 있지 않아. 부끄럽지만 수송업무도 일시 중지되어 버렸네. 어떻든 부탁하네. 용돈은 있는가' 하면서 애원했다.[36]

결국 히가는 군대에 있을 때부터 개인적으로 존경했던 대좌의 부탁을 거절하지 못하고, 수송 업무를 담당하게 되었다. 회상록에는 일본

---

36 比嘉厚夫/台湾引揚刊行記編集委員會編,「日僑五十万を送る – 基隆乗船地司令部兵站班　露営地勤務隊長を命ぜられて」,『琉球官兵顛末記 – 沖縄出身官兵等の台湾引揚げ記録』, 台湾引揚刊行期成會, 1986, 97쪽.

인으로 군대에 들어갔음에도 불구하고, 자신과 같은 고향인 오키나와 출신 병사들이 오키나와 전쟁이 한창일 때 같은 일본 병사로부터 의심 받았던 것에 분개하고, '일본인'과 '오키나와인'이라는 두 개의 정체성 사이에서 흔들리는 심정이 표현되어 있다. 결국 히가는 '일본인'으로서 최후의 임무를 맡게 되었다. 그러나 오키나와인이라서 의심을 받았던 그 일로 인해, 그 때까지 군대 내에서 여러 차별을 견디면서 일본 제국 군인으로서 종군했던 오키나와계 병사들은, 스스로가 '일본인'이 아니라 '오키나와인'임을 인식하게 되었다고 할 수 있다.

일본으로의 송환 업무는 1946년 4월까지 거의 완료되었다. 그러나 오키나와 본섬으로의 귀환 전망이 전혀 없었기 때문에, 오키나와 부대의 군인·군속의 절반 가까이가 미야코, 야에야마 혹은 일본 본토로 귀환했고, 대만에는 약 800명이 남았다. 그들은 더이상 일본군과 관계가 없었고, 미묘한 입장에 놓여 있었다. 결국 5월 초순에 이들을 옛 대만총독부 청사로 이주시켜, 중국 대만성 경비총사령부의 지휘 하에 배치했고, '류큐적관병집훈대대琉球籍官兵集訓大隊', 류큐 관병라고 불렀다. 류큐 관병은, 구 대만총독부를 거점으로 삼았고, 중화민국에 의해서 삼민주의三民主義 사상 교육과 북경어 교육을 받았다. 이 외에도 타이베이 시내의 도로와 공원 등의 청소 작업을 담당했다.[37]

그 후 류큐 관병과 대만-오키나와 동향회연합회는 대만 각지에서 오키나와 본섬으로의 귀환을 기다리던 사람들을 타이베이의 옛 총독부청사와 타이베이시 수도정水道町에 있는 시영주택에 수용하기로 했다. 이

---

37 知花成昇/台湾引揚刊行記編集委員會編, 「沖縄籍軍人軍屬の身分々離の経緯」, 『琉球官兵顚末記 - 沖縄出身官兵等の台湾引揚げ記録』, 台湾引揚刊行期成會, 1986, 5~7쪽.

런 시설을 집중영集中營이라고 한다. 집중영은 유용留用 등의 이유로 대만에 잔류했던 '일교'를 지원하는 역할을 하는 일교관리위원회의 관할 하에 있었다. 그러나 실제 운영을 담당했던 곳은 류큐 관병과 대만-오키나와 동향회연합회였다. 1946년 6월에 자주적으로 진행된 '오키나와 적민 조사서沖繩籍民調査書'에 따르면, 당시 약 1,000명의 류큐 관병을 포함하여 10,132명의 오키나와 국적을 가진 사람을 확인했다. 그 중 절반 이상이 타이베이 지구에 있었고, 그 외에는 신죽, 타이중, 타이난, 가오슝, 타이둥, 화렌에 머물렀다. 타이베이의 집중영에 몸을 의탁한 사람은 2,424명으로, 그 중 10세 이하가 807명으로, 전체의 3분의 1을 차지했다. 이 중 80명은 전쟁에서 부모를 잃어버린 전쟁고아였다고 한다. 집중영에서는 식량 배급 외에 약간의 생활비도 나눠줬다. 또 아이들에 대해서는 인근의 학교 건물을 빌려서 수업도 실시했다.[38] 열악한 위생상태 속에서 집단생활을 하고 있었기에 감염증이 만연할 것이라는 우려가 있었지만, 대만에는 의학교에 진학했던 오키나와계 이민자가 적지 않았고, 전후에도 40명에 가까운 의료관계자가 잔류하고 있었다. 이런 의료관계자가 집중영의 위생상태와 피난민의 건강상태도 관리했다.[39]

1946년 6월, 연합군최고사령관총사령부SCAP는 일본 본토, 대만, 중국과 마리아나 제도에 잔류하고 있던 15만 명의 오키나와인을 류큐 열도로 송환한다는 계획을 밝혔다. 그에 따라 미군은 쿠바사키 수용소場崎收容所, 캠프 쿠바사키와 인누미 수용소インヌミ收容所, 캠프 카스테로를

---

38 台湾引揚記編集委員會, 앞의 책, 316~318쪽.
39 稻福全志, 「鄕土の陸軍部隊と行動を共にして」, 台湾引揚記編集委員會編, 『琉球官兵顚末記 – 沖繩出身官兵等の台湾引揚げ記錄』, 台湾引揚記刊行期成會, 1986, 21~36쪽.

개설하고, 송환자의 수용 체제를 정비했다. 8월 17일, 쿠바사키수용소는 처음에는 구마모토熊本, 가고시마鹿児島와 미야자키宮崎에서 송환자 556명을 받아들였다. 이후 미군의 수송함 LST는 1946년 12월 말까지 13만 9,536명을 일본 본토에서 오키나와 본섬과 아마미오섬奄美大島, 미야코 섬으로 수송했다.[40]

미국의 수송함 LST 2척을 활용한 대만에서의 송환은, 10월부터 12월 사이에 실시되었고, 모두 8,655명이 오키나와 본섬, 아마미오섬, 미야코 섬으로 송환되었다. 송환자들은 쿠바사키 항에 상륙한 뒤, 수용소로 옮겨졌고, 신체검사와 DDT살충제 살포가 진행된 후, '출신지'에 따라 마을별로 분류되었다. '출신지' 마을에 곧바로 거주할 수 있다면 그곳으로 보냈고, 만약 그 장소가 기지 건설 등의 이유로 개방되지 않은 경우에는 인근의 마을로 보내졌다.[41] 1946년 10월부터 12월에 걸쳐 실시된 송환사업으로, 그때까지 남아 있던 오키나와계 이민자와 피난민의 대부분이 대만을 떠났다.

10. 마치면서

1945년 8월, 일본 정부가 포츠담 선언을 수락하면서 19세기 말부터 계속 확장되던 일본의 식민지 제국은 무너졌다. 제국이 붕괴됨에

---

40 『うるま新報』, 1946.8.23. Headquarters Ryukyu Command Military Government, "Repatriation to and from the Ryukyus during Period 1 July 1946 to 31 December 1946", January 9, 1947 沖縄公文書卷所藏 000024661.
41 위의 자료와 동일.

따라, 대만은 중화민국으로 '광복'을 맞았고, 대만에 있던 일본인은 원칙적으로 일본 본토로 송환되는 것이 결정되었다. 그때까지 '일본인'으로 생활하고 있던 오키나와계 이민자 중에는 일본 본토로 귀환하는 사람도 있었지만, 대부분은 가족과 친척이 모여 있는 미군 통치하의 류큐 열도로 귀환하기를 선택했다. 그것은 오키나와계 이민자에게 '류큐^{오키나와인}'으로서 귀환하는가, '일본인'으로서 귀환하는가, 라는 정체성의 선택을 강요하는 것이었다. 그리고 종전까지 대만 전체를 아우르는 현인회 조직은 존재하지 않았는데, 1945년 8월 종전부터 오키나와 본섬으로 철수할 때까지 1년 여 동안 처음으로 직업과 출신지를 초월한 '류교'로서의 커뮤니티가 형성되었다.

선행연구가 귀환 전의 '에스니시티^{민족성}'을 이미 주어진 것으로 간주했던 것에 대해, 본 장에서는 식민지 지배 하에서 '일본인화' 했던 오키나와계 사람들의 민족정체성이, 종전 후의 국경 재편과 인구 이동의 흐름 속에서 어떻게 변용했는지를 검토했다. 이 사례는 국경 재편에 동반한 집단적인 인구 이동이, 단기간에 특정 그룹의 민족성에 큰 영향을 미칠 수 있음을 시사하는 것이다.

(정계향 역)

참고문헌

防衛庁防衛研修所戦史室, 『沖縄方面陸軍作戦』, 朝雲新聞社, 1968.

知花成昇, 「沖縄籍軍人軍属の身分々離の経緯」, 台湾引揚刊行記編集委員会編, 『琉球官兵顛末記 ― 沖縄出身官兵等の台湾引揚げ記録』, 台湾引揚刊行期成会, 1986.

譜久村好子, 「社寮島(現和平島)の思いで」, 琉球ウミンチュの像建立期成会編, 『琉球ウミンチュの像建立記念誌』, 2011.

比嘉厚夫, 「日僑五十万を送る ― 基隆乗船地司令部兵站班 露営地勤務隊長を命ぜられて」, 台湾引揚刊行記編集委員会編, 『琉球官兵顛末記 ― 沖縄出身官兵等の台湾引揚げ記録』, 台湾引揚刊行期成会, 1986.

稲福全志, 「郷土の陸軍部隊と行動を共にして」, 台湾引揚記編集委員会編, 『琉球官兵顛末記 ― 沖縄出身官兵等の台湾引揚げ記録』, 台湾引揚記刊行期成会, 1986.

石原昌家, 『空白の沖縄社会史 ― 戦果と密貿易の時代』, 晩聲社, 2000.

川平朝申, 「わが半生の記(六)」, 『沖縄春秋』11, 沖縄春秋社, 1974.

_____, 「わが半生の記(七)」, 『沖縄春秋』12, 沖縄春秋社, 1974.

漢那敬子·地主園亮·根川智美, 「台湾における琉球関係史料調査報告 ― 台湾総督府文書·台湾省行政長官公署資料を中心に」, 『史料編集室紀要』31, 沖縄県教育委員会, 2006.

厚生省援護局, 『続々·引揚援護の記録』, クレス出版, 2000(1963).

又吉盛清, 『大日本帝国植民地下の琉球沖縄と台湾 ― これからの東アジアを平和的に生きる道』, 同時代社, 2018.

松田良孝, 『台湾疎開 ―「琉球難民」の1年11ヶ月』, 南山舎, 2010.

永山政三郎, 「在台沖縄籍軍人軍属の管理について」, 台湾引揚記編集委員会編, 『琉球官兵顛末記 ― 沖縄出身官兵等の台湾引揚げ記録』, 台湾引揚記刊行期成会, 1986.

小熊英二, 『〈日本人〉の境界 ― 沖縄·アイヌ·台湾·朝鮮 植民地支配から復帰運動まで』, 新曜社, 1998.

岡本真希子, 『植民地官僚の政治史 ― 朝鮮·台湾総督府と帝国日本』, 三元社, 2008.

沖縄県教育委員会, 『沖縄県史 第十巻 沖縄戦記録(2)』, 沖縄県, 1974.

大蔵省管理局, 「白日下の台湾」(1945-1946年), 小林英夫監修, 『日本人の海外活動に関する歴史的調査』第九巻台湾篇(四), ゆまに書房, 2000.

朴裕河, 『引揚げ文学論序説 ― 新たなポストコロニアルへ』, 人文書院, 2016.

塩見俊二, 『秘録終戦直後の台湾 ― 私の終戦日記』, 高知新聞社, 1979.

台湾引揚記編集委員会編, 『琉球官兵顛末記 ― 沖縄出身官兵等の台湾引揚げ記録』, 台湾引揚記刊行期成会, 1986.

台湾総督府, 「台湾島勢要覧」(1945年), 『台湾島勢要覧』, 成文出版社, 1985.

台湾総督府官房統計課編, 『台湾総督府第十五統計書』, 台湾総督府官房統計課, 1913.

台湾総督府総務局, 『台湾総督府第四十五統計書』, 台湾総督府総務局, 1943.

台湾総督府残務整理事務所, 「台湾統治終末報告書」(1946年), 加藤聖文編, 『海外引揚関係史料

集成(国外篇)』第31巻, ゆまに書房, 2002.

台湾総督官房調査課 編,『台湾総督府第二十四統計書』, 台湾総督官房調査課, 1922.

台湾総督官房臨時国勢調査部 編,『国勢調査結果表 昭和五年 全島編』, 台湾総督官房臨時国勢調
　　査部, 1934.

谷蔵三, 「引揚者—第1部 さかな」,『八重山文化』8, 1947(復刻版『八重山文化』第1巻, 不二出
　　版, 2015).

辻弘, 「台湾で妻や子を亡くして」, 石垣市史編集室編,『市民の戦時戦後体験記録 第一集』, 石垣
　　市役所, 1983.

이소가야 스에지의 저술을 통해 본 38도선 이북지역 일본인의 식민지·귀환 경험과 기억

변은진

1. 머리말

근대 한국의 역사는 대륙세력과 해양세력이 상호 대립하고 경쟁했던 국제관계와 밀접한 연관을 맺으면서 형성되었다. 특히 일제강점기는 한반도뿐만 아니라 만주와 중국대륙, 일본과 타이완 등으로 이어지는 광역권 위에서 식민자the colonizer와 피식민자the colonized가 상호 교차한 시기였다. 이 시기는 주로 강제이주와 식민통치, 그리고 민족운동으로 대표되는 식민자의 경험과 피식민자의 경험이라는 측면에서 주목받아왔다. 상호관계망 속에서 조선인 내부에서 식민자와 관계를 맺는 모습이 다양했듯이, 일본인 내부에서도 피식민자인 조선인 사회와 관계를 맺는 모습은 다양했다.

물론 대다수의 재조일본인은 식민자 특유의 의식과 정신구조를 갖고 조선인과 분리된 자신들만의 생활공간에서 특권을 향유했다. 이들이 식민지 조선을 기억하는 다양한 회로의 이면에는 대체로 뿌리

깊은 멸시와 차별의 관념이 자리 잡고 있다. 식민자는 수탈과 억압의 가해자, 피식민자는 희생과 저항의 피해자라는 상징으로 이해되는 것이 일반적이며, 이는 일정하게 당시의 역사적 실체를 반영하고 있다. 하지만 각자의 처지와 조건에 따라 개개인의 경험은 다양했고, 이에 따라 기억 역시 다양하게 형성되었다. 일반적으로 인간의 기억이란 동일한 시간과 공간을 경험했다 해도 서로 다를 수 있는 것이다.

그런데 어째서 조선에서 귀환한 대다수의 일본인이 자신은 가해자가 아니라 피해자라는 인식으로 고정되고 합일되게 되었는지, 이러한 '기억의 역전'과 '공적 기억'의 형성 과정에[1] 대해서는 이미 여러 연구들을 통해 밝혀져 있다.[2] 이는 전적으로 귀환 후 이들에 대한 일본정부의 대우 등의 상황과 맞물려 있었다. 일본사회로 복귀한 귀환자들은 우파로부터는 일자리를 위협하거나 식량문제를 가중시키는 '민폐집단'으로 치부되었고, 좌파로부터는 '침략의 주구'로 비판 받았다. 게다가 '원폭 신화'를 정점으로 한 수동적인 '평화국가'의 구호 아래 피해자 의식이 급부상하면서 식민지 지배의 가해의식은 봉인되

---

1 "기억은 개별적인 사실이 퇴적되어 꾸준히 보존된 결과물이 아니다. 오랜 풍화작용 속에서 모난 돌이 계속 새로워지듯이, 기억은 그 기억의 특정 부분과 현재와의 관계 속에서 끊임없이 새롭게 태어나고 바뀌어가는 유기체"이며, 18세기 프랑스혁명과 국민국가의 등장 이래 "기억은 국가에 의해 관리"되어왔다(정근식 · 신주백 엮음, 『8 · 15의 기억과 동아시아적 지평』, 선인, 2006, 5쪽). 오늘날 한국과 일본에서 의 '기억'은 "전쟁 · 침략 · 식민지 지배 · 분단 · 전쟁책임 · 전후책임 등과 불가분의 것"으로 얘기되고 있다(윤건차, 『교착된 사상의 현대사 – 1945년 이후의 한국 · 일본 · 재일조선인』, 창비, 2009, 541~542쪽).

2 이연식, 「해방 직후 38이북 일본인의 거류환경 변화 – '전쟁피해자론'에 대한 비판적 고찰」, 『한일민족문제연구』 14, 한일민족문제학회, 2008; 김경남, 「재조선 일본인들의 귀환과 전후의 한국 인식」, 『동북아역사논총』 21, 동북아역사재단, 2008; 이승환, 「재조 귀환 일본인 피해자 아이덴티티 형성에 관한 연구」, 연세대 석사논문, 2010; 이연식, 「전후 일본의 히키아게(引揚) 담론 구조 – 해외 귀환자의 초기 정착과정에 나타난 담론의 균열과 유포」, 『일본사상』 24, 한국일본사상사학회, 2013 등.

는 기억의 역전 현상이 일어났다. 전쟁의 기억은 패전과 점령에 의해 왜곡되었고, 식민지 생활과 귀환의 기억은 '침략과 식민'이 아닌 '고난과 향수'의 이미지로만 대거 표출되었다. 전후 일본사회에서 형성된 이러한 기억들은 왜곡된 형태로 남아 지속적으로 재구성되고 확대재생산 되어왔다.

이와 같이 대다수의 귀환자들이 피해자 의식으로만 일관하게 되는 데 결정적인 역할을 한 것이 바로 38도선 이북 일본인의 귀환, 흔히 '고난의 탈출'로 일컬어지는 공통의 경험이었음은 주지의 사실이다.[3] 38도선 이북에서 혹은 만주나 중국대륙에서 이 지역을 거쳐 귀환한 일본인이 겪은 극도의 빈곤과 강제노동, 폭력과 살상, 억류 등의 '잔혹한 체험'은 전체 일본인으로 하여금 전쟁의 피해자라는 공통의 집단기억을 만들어내는 촉매제가 되었다. 기억은 과거를 재현하는 한 방식이지만 이를 재신화화 하는 경향이 있음을 여실히 보여준다.

그런데 이 글에서 분석 대상으로 삼고자 하는 이소가야 스에지磯谷季次, 1907~1998는 일본사회 내에서 이러한 피해자 인식과 집단기억에서 빗겨나 있는, 다시 말해서 전전戰前과 전후戰後에 걸쳐 지속적으로 가해자인 일본국가와 일본인의 반성을 촉구했던, 매우 독특한 귀환 일본인이다. 다카사키 소지高崎宗司가 전후 일본인 귀환자의 기억과 행동을 분류한 세 가지 유형, 즉 "제1유형은 자신들의 행동이 훌륭한 것이었다고 말하는 부류, 제2유형은 순진하게 식민지 조선을 그리워하는 부류, 제3유형은 자기비판하는 부류"의[4] 어디에도 이소가야 스에지는

---

3   38도선 이북 소련군 점령당국의 일본인 귀환정책에 대해서는 이연식의 『解放 後 韓半島 居住 日本人 歸還에 關한 研究』(서울시립대 박사논문, 2009) 참조.

속하지 않는다. 기존 연구에서도 이소가야는 "일본제국의 '죄'와 '벌'을 일선에서 지켜본 극히 보기 드문 일본인"으로서, "일본이 제국을 유지 확대하고자 또 다른 전쟁을 준비하고 도발하는 과정에서 조선인들이 일상적으로 감내해야 했던 다양한 피해에 눈을 감아버린 것, 그리고 이를 간과한 전후 일본 사회의 평화 이데올로기가 지닌 역사 인식의 오류와 허상을 날카롭게 짚어냈다"고 평가된 바 있다.[5]

이소가야가 이와 같이 여타 일본인들과 다른 독특함을 지녔다고 해서, 그의 귀환과정이 38도선 이북 일본인의 '고난의 탈출'과 달리 온화한 과정을 거친 것은 아니었다. 오히려 그 반대이다. 그는 대다수 일본인을 무사히 귀환시키기 위해 누구보다 발 벗고 나서서 '탈출'을 주도했던 인물이다. 게다가 그의 식민지 기억은 감옥에서의 끔찍하고 잔혹한 체험이 대부분이었다. 그런 그가 어떻게 남다른 기억과 가치관의 소유자가 될 수 있었는지에 대해, 여기서는 그의 철저한 휴머니즘적 감성과 인간관, 가치관, 세계관 등에 주목하면서 살펴보고자 한다.

소학교 졸업이라는 학력에도 불구하고 이소가야는 귀환 후 일본사회에서 지속적으로 문필활동을 전개했다. 그는 귀환을 주도하는 과정에서 약 1년 치의 일기와[6] 「북조선에서」라는 보고서 성격의 글, 귀환 후 1998년 사망할 때까지 아래와 같이 8권의 저서와 편서, 8편

---

4 다카사키 소지, 『식민지 조선의 일본인들』, 역사비평사, 2006, 맺음말 참조.
5 이연식, 『조선을 떠나며, 1945년 패전을 맞은 일본인들의 최후』, 역사비평사, 2012, 264~265쪽.
6 1946년 4월 1일부터 1947년 1월 4일에 걸친 이소가야의 일기는 「북조선에서」(1946), 『조선종전기』(1980), 『우리 청춘의 조선』(1984)에 분산 수록되어 있다. 그 구체적인 상황은 변은진, 『자유와 평화를 꿈꾼 '한반도인' 이소가야 스에지』(아연출판부, 2018), 234쪽 참조.

이상의 에세이, 이밖에 미정고未定稿의 유고遺稿와 서한들을 남겼다.[7]

- ▶ 「북조선에서(北朝鮮にありて)」, 1946.6(『朝鮮終戰記錄-資料編』 제3권 수록).

- ▶ 『식민지의 감옥 – 혁명가의 경험적 기록(植民地の獄—革命家の経験的 記録)』, 郷土書房, 1949.

- ▶ 『조선종전기(朝鮮終戰記)』, 未来社, 1980.

- ▶ 「나의 조선종전기 – 조선해방 35주년에 생각한다(私の朝鮮終戰記— 朝鮮解放35周年に思う)」, 『統一評論』 183, 1980.

- ▶ 「민족과 은수(民族と恩讐)」, 『季刊 三千里』 25, 1981.2.

- ▶ 「전후 36년, 조선을 생각한다(戰後三十六年, 朝鮮を思う)」, 『未來』 184, 1982.1.

- ▶ 「출옥이후(出獄以後)」, 『季刊 三千里』 31, 1982.8.

- ▶ 『우리 청춘의 조선(わが青春の朝鮮)』, 影書房, 1984.

- ▶ 『스마코에게(須磨子に寄せて)』, 影書房, 1986.

- ▶ 『추모서간 – 스마코에게, 별책(追悼書簡集 須磨子に寄せて, 別冊)』, 影書房, 1987.

- ▶ 『이소가야 스마코 추도·기념 서한집(磯谷須磨子追悼·記念書簡集)』, 影書房, 1988.

- ▶ 「일한병합 80년과 일본(日韓併合80年と日本)」, 『世界』 544, 1990.8.

---

7   각각의 저술이 나오게 된 경위, 미정고 자료의 입수 경위 등에 대해서는 변은진, 위의 책, 233~254쪽 참조. 이 외에 未定稿 자료 가운데 서한류는 2016년 7월 水野直樹 교수로부터, 자필의 미출간 에세이들은 2017년 12월에 小川晴久 교수로부터 제공받았다.

▶ 『좋은 날이여, 오라─북조선 민주화를 향한 나의 유서(良き日よ,来たれ─北朝鮮民主化への私の遺書)』, 花伝社, 1991.

▶ 「죽은 자는 말할 수 없다 해도─50년 만의 서울에서 느낀 점(死者は語り得ずとも─50年ぶりのソウルで感じたこと)」, 『世界』 565, 1992.3.

▶ 「북조선 통곡의 기록(北朝鮮痛哭の記)」, 『自由』 35, 1993.12.

▶ 『비사 북조선(悲史北朝鮮)』, 1994(私家版).

이상의 저술을 토대로 여기서는 그가 식민지 조선으로 건너오기 전 어린 시절 휴머니즘적 감성과 가치관 형성 과정, '황군皇軍'으로 조선에 건너온 뒤의 경험과 기억의 특수성, 8·15 직후 38도선 이북에서, 그것도 1946년 봄까지 일본인 사망자가 가장 많았던 함흥지역에서 일본인의 귀환을 주도했던 경험과 기억을 중심으로 그 내용과 성격에 대해 살펴보고자 한다. 이를 통해 그의 식민지·귀환의 기억이 전후 일본사회 내의 역전된 '공적 기억'을 비판하고 '가해자 책임론'을 부각시키는 출발점이었음을 드러내고자 한다.

2. 어린 시절 휴머니즘 감성과 가치관의 형성

조선으로 건너오기 전 이소가야 스에지의 감성과 가치관의 형성에 대해 본격적으로 살펴보기에 앞서, 먼저 그의 생애를 간략히 정리해두고자 한다. 일본 시즈오카静岡에서 10형제 중 막내로 태어난 이소가야는 그곳에서 소학교를 졸업한 학력이 전부이다. 부친은 원래 순사를 하다가 이소가야가 태어날 무렵에는 다리지기를 하고 있었다. 부친이 사망한 뒤에는 도쿄의 형에게 의탁하여 목재소에서 일하면서 틈틈이 책을 읽으며 문학의 세계에 빠져들었다. 10대의 치기어린 반항심에 한때 가출을 감행하여 택시운전수 조수, 가축농장의 인부 등으로 일하기도 했다. 21세 때 징병되어 조선으로 건너와 함북 나남의 조선주둔 일본군 제19사단에 입대하였다. 제대 후에는 일본질소비료 주식회사 흥남공장의 노동자로 일했는데, 이것이 그의 인생을 바꿔놓는 주요한 계기가 되었다. 1930년대 조선의 대표적인 항일운동 가운데 하나인 혁명적 노동조합운동에 참여하면서 조선인 동지들과 교류하게 되었던 것이다. 이 일로 1934년에 체포되어 일명 '제2차 태평양노동조합 사건' 약 9년간 투옥되었다. 1941년 1월 출옥 후 함흥·장진 등지를 전전하다가 8·15 즉 조국의 패망을 맞았다. 이후 함흥에서 38도선 이북 일본인의 무사 귀환을 위해 조선공산당 일본인부 당원, 함흥일본인위원회 위원장으로 활동하였다. 그 자신은 1946년 12월 말경 부인 스마코와 함께 귀국하여 1947년 1월에야 19년 만에 일본 땅을 밟았다. 그는 북쪽에 남은 동지들이 새로운 조국 건설에 매진하고 있으리라는 믿음으로 일본에서 새 삶을 시작했으나, 6·25전쟁과 뒤이은 숙청 과정을 거치며 강화되어간 '김일성 왕조'에 큰 배신감을 느끼게 된다. 이후 북한 민주화와 한반도 통일을 기원하면서 문필활동을 하다가 1998년 91세로 사망하였다.[8]

이소가야의 저술들을 보면 원래 그의 성격은 매우 내성적이고 소

---

[8] 이소가야 스에지의 삶과 행적에 대한 자세한 내용은 변은진, 앞의 책(2018) 참조.

심했음을 알 수 있다. 어린 시절 그에게 가장 큰 영향을 미친 인물은 바로 아버지였다. 늦둥이로 태어난 이소가야는 아버지의 사랑을 독차지하면서 자랐다. 소학교 시절 아버지는 순사라는 전직前職을 반영하듯이 그에게 날마다 신문지 두 장에 빽빽하게 습자를 시켰다. 그는 자신의 아버지가 도둑을 잡으면 심하게 매질을 하는 비정한 순사였다고는 상상조차 할 수 없었다. 그래서 아버지가 순사였다는 사실을 알게 된 뒤에는, 아버지의 매는 다시는 죄를 짓지 못하게 하는 '사랑의 매'이고 순사질이 잘 맞지 않아서 그만뒀을 것이라며 스스로를 위안했던 것 같다. 나중에 조선에서 노동운동을 하다가 경찰에서 모진 고문을 받았을 때, 그리고 30대 내내 '비국민'이라는 낙인 아래 식민지 감옥에서 외로운 사투를 벌여야만 했을 때, 아마도 그는 제일 먼저 아버지를 떠올렸을 것이다. 자신에게 한없이 다정다감했던 아버지의 모습, 그의 기억에는 없다 해도 사람들에게 매질을 가하는 '일본 순사' 아버지의 모습, 그리고 그가 현실에서 맞닥뜨린 가혹한 일본경찰의 모습 사이에서 인간에 대한 실존적인 고민, 휴머니즘과 인권의 문제에 대해 수차례 갈등하고 고민했을 것이다.

열한 살 때 아버지를 여의고 소학교를 마친 뒤 이소가야는 도쿄에게 목재상을 하던 형에게 의탁하여 그 일을 돕게 되었다. 낮에는 목재를 운반해 정리정돈하고 밤에는 수금을 하러 돌아다니는 일이었다. 한 달에 두 번밖에 없는 휴일에는 2~3엔의 용돈을 받아서 아사쿠사浅草 6구로 영화를 보러 가는 게 유일한 취미 생활이자 '영혼의 양식'이었다고 한다. 10대 중반의 나이에 형수의 잔소리를 듣고 눈치를 살펴가면서 이소가야는 처음으로 사회생활 속의 인간 군상을 접하였다.

특히 다양한 성향의 사람들에게서 돈을 받아내는 일은 그에게는 두고두고 '끔찍한 일'로 기억되었다. 훗날 남달리 지독한 휴머니스트로 살아간 이소가야는 이 시절을 회고하면서 하나의 에피소드를 전한다. 가게를 드나들던 나병 환자인 목수 다이센이 늘 나이 어린 자신에게만 수레를 끌게 했던 일을 몹시 불쾌하게만 여겼다. 외모가 추악하고 이상한 냄새까지 풍기던 다이센에 대해 당시 자신이 얼마나 '나이 어린 시건방진 도제徒弟'였는지를 반성하는 이야기이다.

> 나병 때문에 주위로부터 백안시당하여 인간으로서의 슬픔과 고통으로 눈물을 삼키며 살아가지 않으면 안 되었음에 틀림없는 다이센에게 그 당시 나는 털끝만치의 동정도 보이지 않았다. 그리고 뭇사람들이 꺼려하는 그런 다이센에게 일거리를 주는 사람들의 너그러운 마음과 온정에 대해서도 물론 생각이 미치지 못했다. 다만 나이 어린 노동자였던 나 한사람을 피해자로 생각했을 뿐이었다.[9]

어른이 된 뒤 이소가야는 어린 시절 자신이 인간의 고통과 온정에 대해 전혀 자각하지 못하고 오로지 자신의 안일만을 생각한 비인간적이고 비정한 인간이었음에 대해 계속 자책했던 것이다. 하지만 이런 자그마한 일화조차 평생 가슴 속 회한으로 간직할 정도였으니, 인간에 대한 그의 깊은 고민은 짐작이 가능하다.

이런 성격의 이소가야가 조선인, 조선민족과 처음 대면한 것은 바

---

9 이소가야 스에지, 『우리 청춘의 조선』, 사계절, 1988, 25쪽. 특별한 언급이 없는 한 어린 시절 이소가야의 행적에 대한 내용은 이 회고록에 기초한 것임을 밝혀둔다.

로 1923년 9월 1일 관동대지진이라는 끔찍한 참상, 그리고 '불령선인不逞鮮人의 폭동'이라는 풍문을 통해서였다. 순식간에 영혼의 안식처였던 아사쿠사가 폐허로 변해버린 것이었다. 하지만 겨우 16세의 소년 노동자였던 이소가야는 당시로서는 사건의 본질과 '제국일본'의 식민지인 조선에 대해 전혀 자각하지 못했다. 그에게 조선이란 곳은 바다 건너의 목가적인 전원의 땅 정도로 상상되었고, 그곳에 과수원을 사서 자유롭고 평화롭게 살겠다는 꿈을 꾸고 있던 곳이었다. '황군'으로 조선에 건너왔을 때도 그는 이를 자신의 꿈을 실현할 수 있는 계기 정도로 생각했다. 그래서 어려운 군대 생활 속에서도, 또 이후 본격적으로 혁명적 노동운동에 뛰어들기 전까지도 이 꿈을 향해 매진하는 삶을 살았다.[10]

제1차 세계대전을 거치면서 확대되어간 다이쇼 데모크라시와 자유주의 풍조의 확산, 쌀 소동 등을 거치면서 높아져간 민중의식, 이 과정에서 벌어져간 농촌과 도시의 사회문화적 격차 확대, 관동대지진 이후 폐허가 된 도쿄의 재건 과정에서 정착된 근대적인 도시문화와 대중문화의 성장, 미국문화를 중심으로 한 모더니즘의 급격한 유입 등으로 1920년대 일본사회 내의 사상적 분위기도 급격히 변화해갔다. 이러한 분위기는 감수성이 예민한 보통의 청년들 사이에서 더욱 확산되어갔고, 이소가야 역시 방황의 청춘이라는 길로 빠져들었

---

10 군 복무 중이던 1929년 여름경 우연히 친분을 쌓은 소년 이용만의 부친인 李園夏를 통해 함북 鏡城郡 梧村面에 있는 과수원 2,000평을 5년 분할 지불 조건으로 매입했고, 투옥되기 전까지는 계속 어렵게 유지해가고 있었다. 나중에 회고록에서 그는 죽을 각오로 혁명적 노동운동에 뛰어들면서 '과수원의 꿈'을 포기하고 이용만 일가와도 이별한 내용의 편지를 소개한 바 있다(위의 책, 1988, 73~74쪽).

다. 가출 후 도쿄의 인부숙소에 기거하면서 자유노동자로 생활할 때에는 허무주의나 감상주의에 심취해있거나 사상사건에 연루된 청년들을 접하기도 했다. 그는 서정적인 시와 소설, 영화와 음악에 빠져서 점점 로맨틱한 문학청년으로 성장해갔고, 목가적인 전원생활에 대한 소박한 꿈도 깊어져갔다.

아이러니컬하게도 그의 이런 꿈에 방아쇠를 당기에 한 계기는 바로 '징집'이었다. 당시 청년들 가운데는 군대가 가진 평등성이나 능력주의에 착안하여 '군대 체질'을 들먹이면서 입신양명立身揚名의 기회로 삼겠다는 생각도 했지만, 그는 평소 자신의 성격이나 체질은 군대와 맞지 않는다고 생각하고 있었다. 그렇다고 해서 소심한 성격의 그가 징병검사 자체를 기피하거나 입대를 거부하는 것은 상상조차 할 수 없었다. 이리하여 그는 1928년 5월 오사카항大阪港을 떠나 흔히 '조선군'으로 불리던 나남 제19사단 휘하의 보병 제76연대 10중대 소속 '황군'이 되었다.

이렇게 시작된 군대 생활은 그의 머릿속에 처음으로 '국가와 개인'이라는 화두를 강하게 던져주었다. 그는 군대를 "천황이라는 절대 권력자의 이름하에 전 국민에게 충성을 강요하고 국민의 희망이나 사랑, 평화, 그리고 마지막에는 생명까지도 냉혹하고 비정하게 앗아가 버리는 괴물"이라면서, 군대를 마칠 때에도 "입영했을 때와 같은 정신 상태로, 말하자면 특별한 애국자도 아니며 또한 부대 내에서 악인 취급을 했던 적국敵國의 인민들에게 특별한 증오감도 없이 군대를 제대"했다고 기록하고 있다. 군대 생활을 통해 오히려 '국가와 천황'에 대해 더 부정적인 이미지를 키웠음을 알 수 있다. 군대라는 억압된

공간은 그에게 인간의 자유와 평등, 평화 등에 대해 한층 더 깊은 고민을 안겨다준 것 같다.

3. 식민지 경험과 기억의 특성 – '비국민'이라는 낙인

1930년대 이래 식민지 조선의 감옥에 투옥된 19명의 일본인 '사상범' 가운데[11] 이소가야 스에지는 유일하게 전향하지 않은 '비국민非國民'으로서,[12] 가장 오랜 기간 식민지 감옥을 경험한 일본인이다. 다른 일본인 사상범에 비해 학력이 낮고 사상운동의 전력前歷이 없었음에도 불구하고, 나름의 순수한 고집과 인간 정의에 대한 신뢰가 더 강하게 그의 정서를 관통하고 있었기 때문일 것이다. 그가 남들과 동일한 고난과 역경의 귀환 경험을 했음에도 전후 일본사회에서 피해자 인식에 저항할 수 있었던 주요한 배경은 바로 그의 남다른 식민지 경험에서 출발된 것이다.

평소 인류애와 정의감, 인간의 자유와 평등에 관심이 많았던 이소가야가 조선인 동지들과 함께 혁명적 노동운동을 전개한 것은 어찌 보면 지극히 자연스럽기까지 하다. 그는 1930년 4월경[13] 제대하자마

---

11 이 19명에 대해서는 양지혜, 「'식민자 사상범'과 조선 – 이소가야 스에지 다시 읽기」, 『역사비평』 110, 역사문제연구소, 2015, 349~350쪽 참조.

12 이소가야는 형무소 내에서 教誨師나 公醫들로부터 '60만의 재소일본인 중 딘 헌 명의 非國民'으로 불렸다고 한다.

13 이소가야는 회고록 『朝鮮終戰記』(1980, 7쪽)와 이 책을 소개한 「私の朝鮮終戰記」(1980, 114쪽)에서 사신이 1930년 6월에 제대했다고 기록했다. 그런데 그의 판결문이 수록된 『思想彙報』 1호(1934.12, 75쪽)에는 그가 1928년 5월에 입대하여 1930년 4월에 제대했다고 기록되어 있다. 기억에는 다소 착오가 있을 수 있으므로 여기서는 공적인 기록을 따랐다.

자 일본질소비료주식회사 흥남공장 노동자가 되어 끔직한 식민지의 노동현실을 경험했다. 이를 외면할 수 없었던 이소가야는 일명 '흥남좌익그룹'의 노동조합운동에서 일본인부 책임으로 활동했다. 훗날 귀환활동을 주도하면서 이소가야는 흥남공장은 자신에게 "이른바 옛 전쟁터"라면서 "언제까지나 흥남공장의 성장과 발전을 지켜보고 싶다"고 언급하기도 했다.[14]

그는 1932년 4월 '제2차 태평양노동조합 사건'으로 체포되어, 제대 2년 만에 그의 조선 생활은 그대로 감옥 생활이 되어 버렸다. 이후 약 9년을 감옥에 있었으니, 목가적인 전원생활에 대한 꿈도 완전히 사라져 버렸다.[15] 한 인간의 꿈을 향한 소박한 노력조차 식민지 조선의 현실 속에서는 온전하게 유지되기 어려웠던 것이다. 이처럼 제대 후 이소가야는 어린 시절 한반도를 무대로 꾸어온 낭만적인 꿈과는 완전히 반대되는 인생의 길로 접어들었다. 회고록들을 보면 당시 죽음까지 무릅쓰고 비합법 운동에 참여하기로 결심한 비장한 각오, 이러한 자신으로 인해 혹시 지인들이 피해를 입을까 두려워 아예 관계를 끊어버리는 타인에 대한 배려심, 조선의 독립과 신국가의 건설을 바라는 새로운 꿈의 등장과 같은 복잡한 심정이 드러나 있다. 또한 그는 조선인 동지들을 만나 노동운동에 참여하기 이전의 자신을 '유

---

14 磯谷季次, 「北朝鮮にありて」(1946), 森田芳夫·長田かな子 編, 『朝鮮終戰記錄 資料編』 3, 巖南堂書店, 1980, 387쪽. 이와는 다른 각도이지만, 예컨대 흥남공장 이사를 지낸 白石宗城은 6·25전쟁으로 흥남공장이 잿더미가 된 것을 아쉬워하면서 "흥남 건설을 일생의 과업으로 삼았던 나로서는 진실로 감개무량하다"고 언급한 바 있다(『月刊 同和』 32, 동화협회, 1950. 8.1). 이처럼 재조일본인에게 흥남공장은 특별한 곳이었다.

15 "그리하여 식민지 조선에서 보낸 지금까지의 내 꿈과 생활에 막을 내렸다"고 서술하였다(이소가야 스에지, 앞의 책, 1988, 74쪽).

치한 목가적 전원생활 찬미자', '무사상無思想한 개인주의자'라고 표현하기도 했다.[16] 조선인 청년 동지들과 교류하면서 그는 그 동안 자신이 얼마나 무지했던가를 깨달았다고 한다.

이 시기 이소가야와 절친했던 조선인 동지는 연령대가 비슷했던 주선규朱善奎,1908~?와 송성관宋成寬,1907~?, 그리고 주선규의 형인 주인규朱仁奎,1902~? 등이었다. 이소가야는 주선규를 '젊은 스승이자 맹우盟友'라고 표현하였다. 제대 후 얼마 되지 않은 시기에 이 청년들에게 끌렸던 이유에 대해 그는 다음과 같이 설명하였다.

> 2년간의 군대생활이 내 가슴에 심어놓았던 밀리터리즘에 대한 증오는, 내가 조선인 노동자와 함께 노동하게 되자 곧바로 그들의 반일감정에 대한 공감과 공명의 마음을 불러일으켜, 나는 자연스럽게 그들의 생활 속으로 들어갔다. 조선인의 생기발랄한 혁명적 열정과 그 정력적인 생활을 자기 주위에서 찾아낼 수 있었다. 그런 젊은 혁명가들의 생활에는 피압박 민족으로서의 비굴함이 아니라 높은 자기희생과 오로지 한 길만 걷는 혁명적 정열이 느껴졌다.[17]

군대 생활이 체질적으로 맞지 않는다고 느꼈던 이소가야는 오히려 군 생활 동안 군국주의에 대한 강한 증오심을 느꼈고, 이러한 상황에서 반일反日 감정과 혁명적 열정이 가득한 조선청년들을 접하자 자연스럽게 그 속으로 빨려 들어갔던 것이다. 평소 자유와 평화를 사랑하

---

16 磯谷季次, 『朝鮮終戰記』, 未來社, 1980, 16쪽.
17 磯谷季次, 『植民地の獄 – 革命家の経験的記録』, 郷土書房, 1949, 4쪽.

는 인간애의 정서를 지닌 이소가야에게 조선인 동지들과의 공생은, 그것을 쟁취하기 위한 인간의 실천적 활동의 중요성까지 일깨워주는 계기로 작용했다. 이러한 경험은 이후 그가 인생을 살아가는 데 있어 중요한 기준으로 자리 잡았다.

총 18년 7개월에 걸친 이소가야의 식민지 생활에서 보통의 재조일본인과 가장 다른 경험은 바로 감옥 생활의 비중이 매우 높다는 점이다. 조선에서 그의 삶을 정리해보면, 2년간의 군대 생활1928.5~1930.4, 2년간의 흥남공장 노동자 생활과 노동운동1930.4~1932.4, 8년 10개월간의 감옥 생활1932.4~1941.1, 5년 8개월간 함흥·장진 등지에서의 노동자 생활과 비밀결사 활동1941.1~1945.10, 1년 3개월간의 일본인 귀환 활동1945.10~1946.12으로 정리할 수 있다. 2년간의 군대 생활을 제외하고 보면, 식민지 조선에서 생활한 기간의 절반 이상을 감옥에서 보낸 것이었다.

식민지 조선의 경찰서와 감옥이란 곳은 이소가야에게도 혹독한 고문으로 점철된 끔찍한 기억으로 남았다. 1932년 4월 28일부터 1933년 11월 20일까지[18] 1년 반이 넘게 흥남경찰서 제2감방에 있으면서 그는 여러 차례 고문과 취조를 당했다. 주로 외상外傷을 남기지 않으면서 최대한 고통을 가하는 '독일식'이라는 고문을 당했다고 한다.[19] 자신이 직접 경험한 물고문 등 야만적이고 처참한 인권유린의 현장과 그 생활에 대해, 그는 "식민지 특고경찰의 지배하에 놓인

---

18 그의 회고록에서는 '1933년 11월 몇일까지'라고 기록하고 있는데, 당시 신문기사에 따르면 이소가야 등은 11월 20일 오후에 함흥형무소로 송치되었다고 한다(『朝鮮中央日報』, 1933. 11.22).
19 磯谷季次, 앞의 책, 1980, 26쪽.

인간집단의 고난에 찬 이야기"라면서 다음과 같이 생생하게 묘사하였다.

취조실은 벌거벗긴 자와 권력을 믿고 뻐기는 도살자 사이의 처참한 투쟁의 장으로 되어 있었다. 나도 여러 차례에 걸쳐 취조를 받았다. 그것은 취조를 받는다기보다는 야수적인 폭력지배에 몸을 맡긴다는 것을 의미했다. 먼저 상반신을 벌거벗기고 6척 정도의 가늘고 긴 걸상에 고개를 젖혀 위를 보게 하여 눕히고 양손·양발을 마비가 되게끔 칭칭 묶어 걸상에 메었다. 그것만으로도 나는 완전히 자유를 박탈당한 상태였는데 게다가 허리 위에는 김창률 형사 — 나를 검거한 중절모를 쓴 남자 — 가 말 타듯이 올라타고 입을 벌려 타올을 옹물게 하였으며 그 양 끝에 칼을 넣어 밑으로 잡아당겼다. 한편 김세만 형사는 단화를 벗고 고무장화로 갈아 신은 다음 걸상에 올라와 내 얼굴을 좌우로 움직이지 못하도록 양발로 단단히 끼고 미리 물을 가득 담아둔 바케스에 주전자를 처넣어 물을 채운 뒤 코로 끊임없이 물을 쏟아 넣었다. 입이 막힌 상태에서 코로 물이 흘러들어왔기 때문에 호흡이 전혀 불가능하였으며 심장이 찢어질 듯이 고통스러웠다. 그 감각은 냉수를 몸에 끼얹는 것과 같은 시원스러움이 아니라 시뻘겋게 타오른 쇠막대기를 코로 찔러 넣는 거나 다름없는 느낌으로 눈앞에서 불꽃 튀었다. 그리하여 나의 몽롱한 눈엔 김세만의 얼굴이 악귀처럼 비쳤다. 귀에는 야수와 같이 포효하는 그의 성난 음성이 쾅쾅 울리고 있었다. 이러한 상황에서 바케스의 물을 얼마만큼 먹지 않을 수 없었다. 나는 죽는 편이 차라리 낫겠다고 생각했다. 그러나 입안 가득히 타올을 옹물려 혀를 깨물 수도 없었다. (…중략…)

우리의 흥남경찰서 유치장 생활은, 즉 1932년 4월 28일에서 1933년 11월 몇일까지의 처참한 이야기는 식민지 특고경찰의 지배하에 놓인 인간집단의 고난에 찬 이야기이다. 그 1년 반이 넘는 구금생활 중 목욕이라는 것은 단 한 번도 할 수 없었으며, 세면도 변기청소에 종사한 사람만이 손을 씻은 다음에 얼굴을 씻는 '특권'을 얻을 수 있을 정도였다. 다다미 4개 반 정도 크기의 마루방에 20명가량 들어차 이와 벼룩에 매일 밤 시달리며, 때때로 예상 밖에 실시되는 감방검사에서 벽에 조그마한 낙서가 있기라고 하면 또한 마루 틈에서 연필심 조각이 발견되기라도 하면 가혹한 취조가 실시되었고, 범인불명의 경우에는 방내 전원의 연대책임으로 오랜 시간 마룻바닥에 꿇어앉는 경벌을 받거나 했다. (…중략…) 그때는 특고라는, 문답이 필요 없는 폭력과의 대결의 시간이며, 그것이 얼마나 가혹하고 때로는 죽음까지 몰고 갈 수도 있다는 사실을, 끌려간 자는 물론 그를 보내는 자도 마음 깊이 명심하고 있었다.[20]

그는 취조실은 "벌거벗긴 자와 권력을 믿고 뻐기는 도살자 사이의 처참한 투쟁의 장"이며, 취조의 시간은 "문답이 필요 없는 폭력과의 대결의 시간"이었다고 정의하고 있다. 이런 끔찍한 시·공간 속에서도 끊임없이 자기교양과 토론을 지속하는[21] 조선인 동지들을 보면서 큰 감동을 받은 것으로 보인다.

검찰로 송치되고 약 1년이 지난 1934년 10월 2일이[22] 되어서야 이

---

20 이소가야 스에지, 앞의 책, 1988, 107~108쪽.
21 유치장 내에서 어떨 때는 하나의 주제로 1주일 내지 열흘이나 계속 토론한 적도 있었다고 한다(礒谷季次, 앞의 책, 1980, 29~30쪽).
22 1949년 처음 회고록을 쓸 때 이소가야는 1심 공판일을 1935년 10월 13일로 기록했고(礒谷季次, 앞의 책, 1949, 43쪽), 1980년에 본격적인 회고록을 출판했을 때도 그렇게 기록했다(礒谷季次, 앞의 책, 1980, 51쪽). 하지만 1984년『우리 청춘의 조선』을 출판할 때는 당시의

소가야는 함흥지방법원에서 이른바 치안유지법 위반으로 징역 6년을 언도받았다. 그는 거의 고문으로 만들어진 경찰조서에 기초한 예심종결서의 판결은 그 자체로서 '공정'과는 거리가 먼 것이었으며, "다른 문화국가에서는 볼 수 없는 일본의 독특한 치안유지법이라는 악법의 부당한 행사는 특히 식민지에서 더 심해서 단지 노동조합운동에 참가했다는 것만으로" 혹형酷刑을 부과하므로 부당하다고 생각했다. 일명 '제2차 태평양노동조합 사건'으로 검거된 수백 명의 사람들 대부분은 이 사건과 아무런 관계가 없었고 태평양노동조합이란 조직은 알지도 못했다고 한다. 따라서 자신을 비롯한 대다수는 일본의 국가권력에 대항하다가 '함정에 걸려든 사람들'이라고 생각했다.[23]

그래서 몇몇 동지들과 함께 즉시 항소를 제기하고 서대문형무소로 이송되었으나, 나중에서야 일본인 '비국민'인 자신이 포함되어 있어서 재판절차가 지연됨을 알고 1936년 6월 1일 정식으로 항소를 취하했다.[24] 자신으로 인해 타인에게 피해가 가는 일을 극도로 꺼리는 깔끔한 성격의 소유자였던[25] 이소가야로서는 당연한 결정이었다. 일제경찰에 검거된 지 2년 이상이나 지난 시점이었다. 이때부터 그는 서대문형무소와 함흥형무소에서 본격적인 투옥 생활을 시작했다.

1937년 7월 중일전쟁이 일어난 뒤 일제당국의 본격적인 '전향' 공

신문기사를 인용하여 1934년 10월 2일로 정정했다.

23 磯谷季次, 위의 책, 1949, 44~45쪽.

24 이소가야 등의 예심 청구부터 사건의 병합, 1심 새판, 공소 제기외 취하의 과정은 『思想月報』 제3권 제10호(1933.1)부터 『思想彙報』 제9호(1936.12)에 수록되어 있는 「朝鮮重大思想事件經過表」 참조.

25 한 예로 슬하에 자식이 없었던 이소가야는 사망 당시 자신의 모든 통장 잔고를 제로(0)로 만들어놓을 정도로 깔끔한 성격이었다(小川晴久 증언, 2017.12.4, 도쿄 千代田區 平河町 사무실).

작에도 이소가야는 끝까지 굴복하지 않고 자신의 신조를 지켰다. 재조일본인 '사상범' 가운데는 유일했다. 마지막 '비국민'인 이소가야를 설득하기 위해 제19사단장 스에타카 가메조尾高亀蔵가[26] 직접 함흥형무소를 방문하여 그와 설전을 벌이기도 했다. 당면한 전쟁이 '정의의 전쟁'이라고 주장하는 스에타카 앞에서 이소가야는 "전쟁은 정치의 연장이며, 정치는 경제의 집중적 표현"이라면서 근로자는 죽거나 다치고 자본가에게만 이득이 되는 '침략전쟁'이라고 주장했다.[27]

식민지 조선에서 생활하면서 이소가야에게 큰 감화를 준 인물은 함께 노동운동을 했던 동지들만이 아니었다. 흥남경찰서 유치장, 서대문형무소, 함흥형무소 등에서 만났던 수많은 조선인 독립운동가들에 대한 기억은 그가 평생을 살아가는 데 있어 큰 감동으로 남았다. 심지어 감옥에서 그에게 온정을 보낸 조선인 순사나 간수도 있었는데,[28] 이소가야는 이들에 대한 기억을 평생 가슴속에 간직하고 살았다. 이와 같은 이소가야의 남다른 경험과 기억은, 그로 하여금 남들과 똑같은 고난의 귀환을 겪었으면서도 잘못된 '공적 기억'을 비판하는 '양심적인 지식인'의 모습으로 살아갈 수 있게끔 하는 원동력을 제공했다.

---

26 1988년 번역된 『우리 청춘의 조선』에는 '오다까 가메조'라고 잘못 기록되어 있다(181쪽). 스에타카는 1937년 3월부터 1938년 11월까지 나남의 일본군 제19사단장을 역임한 인물이다.
27 이소가야 스에지, 앞의 책, 1988, 182~183쪽.
28 그가 흥남경찰서 유치장을 떠나기 직전 새 공장복을 차입해준 조선인 순사 許씨의 온정을 평생 잊을 수 없다고 했다. 또 서대문형무소에서 간수 李夏榮·韓錫俊·李孝明 등으로부터, 함흥형무소에서 간병부 韓在漢과 李炳珍으로부터 '지대한 보호'를 받았다면서, 그들을 '敵 속의 동지'라고 표현했다.

4. 귀환 경험과 기억의 특성 – '공적 기억'에 대한 저항

이소가야 스에지는 함남 장진군 산속의 목재소에서 8·15 즉 일제 패망을 맞았다. 출옥 후에도 함흥사상범보호관찰소의 감시, 「사상범 예방구금령」 등으로 여전히 국가권력의 통제 아래 있었지만, 그는 일 명 '임충석林忠錫 그룹'으로[29] 불리는 장진長津의 비밀결사에서 조선인 동지들과 함께 활동하던 때였다. 당시 소규모 비밀결사운동이 다 그러했듯이, 이 그룹에서도 조만간 일제가 패망할 것을 알고서 해방 후의 신조선 건설을 준비했다.[30] 이소가야는 1945년 10월 초순경까지는 여전히 장진의 산속에서 목재노동자 조직화 활동을 마무리하고 나서야 산을 내려왔다. 그 사이 장진군의 경찰서 접수 때는 총을 들고 경계를 서는 역할을 맡기도 했다. '제국 일본'의 패망, 다시 말해서 자기 조국의 패전을 겪으면서도 조선인 동지들에 대한 신뢰를 저버리지 않고 자신의 역할을 다하는 모습에서 책임감 있는 그의 성품을 짐작할 수 있다.

귀환단체인 함흥일본인위원회 위원장으로서[31] 재조일본인의 무사

---

29 '임충석 그룹'은 일제패망과 조선독립을 준비하던 공산주의 계통의 비밀결사였다. 일제패망 시 행정기관 등의 접수와 경찰관 무장해제, 행동대 조직, 조선혁명의 성격 등을 논의하고 준비했다. 임충석과 이소가야를 비롯해, 정경문·위계련·김삼주·韓壁勳 등이 참여했다 (변은진, 『일제말 항일비밀결사운동 연구』, 선인, 2018, 168쪽).

30 1945년 8월 25일 임충석은 소련군사령관 치스차코프를 만나 일본 측의 행정권 등에 대한 인양교섭을 진행하고 다음날 홍남질소비료공장 등을 접수하는 활동을 주도했고, 한요훈이 장진군인민위원회 위원장으로 활동한 데서(森田芳夫, 『朝鮮終戰の記錄 – 米ソ兩軍の進駐と日本人の引揚』, 巖南堂書店, 1964, 169~170쪽) 8·15 직전 '임충석 그룹' 활동의 중요성을 짐작할 수 있다.

31 함흥일본인위원회 활동 전반에 대해서는 변은진, 「8·15 직후 함흥지역 일본인 귀환단체의 조직과 활동」(『일본공간』 25, 국민대 일본학연구소, 2019.6) 참조.

귀환을 주도하면서 집필한 「북조선에서」의 서두에서 이소가야는 '천황'의 「종전조서終戰詔書」를 들은 뒤의 소회를 다음과 같이 밝힌 바 있다.

그것은 조선인에게도 일본인에게도 그 사회·정치 생활상의 큰 전환점이었으며, 양 민족에게는 내용면에서 상호 대립되고 모순되는 것이었다. 그럼에도 일본인, 조선인 모두 갑작스런 그 생활 앞에서 뭔가 짓눌리면서 떠밀려가는 듯하게 느꼈다. 내 주위의 동포들은 아는지 모르는지, 패전하는 그 순간까지 '머잖아 이기리라, 이기리라'고 중얼댔지만, 이제는 바야흐로 자신들의 생활을 지배하고 있던 온갖 망상의 베일을 스스로 벗겨내야만 하게 된 것이다.[32]

일본의 항복은 '천황의 비극'이 아니라 "비극의 주인공은 바로 그들에 의해 약탈당하고 치욕을 당한, 살해된 무수한 식민지 인민, 그리고 그들에 의해 전쟁에 내몰려 생명을 빼앗기고 희생을 강요당한 국민"이라고 생각했다.[33] 또한 "'종주국 국민'으로 이 땅에서 공짜 특권을 누리고 있던 일본인은 실은 그들이 서 있던 위치가 정치적·사회적으로 얼마나 취약한 것이었는지를 이 패전을 통해 뼈저리게 느끼고, 자신들이 주입시키려고 했던 국가의 존엄, 전쟁의 정의, 천황의 신성 등이 결국 무엇을 초래했는지"를 알아야 한다고 했다.[34] 자신들의 지배체제 붕괴로 인한 공백의 시·공간 속에서 허탈과 분노, 초조

---

32 森田芳夫·長田かな子 編, 앞의 책, 1980, 371쪽.
33 磯谷季次, 앞의 책, 1980, 113쪽.
34 이소가야 스에지, 앞의 책, 1988, 201~203쪽.

와 불안, 당혹감 등이 교차하는 가운데 우왕좌왕했던 대다수의 재조일본인과는 분명히 달랐다.

이소가야가 조선인 동지들과 함께 일제패망과 조선독립을 예상하고 준비해왔다고 해도, 그의 생각과 감정이 독립과 해방을 기뻐하는 동지들과 같을 수만은 없었다. 왜냐하면 이 상황은 바로 조선인 동지들과 헤어져 '귀환'해야 함을 의미했기 때문이다. 그의 청춘을 온전히 바친 조선과 이별하고 새로운 삶을 살아가야 함을 의미했던 것이다. 이를 그대로 보여주듯이, 장진에서 함흥으로 내려온 이소가야에게 새롭게 주어진 임무는 바로 일본인의 조속하고 안전한 본국 귀환 활동이었다.

38도선 이북에는 소련군이 진주해왔고 각지의 공산당과 인민위원회가 실질적인 통치력을 발휘하고 있었기 때문에, 그때까지 조선을 지배하던 구 식민지 관료나 경찰, 경제인 등 유력자들은 더 이상 조선 및 소련 측과 교섭을 주도하는 데 한계가 있었을 뿐만 아니라 오히려 계속 충돌만 야기했다.[35] 패전국 인민 즉 다수의 일본인은 하루아침에 38도선 이북에서 최하층의 난민과 같은 존재로 전락했고,[36] 게다가 만주 등지에서 내려온 피난민도 대거 몰려들었기 때문에 귀환할 때까지 최소한의 생존권을 지켜내는 일이 매우 중요해졌다. 이러한 역할을 주도하는 데에는 그때까지 조선인 측과 네트워크 및 신

---

35 38도선 이북 재조일본인의 귀환단체와 주도 인물의 전반적인 현황과 양상에 대해서는 변은진, 「8·15 직후 38도선 이북의 일본인 귀환단체 및 간부진 현황」(『한일관계사연구』 60, 한일관계사학회, 2018) 참조.

36 최근의 한 연구는 일본인이 하루아침에 '1등 국민'에서 '4등 국민'으로 전락했다고 표현하기도 했다(加藤聖文, 『海外引揚の研究 - 忘却された「大日本帝國」』, 岩波書店, 2020, 1쪽).

뢰관계를 구축하고 있던 이소가야만큼 적임자가 없었다. 무엇보다 인간의 생명을 최우선시한 휴머니스트로서 그가 이러한 소임을 외면할 수 없음은, 어찌 보면 과거 조선인 노동자의 비참함을 보고 노동운동에 뛰어든 것만큼 자연스러웠다. 이소가야의 저술들을 보면, 그가 일본인이고 일본민족이기 때문에 이러한 활동을 택했다고는 전혀 느껴지지 않는다. 그의 정신세계 속에서 중요한 것은 민족이나 국가보다는 언제나 인간 그 자체가 앞서 있음을 쉽게 느낄 수 있다.

어쨌든 지난 십 수 년을 '비국민'이라는 낙인 속에서 살았던 이소가야는 하루아침에 일본인의 앞날에 가장 중요한 존재로 바뀌었다. 그와 마츠무라 기시오松村義士男[37] 등이 노력한 결과, 사실상 8·15 직후 가장 끔찍한 비극을 겪었던[38] 함흥지역 일본인 다수는 '무사히 탈출' 할 수 있었다. 이소가야는 주변의 요청으로 1946년 4월부터 8월경까지, 즉 '고난의 탈출'에서 가장 중요한 시기에 함흥일본인위원회 제5차, 6차 위원장직을 맡았다. 8~9월경에는 함흥의 다수가 귀환에 성공했기 때문에, 실질적으로는 그해 말까지 마지막 위원장 역할을 수행했다고 할 수 있다.

이소가야와 마츠무라는 조선공산당 함흥시당부 일본인부, 함흥일본인위원회 등에서 활동하면서, 일본인-조선인-소련군의 3자가 얽혀있는 복잡한 정황 속에서도 개인적인 인간관계망의 총동원, 합법·

---

37 마츠무라는 이소가야와 함께 흥남질소비료공장에서 조직 활동을 전개했으며, '제2차 태평양 노동조합 사건'으로 체포되었다가 불기소로 석방된 인물이다.

38 1945년 8월부터 1946년 9~10월경까지 38도선 이북의 재조일본인과 피난민 가운데 민간인 사망자는 최소 22,805명이었다. 이 중 절반이 넘는 12,408명이 함남에서 사망했으며, 이 가운데 절반은 함흥에서 사망했다. 이는 森田芳夫의『朝鮮終戦の記録 - 米ソ両軍の進駐と日本人の引揚』(1964), 894쪽에 있는 〈표 95〉의 수치를 합산해보면 알 수 있다.

비합법의 온갖 노력을 통해[39] 일본인의 생존권을 지켜내고 다수를 귀환시켰다. 특히 이소가야는 '소통과 중재의 달인'이라 생각될 정도의 활약을 보였다. 그는 마지막까지 남아 일본인 기술자의 잔류를 통한 새로운 북조선 건설을 지원하는 활동을 하다가, 1946년 12월 말에서야 부인과 함께 귀국길에 올랐다. 조선을 떠나는 그의 심정은 다른 일본인들처럼 '고난의 탈출'이 아니라 다른 무언가가 있었음은 다음 글에서 잘 드러난다.

> 패전 후 북조선에서 역사적 비극의 와중에 대다수 일본인은 자신들이 겪었던 고난을 군국주의 일본의 무모한 전쟁 행위의 결과라고 여기고 있었다. 그러나 그 전에 일본의 조선민족에 대한 반세기에 걸친 박해의 역사가 있었던 것을, 일본인은 얼마나 반성할 수 있었을까, 오로지 한결같이 자신들이 맞닥뜨린 고난에만 타격을 입어 어떤 사람은 조선민족이 마치 가해자인 듯이 생각하면서 미움을 가득 안고서 조선을 떠난 건 아니었을까……. 그리고 나도 일본인 최후의 인양 집단의 한 사람으로 조선을 떠났다.
>
> 그러나 인양 당시 나의 감회는 다른 일반 일본인과는 조금 다른 점이 있었다. 나도 많은 일본인과 마찬가지로 조선에 많은 생각을 남겨두었다. 다만 내 경우는, 지금부터 조선은 어떻게 갈 것인가, 그리고 일찍이 옥중 생활 중에 또 출옥한 후에도 고락을 나눴던 조선인 친구 동지들 등이었다.[40]

---

39 이소가야가 일본인의 귀환을 위해 얼마나 바쁘게 움직였는지는 1946년도 일기에서 잘 드러난다.
40 磯谷季次, 『良き日よ 來たれ-北朝鮮民主化への私の遺書』, 花伝社, 1991, 6쪽.

38도선 이북 일본인의 귀환 과정에서 이소가야의 역할이 얼마나 중요했는지는 아래의 두 자료가 여실히 보여준다. 첫 번째 자료는 1946년 12월 함흥일본인위원회와 북선전재자위원회北鮮戰災者委員會가 공동으로 작성하여 서울의 일본인 세화회世話會 회장 호즈미 신로쿠로穗積眞六郎 앞으로 보낸 「북선전재현지보고서北鮮戰災現地報告書」의 '조선공산당 도·시당부의 적극적 활동과 소련군의 이해심 있는 원조'라는 항목에서 이소가야 등의 눈부신 활동에 대한 감사를 표명한 것이다. 두 번째 자료는 1972년 1월 27일 일본 외무성이 종전 직후 일본인의 인양 업무에 현저한 공적이 있다 하여 이소가야에게 내린 「표창장」의 내용이다.

> 격랑 속에 내팽개쳐졌지만 아직 확실히 나아갈 방향을 잡지 못하고 있던 함흥일본인세화회 즉 전 재류동포에게 분명한 나침반이 된 것은 조선공산당의 중추간부였다. (…중략…) 세화회 간부가 점점 혼미한 심연에 빠져 죽음 속에서 살길을 찾고 있던 찰라, 아직 때를 얻지 못하고 묻혀 있던 이소가야 스에지, 마츠무라 기시오 두 사람이 드디어 '동포를 위해' 일어나 측면에서 강한 지원을 표면화하기에 이르러 비로소 세화회의 앞날에 서광이 비치기 시작한 것이다. (…중략…) 그야말로 헌신적 노력을 계속해온 이소가야와 마츠무라 두 분을 중심으로 한 市黨部 日人部의 남모를 고심이 숨겨져 있음을, 재류동포는 크나큰 감사와 함께 마음 속 깊이 새겼다.[41]

---

41 北鮮戰災者委員會本部, 「北鮮戰災現地報告書」(1946.12), 森田芳夫·長田かな子 編, 앞의 책, 1980, 313~314쪽.

지난 大戰이 종식되자 조선의 치안이 극도로 혼란하여 동포의 귀환이 자
못 어려움이 극심함에, 그대는 일신의 위험을 돌보지 않고 그 구조 혹은 원
호에 또 인양업무에 몸과 마음을 다한 공적이 현저했습니다. 이에 그 덕행
을 賞讚하고 영예를 기려 표창합니다.[42]

훗날 『우리 청춘의 조선』[1984]을 집필하면서 이소가야는 위 첫 번째
자료를 인용했는데, 유독 자신과 마츠무라에게 감사하는 내용은 모
두 삭제하고 수록했다. 아마도 당연히 해야 할 일을 한 것을 두고 칭
찬이 오르내리는 것 자체가 겸연쩍었고 또 자신에게 엄격한 성격 때
문이었을 것이다. 그런데 두 번째 자료인 일본정부의 「표창장」에 대
한 입장은 달랐다. 그는 『조선종전기』[1980] 후기에서 이 표창장을 받았
을 때 아무런 감흥도 없었음을 명백히 기억한다면서, 이것을 명예롭
게 생각하여 방 안에 걸어놓는 일은 죽을 때까지 없을 것이라고 했다.
과거의 군국주의를 버리지 못한 전후 일본의 태도를 비판하는 입장
을 가지고 있었기 때문이다.

조선전쟁(6 · 25전쟁 — 역자)으로 조선민족이 골육상쟁하며 사투를 전개
하고 있을 때, 일본은 그 전쟁을 이용하여 막대한 어부지리를 얻었고, 그 뒤
에도 남한과 미국과 군사적 결탁에 가담하고 있다. 이러한 일본의 자세는 예
전의 군국주의 국가 일본과 본질적으로 하나도 다르지 않다고 생각한다.[43]

---

42 磯谷季次, 앞의 책, 1980, 238~239쪽; 磯谷季次, 『須磨子に寄せて』, 影書房, 1986, 80쪽.
  두 번째 책에는 표창장 사진이 수록되어 있다. 이소가야는 이 표창장은 자기보다는 부인
  스마코에게 '감사장'이라는 이름으로 줘야 한다고도 했다.
43 磯谷季次, 앞의 책, 1980, 239쪽.

귀국 후 이소가야의 활동은 모두 식민지 조선에서의 노동운동과 투옥의 경험, 일본인의 귀환을 주도하는 과정에서의 다양한 경험들과 관련되어 있었다. 원래 문학청년이었던 이소가야가 1998년 91세를 일기로 사망할 때까지 자신의 생업 외에 했던 또 다른 직업은 '글을 쓰는 것' 즉 문필활동이었다. 그가 귀환 후 가장 먼저 한 일도 바로 식민지 조선에서의 남다른 경험을 정리하는 것이었다. 바로 2년 뒤인 1949년 2월에『식민지 감옥 – 혁명가의 경험적 기록』을 출판한 데서 알 수 있다. 이 책은 출간되자마자 만주에서 귀환한 후지와라 데이藤原てい의『흐르는 별은 살아있다』와 함께 동화협회同和協會 기관지『월간 동화同和』의 첫 신간소개란에 실렸다.[44] 그 무렵 귀환 일본인 다수가 자신이 한반도에서 얼마나 어렵게 '고난의 탈출'을 했는지에 대한 기록을 남기려고 혈안이 되어 있던 시기에, 이소가야는 스스로를 '혁명가'로 칭하면서 투쟁과 투옥의 기록을 제일 먼저 남기려 했다는 점도 특기할 만하다.

이어서 그는 곧바로 함흥에서 귀환 활동을 주도하면서 집필한「북조선에서」[1946.6]를 다시 정서하는 작업을 했다. 귀환 직후 즉 40대에 이소가야는 자신의 기억을 정리하려고 노력했지만, 이후 막노동을 하는 등으로 인해 한동안 문필활동을 하지 못했던 것 같다. 그러다가

---

44 『月刊 同和』, 1949.5.1, 2쪽. 여기서는 이 책을 좌익의 사실로만 봐서는 안 된다고 썼다. 귀환 여성의 체험수기인 후지와라의『流れる星は生きている』는 '고난의 탈출'을 대표하는 책으로 지금도 널리 읽혀지고 있는데, 이소가야의 투옥 경험 역시 같은 '고난'의 범주로 묶일 수 있다고 보았을지도 모르겠다. 각자의 체험과 기억의 본질은 달랐을지라도 후지와라에게도 "북선의 조선인들은 대개 동정과 호의로 기억"되었다는(이경돈,「北鮮의 기억 – 식민에서 분단까지, 공간감각의 표상들」,『대동문화연구』106, 성균관대 대동문화연구원, 2019, 112쪽) 공통점은 있다고 하겠다.

60대 이후인 1970년대부터 다시 본격적으로 회고록을 준비했던 것으로 보인다. 그 결과 1980년에『조선종전기』, 1984년에 직접 자료들을 뒤져서 보완한『우리 청춘의 조선』이 출판되었고 이후 활발한 문필활동을 펼쳤다.[45] 이를 통해, 다수의 귀환자들이 피해자와 가해자가 뒤바뀐 듯 '기억의 역전' 현상이 일어나고 이것이 '공적 기억'으로 자리 잡게 된 것에 대해서도 지속적으로 비판했다. 이들이 끊임없이 자신들의 '재외재산'에 대한 보상만 요구하는 것을 보고 '식민주의의 망령'이라고 날카롭게 비난하기도 했다.[46]

어쨌든 그때까지 귀환 일본인이 집필한 회고록들과는 전혀 다른 관점과 내용으로 서술된 회고록이 발간되자, 당시 일본사회에서 상당히 주목을 받았다. 이때부터 귀환자 집단 내에서뿐만 아니라 학계나 시민사회에까지 그의 이름이 알려지게 되었다.[47] 그러던 중 간간히 들려오던 북한에 관한 소식들, 특히 그가 늘 가슴에 품고 살았던 '조선인 친구 동지들'의 숙청 소식을 접하면서 북한정권에 대한 강한 의구심을 품게 되었다. 우연히 김일성 정권을 강하게 비난한『북조선왕조성립비사』라는[48] 책을 읽은 뒤부터 그는 '김일성 왕조'에 대한 심한 배

---

45 당시『季刊 三千里』나『世界』에 실은 에세이에서 이소가야는 자신의 직함을 '문필가'나 '조선 문제연구가'라고 적고 있다.

46 磯谷季次, 「民族と恩讐」, 『季刊 三千里』25, 1981, 22쪽.

47 『조선종전기』출판 직후 姜在彦의 책 소개가(「磯谷季次, 『朝鮮終戰記』」, 『季刊 三千里』22, 1980.5), 『우리 청춘의 조선』출판 직후 牛口順二의 책 소개가 실렸다(「磯谷季次『わが青春の朝鮮』」, 『季刊 三千里』41, 1985.2). 『우리 청춘의 조선』서평을 쓴 村松武司는 그동안 자신은 '식민자 좌익이란 존재하지 않는다'는 알제리의 반식민주의사 알버드 맴미(Albert Memmi)의 말에 동의해왔는데, 이러한 "나의 가설을 정정해야 할 정도로 매력적인, 강력한 자서전을 만나게" 되었으며, '식민자 좌익'이란 픽션이 아니라 현실에 한 인간으로 존재했다는 사실을 알게 되었다고 했다(『中國硏究月報』445, 中國硏究所, 1985.3, 40~41쪽).

48 林隱, 『北朝鮮王朝成立祕史−金日成 正傳』, 自由社, 1982. 북한의 최고지도자 김일성은 만주에서 항일무장투쟁을 한 김일성이 아니라는 '가짜 김일성론'의 주장으로 한국에도 잘 알려져

신감을 느끼면서 '북한인권운동, 북한민주화운동'에 관심을 가졌다. 이때부터 그의 문필활동은 강력한 북한 비판 논조로 흐르게 된다. 북한에 남아있던 옛 동지들의 순수한 열정을 떠올려보면, 지독한 휴머니스트인 그의 머릿속에서는 도저히 동지를 '숙청'한다는 잔혹함은 이해할 수 없었기 때문이다. 자신이 귀환하면서 품었던 다음의 소회와는 정반대로 흘러간 북한의 모습에 너무나 실망한 것이었다.

> 나는 조선민족이 전전에 겪었던 수난에 대한 속죄로, 그나마 북쪽 절반의 인민만이라도 행복한 사회를 만들어 인민이 해방의 기쁨과 평화에 만족하며 행복한 생활을 누릴 수 있을 것이라고 생각하고, 그들의 미래를 축복하면서 조선을 떠났다. 그러나 북조선의 인민은 그 후 어떤 생활을 해왔던가······.[49]

그렇다고 해서 일각에서 보듯이 이소가야가 극좌파에서 극우파로 변절했다는 것은 전혀 사실과 다르다. 그는 지나칠 정도로 순수하여 극좌나 극우라는 '정치적'인 수식어와는 너무나 어울리지 않는 인물이었다. 그는 죽을 때까지 자신이 과거 식민지 조선에서 혁명적 노동운동에 참여하고 8·15 직후 북조선공산당 일본인부를 조직해 당원이 되어 재조일본인의 귀환 활동을 주도한 것을 후회한 적이 없었다. 오히려 이러한 활동에 긍지를 느끼면서 끝까지 한반도의 평화와 통일을 기원했다. 과거 식민지배와 침략전쟁의 범죄를 저지른 일본이

있는 책이다. 하지만 이 내용은 와다 하루키의 실증적 연구에 의해 곧바로 사실이 아님이 밝혀졌다(和田春樹, 『金日成と滿州抗日戰爭』, 平凡社, 1992).

49 磯谷季次, 앞의 책, 1991, 3쪽.

남한만을 지원하면서 분단을 고착화시키고 한반도의 자주적인 통일을 방해하는 것에 대해서도 강하게 비판했다.[50] 오히려 1990년대로 접어들면서 이소가야의 인식은 이전보다 더 근본적이고 논리정연해진 면을 보인다.

> 나는 일본 식민지 지배의 역사적 영향은 일본 패전 후의 조선민족의 운명과 관련되어 있다는 생각을 떨쳐버릴 수가 없다. 그것은, 조선이 일본의 식민지가 아니었다면 민족분단이라는 조선민족 최대의 불행을 짊어지지 않았을 거라는 것이다. 제2차 세계대전으로 인해 조선이 강대국의 세계전략의 영향을 받지 않을 수는 없었겠지만, 남북으로 분단되어 그 후에 보이듯이 세계에서 가장 불행한 민족대립의 국가가 되지는 않았을 것이라고 생각한다.[51]

일제의 식민지배뿐만 아니라 이후 한반도의 불행에도 역시 일본의 책임이 크다는 것을 지적한 내용이다. 말하자면 일본의 전후책임이 단지 식민지배와 침략전쟁에만 있는 게 아니라 한반도 분단과 그 고착화에까지 미쳤음을 정확히 지적하고 있다는 점에서 주목된다. 이렇게 전후의 여러 저술들 속 이소가야의 기억과 인식에서 일관되게 관통되는 것은 바로 강력한 휴머니즘이었다고 할 수 있다.

---

50 磯谷季次, 「戰後三十六年, 朝鮮を思う」, 『未來』 184, 未來社, 1982, 14쪽.
51 磯谷季次, 「日韓併合80年と日本」, 『世界』 544, 世界社, 1990, 163쪽.

5. 맺음말

40년간의 식민지배와 특권을 유지했던 대다수의 일본인 귀환자들은 1945년 일제패망과 귀환의 과정을 경험하면서 자신들이 가해자가 아닌 피해자라는 '기억의 역전' 현상을 거쳤다. 그리고 전후 일본 정부의 태도와 정책에 힘입어 이는 일본사회 내에서 '공적 기억'으로 자리 잡았다. 이 과정과 결과에 '결정적인 기여'를 한 것이 바로 38도선 이북지역 일본인의 '잔혹한 체험'과 '고난의 탈출'이라는 경험이었다. 이로써 이들의 식민지 생활과 귀환에 대한 기억에서 '침략과 식민'은 사라지고 기껏해야 '고난과 향수'의 이미지만 남게 되었다. 그리고 이러한 기억의 왜곡은 지금까지도 계속 재구성되고 재생산되어왔다. 기억은 과거를 재현하기도 하지만 재신화화하기도 한다는 것을 그대로 증명하고 있다.

하지만 이상에서 살펴본 이소가야 스에지라는 인물은 이와는 정반대로 일본사회 내에서 이러한 집단기억에 맞서서 정부와 시민사회를 향해 끊임없이 책임과 반성을 촉구했던 귀환 일본인이다. 그가 남들과 동일한 고난과 역경의 귀환 경험을 가졌음에도 불구하고 피해자 인식에만 갇혀 있지 않고 오히려 그러한 '공적 기억'에 저항할 수 있었던 배경은, 일차적으로 어린 시절부터 형성해온 지독한 휴머니스트 기질, 조선인 동지들을 만나 함께 식민지 해방과 인간해방을 위해 투쟁하고 투옥되었던 '유일한 일본인 비국민'이라는 남다른 경험, 그리고 일본인의 '무사 탈출' 즉 귀환 활동을 주도하면서 경험한 민족과 국가를 뛰어넘은 동지애와 신뢰 등이었다.

이와 같은 이소가야의 남다른 경험과 기억은, 그 역시 똑같은 고난의 귀환을 겪었음에도 불구하고 지속적으로 잘못된 '공적 기억'을 비판하는 '양심적인 지식인'으로 살아갈 수 있도록 하는 원동력이 되었다. 그는 죽을 때까지 일제의 식민지배와 침략전쟁, 그리고 전후의 한반도 분단과 그 고착화에 일본의 책임이 크다는 것, 다시 말해서 소학교 졸업이라는 학력이 무색할 정도로 날카로운 지적을 끊임없이 일본사회에 던졌다. 귀환 후 자신의 경험과 기억을 정리한 여러 저술들의 기저에서 강력하게 흐르고 있는 공통분모는 바로 휴머니즘이라는 가치였다. 그의 식민지 및 귀환 경험은 남다른 특수성을 지니고 있었다 할지라도, 일본사회에서 그것은 휴머니즘이라는 지극히 보편적인 가치로 발현되어왔다.

참고문헌

이소가야 스에지의 저술

「北朝鮮にありて)」, 1946(『朝鮮終戰記錄 資料編』 제3권 수록).

『植民地の獄 – 革命家の経験的記録』, 郷土書房, 1949.

『朝鮮終戰記』, 未来社, 1980.

「私の朝鮮終戰記 – 朝鮮解放35周年に思う」, 『統一評論』 183, 統一評論新社, 1980.

「民族と恩讐」, 『季刊 三千里』 25, 三千里社, 1981.

「戰後三十六年, 朝鮮を思う」, 『未來』 184, 未來社, 1982.

「出獄以後」, 『季刊 三千里』 31, 三千里社, 1982.

『わが青春の朝鮮』, 影書房, 1984.

『須磨子に寄せて』, 影書房, 1986.

『追悼書簡集 須磨子に寄せて, 別冊』, 影書房, 1987.

『磯谷須磨子追悼記念書簡集』, 影書房, 1988.

「日韓併合80年と日本」, 『世界』 544, 世界社, 1990.

『良き日よ, 来たれ – 北朝鮮民主化への私の遺書』, 花伝社, 1991.

「死者は語り得ずとも – 50年ぶりのソウルで感じたこと」, 『世界』 565, 世界社, 1992.

「北朝鮮痛哭の記」, 『自由』 35, 自由社, 1993.

『悲史北朝鮮』, 1994(私家版).

기타 未定稿 서한(2016년 7월, 水野直樹 제공).

자필 미출간 에세이(2017년 12월, 小川晴久 제공).

연구논문

姜在彦, 「磯谷季次『朝鮮終戰記』」, 『季刊 三千里』 22, 三千里社, 1980.

김경남, 「재조선 일본인들의 귀환과 전후의 한국 인식」, 『동북아역사논총』 21, 동북아역사재단, 2008.

변은진, 「8·15 직후 38도선 이북의 일본인 귀환단체 및 간부진 현황」, 『한일관계사연구』 60, 한일관계사학회, 2018.

변은진, 「8·15 직후 함흥지역 일본인 귀환단체의 조직과 활동」, 『일본공간』 25, 국민대 일본학연구소, 2019.

양지혜, 「'식민자 사상범'과 조선 – 이소가야 스에지 다시 읽기」, 『역사비평』 110, 역사문제연구소, 2015.

牛口順二, 「磯谷季次『わが青春の朝鮮』」, 『季刊 三千里』 41, 三千里社, 1985.

이경돈, 「北鮮의 기억 – 식민에서 분단까지, 공간감각의 표상들」, 『대동문화연구』 106, 성균관대 대동문화연구원, 2019.

이승환, 「재조 귀환 일본인 피해자 아이덴티티 형성에 관한 연구」, 연세대 석사논문, 2010.

이연식, 「해방 직후 38이북 일본인의 거류환경 변화 – '전쟁피해자론'에 대한 비판적 고찰」, 『한일민족문제연구』 14, 한일민족문제학회, 2008.

이연식, 『解放 後 韓半島 居住 日本人 歸還에 關한 硏究』, 서울시립대 박사논문, 2009.

이연식, 「전후 일본의 히키아게(引揚) 담론 구조 – 해외 귀환자의 초기 정착과정에 나타난 담론의 균열과 유포」, 『일본사상』 24, 한국일본사상사학회, 2013.

村松武司, 「わが靑春の朝鮮」, 『中国研究月報』 445호, 中国研究所, 1985.

단행본

加藤聖文, 『海外引揚の研究 – 忘却された'大日本帝國'』, 岩波書店, 2020.

다카사키 소지, 『식민지 조선의 일본인들』, 역사비평사, 2006.

변은진, 『자유와 평화를 꿈꾼 '한반도인' 이소가야 스에지』, 아연출판부, 2018.

森田芳夫, 『朝鮮終戰の記錄 – 米ソ兩軍の進駐と日本人の引揚』, 巖南堂書店, 1964.

森田芳夫・長田かな子 編, 『朝鮮終戰記錄 資料編』 3, 巖南堂書店, 1980.

윤건차, 『교착된 사상의 현대사 – 1945년 이후의 한국・일본・재일조선인』, 창비, 2009.

이연식, 『조선을 떠나며, 1945년 패전을 맞은 일본인들의 최후』, 역사비평사, , 2012.

林隱, 『北朝鮮王朝成立祕史 – 金日成 正傳』, 自由社, 1982.

정근식신주백, 『8・15의 기억과 동아시아적 지평』, 선인, 2006.

기타자료

『朝鮮中央日報』, 1933.11.22.

「朝鮮重大思想事件經過表」, 『思想月報』, 『思想彙報』 각호.

『月刊 同和』 17호(1949.5.1) 및 32호(1950.8.1).

귀환의 의미를 내포한 한일 대중가요 연구
'귀국선'과 'かえり船'의 가사를 중심으로

양민호

1. 들어가며

본 연구는 해방 이후 귀국의 기쁨과 슬픔을 그린 한국과 일본의 대중가요의 사례를 소개하고, 그 가사에 담긴 귀환의 참된 정서와 의미를 파악하는데 그 목적이 있다. 한국의 경우 〈귀국선〉이라는 노래는 일제강점기를 벗어나 해방 이후 일본과 중국 러시아에서 돌아오는 귀국동포들의 귀환의 희열을 표현한 노래로서 역사적 가치가 높은 가요이다.

일반적으로 손노원孫露源 작사, 이재호李在鎬 작곡, 이인권李寅權의 귀국선1949이 유명하지만, 초판인 신세영[1]의 〈귀국선1946〉이 뒤늦게 발굴되었다. 실제로 귀국선을 최초로 취입한 가수는 신세영이지만 당시에는 크게 성공하지 못하고 이인권이 다시 불러 유행시켰다고 볼 수 있다. 이 노래는 일제강점기를 끝낸 해방된 한국의 입장이 고스라

---

1 본명은 정정수이지만 신세영으로 활동하였다.

니 담겨 있다. 따라서 본 연구에서는 귀국선 가사에 담긴 귀국의 의미, 그리고 작사가가 부산항[2]에서 귀국선을 바라보며 품었던 인상에 대해 다양한 시각으로 해석할 수 있을 것이다.

한편 한국에 해방의 기쁨을 안겨다 주었다면 일본의 입장에서 귀환은 패전을 의미하는 것이다. 공교롭게 일본에도 귀국을 노래한 가요가 있는데 〈가에리부네かえり船〉라는 곡이다. 이 노래는 시미즈 미노루清水みのる 작사, 구라와카 하루오倉若晴生 작곡, 다바타 요시오田端義夫가 부른 노래로, 당시 전쟁에 출정했던 병사들이 패전하여 귀국하는 모습을 그렸다. 당시 사람들은 이 노래를 들으면서 눈물을 흘렸다고 전한다. 지금 세대는 전쟁을 잘 알지 못하지만, 가사에 담긴 뜻을 생각해보면 패망 직후 한국과 일본의 모습을 어느 정도 미루어 짐작할 수 있다.

이와 같이 광복과 패전이라는 역사적 사실 속에서 한국과 일본으로 귀환하는 배를 바라보며 느끼는 감정이 담긴 가요를 분석함으로서 귀환이 주는 진정한 의미를 파악할 수 있을 것이다. 사실 이제까지 한국과 일본의 대중가요 연구가 각각 어느 정도 진행되었음에도 불구하고 둘 사이의 상관관계를 연구한 사례가 많지 않다. 이러한 상황 속에서 귀환의 의미를 내포한 한일 대중가요 연구는 주제만으로도 시의적절한 연구라 생각된다.

---

2 부산항은 일제강점기 때 강제 징용을 포함하여 이주해 나간 이들의 공간이며 해방의 기쁨을 함께한 곳이다. 항구는 예로부터 이동의 관문으로서 헤어짐과 돌아옴의 공간적 상징성을 지닌다. 그곳에는 항상 이별과 만남의 애환이 서려있다. 특히 부산을 무대로 한 대중가요에 항구 노래가 많은 것은 바로 이 때문일 것이다. 대중가요의 인기 주제는 추억, 사랑, 그리움, 슬픔과 기쁨이 대부분인데, 여기에 국가의 해방과 패망이 덧입혀져 탄생한 노래가 〈귀국선〉이고 〈가에리부네(かえり船)〉이다.

2. 대중가요의 정의와 시대 구분

1) 대중가요의 정의

기존의 연구를 살펴보면 대중가요는 다음과 같이 정의하고 구분할 수 있다. 대중가요는 '근대 이후 대중매체와 상업적 공연을 통해 전달되면서 대중 사이에서 즐겨 불려온 노래, 유행가'라고 정의되고 있지만 내면을 들여다보면 연구자별로 조금씩 다르다.

근대 시기, 상업성, 일반 대중들이 향유하는 노래라는 점에서는 대체적인 동의가 이루어져 있다. 결국 서민층이 즐기는 노래이지만, 대중매체와 상업성 여부 등을 따져 전근대 시대의 민요나 근대 이후의 구전 가요는 대중가요에서 제외하는 경우가 많다. 또 대중가요란 작곡가, 작사가, 가수, 제작회사 등 생산자의 경제 논리와 음악에 대한 애착에 따라 만들어지는 경우가 대부분이겠지만 노래를 듣고 따라 부르는 수용자의 입장에서 음반 시장은 그것을 생각하지 않을 수 없다. 노래를 부르는 사람들의 생각을 이해하기 위해서는 가사뿐만 아니라 시대적 배경 등도 중요한 요소가 된다. 노래 가사를 살펴보면 제작자의 의도뿐만 아니라 수용자의 요구도 동시에 표현되기 때문이다. 가요는 그것을 향유하는 자들이 받아들이는 느낌에 따라 다양한 의미를 지닐 수 있다.

대중가요를 '당시 시대상황에 맞추어 일반 대중의 잠재적 희망이나 원망顧望을 담은 내용에 곡을 만든 것'이라고 정의한다면, 1945년 해방 이후 1950년도까지 한일 양국의 대중가요 가사에 담겨있는 내용을 통해 양국 일반 대중의 희망과 원망을 엿볼 수 있는 계기가 될 수 있다. 당시 시대상황으로는 한국의 경우 해방, 분단, 건국이라는 단어로 요약이 되고, 일본의 경우 패전, 재건, 민권으로 요약되는 시기[3]라고 설명하고 있다.

2) 대중가요의 시대구분

일반적 대중가요의 시대구분을 살펴보면 해방 이전과 이후로 크게 나누어 설명하는 경우가 많다. 하지만 본 연구에서는 한국의 경우 장유정2015의 시대구분[4]을, 일본의 경우 기쿠치 기요마로菊池淸麿의 자료를 참고로 하였다. 그림1과 같이 한일 대중가요의 시대구분을 제시하였다. 특히 본 연구에서는 해방 이후 대중가요인 〈귀국선〉과 〈가에리부네かえり船〉에 대하여 살펴보기 때문에 아래 언급한 한국의 '재건기1945~1947'와 '제2차 세계대전 이후'를 중심으로 다루게 된다. 대중가요의 시대 특징에 대해서 한국의 시대구분을 중심으로 간단하게 설명하겠다.

장유정에 따르면 대중가요의 '태동기'는 대한민국에서 첫 상업 음반이 발매되었던 1907년부터, 서양 음악이나 일본 음악의 번안곡이 유행하고 전통 가요가 대중가요로 변모되기 시작했던 1929년까지로 규정하고 있다. 이때에는 다양한 음악외국곡과 전통곡이 공존하면서 근대적인 의미의 대중가요가 형성될 수 있는 초석을 마련했다고 전하고 있다. 실질적 의미의 대중가요라고 부르기에는 다소 무리가 있지

---

3 이주원(2015) 「한・일 양국의 대중가요 비교고찰 - 1945~1950년을 중심으로」, 『일본연구』 64, 일본연구소, 82쪽.
4 장유정(2015) 「불러보자 귀국선, 춤춰보자 강남스타일」, 『새국어생활』 제25권 제4호, 국립국어원, 79쪽.

만, 대중가요가 싹 튼 시기라고 볼 수 있다.

다음 시기로 1930년부터 1940년까지를 일컫는데 이 시기는 대한 민국 대중가요의 '형성기'라 칭할 수 있다. 해방 이전 대중가요 시대 구분으로 살펴본다면 이 시기는 대중가요의 '황금기'라고 말할 수 있 다. 예를 들어 음반 산업이 창궐하고 재즈, 만요, 트로트, 신민요 등의 여러 장르가 형성되었기 때문에 유행가라고 불리는 진정한 대중가요 가 많이 등장하고 유통되었다고 볼 수 있다.

다음으로 1941년부터 1944년까지를 '암흑기'라고 할 수 있다. 전 시戰時 체제 속 일본은 다른 기타 문화 산업 등에 힘을 쏟을 여력이 없 었기 때문에 음반의 생산과 유통을 아애 없앴다. 대중가요라고 말하 기도 어려운 군국가요만 다량 생산되었다. 어떻게 보면 일반 서민이 즐기면 향유할 수 있는 대중가요 암흑기가 된 셈이다. 전시 체제의 암흑기를 거치고 나서 해방과 함께 1945년부터 1957년까지는 '재

건기'라 부를 수 있는 시기가 도래하였다. 사실 일제 통치를 끊어냈다고 하더라도 암흑기에 멈추어 섰던 음반 산업을 곧바로 이전의 궤도에 올리는 것은 힘든 일이었다. 일제강점기를 거치면서 음반 산업자체가 일본에 전적으로 의지하였기 때문에 일본이 떠난 마당에 해방 이후 대한민국에서 음반 산업은 그리 쉽게 자립하기는 힘들었다. 그러나 이렇게 열악한 상황에서도 광복 직후 만들어진 '인민의 노래 사대문을 열어라'박영호 작사, 김용환 작곡는 해방 가요 1호라고 할 수 있다. 이후 차근차근 음반을 제작하기 시작하였고 음반을 발매하기 위한 노력은 계속되었다. 특히 도미도레코드, 오리엔트레코드 등은 음반을 발매하였고, 여러 인기곡이 나와 해방 이후 한국전쟁과 같은 어려운 상황 속에서도 여러 노래들이 대중의 호응을 얻으면서 음반 산업의 재건이 이루어졌다. 바로 이 시기가 본고에서 설명하고자 하는 '재건기'에 해당되며, 일본은 '제2차 세계대전 이후'이다. 이 시기 대중가요 가사에는 당시 사회를 직간접적으로 투영시킨 노래가 많이 만들어졌다. 이 시기에 해당하는 대표곡[5]이 광복 후의 기쁨을 사실적으로 표현한 〈귀국선〉과 일본의 〈가에리부네かえり船〉이다.

---

5 노래 가사의 분석은 가사의 내용을 유형별로 나누어 주제를 파악하는 방식 등이 예상된다. 한일 양국의 시대상황과 관련해서 양국의 대중가요에 표현되어 있는 내용을 주제별로 살펴볼 때 해방 이후, 한국과 일본의 국가 상황(일제강점기, 전쟁, 해방, 패망, 재건 등)과 관련이 있다고 생각되는 가사 중 '국가'라는 주제를 대표할 수 있는 노래라고 볼 수 있다.

3. 해방과 패망 속 귀환의 의미

귀환이라는 의미를 생각해 볼 때, 해방과 패망을 동시에 떠올리지 않을 수 없다. 왜냐하면 한국에게는 광복이며, 일본에게는 패전이고, 이는 다시 말해 한국에게는 기쁨이고 일본에게는 슬픔인 것이다. 이러한 감정의 대비는 있지만 이 해방과 패망을 통해 양국 국민은 고국으로 송환[6]될 수밖에 없는 운명이다. 귀환에 앞서 해방과 패망의 찰나에 들려온 일왕의 종전 조서에 대해 언급할 필요가 있다. 왜냐하면 이 종전 조서에는 해방과 패망에 대한 교차된 감정이 고스란히 담겨 있고, 일본 국민을 안정시키고 나라를 재건하자는 의도가 모두 포함되어 있기 때문이다.

아래에 종전 조서 전문을 제시하였다. 이 종전 조서 방송은 '옥음 방송玉音放送'이라고 불린다. 옥음방송은 1945년 8월 15일 정오, 당시 일본 유일의 방송국이었던 사단법인 일본방송협회현재 NHK라디오 제1방송에서 방송된 히로히토裕仁 일왕에 의해 종전 조서, 대동아 전쟁종결에 관한 조서의 음독 라디오 방송을 가리키는 경우가 많다. 음질이 좋지 않은 상태에서 800자 분량의 '조서' 내용은 알아듣기 어려웠다고 한다. 게다가 일왕은 일반인들이 이해하기 어려운 궁정체宮廷體를 사용하였기 때문에 더욱 이해하기 힘들었다.

---

6 송환에는 여러 가지 형태가 있는데 강제 징용되어 수용소로부터의 귀환도 있고, 단순 도일(渡日)을 통한 단순 귀환도 있다. 또한 각자의 사정에 따라 송환에 불응한 귀환거부의 패턴도 존재한다.

朕深ク世界ノ大勢ト帝國ノ現狀トニ鑑ミ非常ノ措置ヲ以テ時局ヲ收拾セムト欲シ茲ニ忠良ナル爾臣民ニ告ク

朕ハ帝國政府ヲシテ米英支蘇四國ニ對シ其ノ共同宣言ヲ受諾スル旨通告セシメタリ

抑々帝國臣民ノ康寧ヲ圖リ萬邦共榮ノ樂ヲ偕ニスルハ皇祖皇宗ノ遺範ニシテ朕ノ拳々措カサル所

曩ニ米英二國ニ宣戰セル所以モ亦實ニ帝國ノ自存ト東亞ノ安定トヲ庶幾スルニ出テ他國ノ主權ヲ排シ領土ヲ侵スカ如キハ固ヨリ朕カ志ニアラス

然ルニ交戰已ニ四歳ヲ閲シ朕カ陸海將兵ノ勇戰朕カ百僚有司ノ勵精朕カ一億衆庶ノ奉公各々最善ヲ盡セルニ拘ラス戰局必スシモ好轉セス

世界ノ大勢亦我ニ利アラス

加之敵ハ新ニ殘虐ナル爆彈ヲ使用シテ頻ニ無辜ヲ殺傷シ慘害ノ及フ所眞ニ測ルヘカラサルニ至ル

而モ尚交戰ヲ繼續セムカ終ニ我カ民族ノ滅亡ヲ招來スルノミナラス延テ人類ノ文明ヲモ破却スヘシ

斯ノ如クムハ朕何ヲ以テカ億兆ノ赤子ヲ保シ皇祖皇宗ノ神靈ニ謝セムヤ

是レ朕カ帝國政府ヲシテ共同宣言ニ應セシムルニ至レル所以ナリ

朕ハ帝國ト共ニ終始東亞ノ解放ニ協力セル諸盟邦ニ對シ遺憾ノ意ヲ表セサルヲ得ス

帝國臣民ニシテ戰陣ニ死シ職域ニ殉シ非命ニ斃レタル者及其ノ遺族ニ想ヲ致セハ五内爲ニ裂ク

且戰傷ヲ負ヒ災禍ヲ蒙リ家業ヲ失ヒタル者ノ厚生ニ至リテハ朕ノ深ク軫念スル所ナリ

惟フニ今後帝國ノ受クヘキ苦難ハ固ヨリ尋常ニアラス

爾臣民ノ衷情モ朕善ク之ヲ知ル

然レトモ朕ハ時運ノ趨ク所堪ヘ難キヲ堪ヘ忍ヒ難キヲ忍ヒ以テ萬世ノ爲ニ太平ヲ開カムト欲ス

朕ハ茲ニ國體ヲ護持シ得テ忠良ナル爾臣民ノ赤誠ニ信倚シ常ニ爾臣民ト共ニ在リ

若シ夫レ情ノ激スル所濫ニ事端ヲ滋クシ或ハ同胞排擠互ニ時局ヲ亂リ爲ニ大道ヲ誤リ信義ヲ世界ニ失フカ如キハ朕最モ之ヲ戒ム

宜シク擧國一家子孫相傳ヘ確ク神州ノ不滅ヲ信シ任重クシテ道遠キヲ念ヒ總力ヲ將來ノ建設ニ傾ケ道義ヲ篤クシ志操ヲ鞏クシ誓テ國體ノ精華ヲ發揚シ世界ノ進運ニ後レサラムコトヲ期スヘシ

爾臣民其レ克ク朕カ意ヲ體セヨ

御名御璽
昭和二十年八月十四日
內閣總理大臣鈴木貫太郎

짐은 세계의 대세와 제국의 현재 상황을 깊이 고려하여 비상(非常)의 조치를 통해 시국을 수습하고자 하여 이에 충의롭고 선량한 신민들에게 고한다.

짐은 (일본)제국정부로 하여금 영미중소 4국에 대해 그 공동 선언(포츠담 선언)을 수락하도록 하고자 하는 요지를 통고하게 했다.

애시 당초 제국신민의 건녕을 꾀해 세계 공영의 기쁨을 함께하는 것은 황조황종의 유범이자 짐이 항상 품어오던 것이다.

먼저 미영 2국에게 전쟁을 선포한 것도 참으로 제국의 자립과 동아시아의 안정을 바랬기에, 적극적으로 나서서 타국의 주권을 배제해서 영토를 침략하는 바와 같은 일은 본디 짐이 원한 바가 아니다.

그런데 교전이 이미 네 해를 지나 짐의 육해장병의 용전, 짐의 백관유사의 여정(勵精), 짐의 일억 국민의 봉공 등 각자 최선을 다함에도 불구하고 전국을 호전시킬 수 없었다.

세계의 대세 또한 우리에게 유리하지 않다.

이뿐만 아니라 적은 새로이 잔혹한 폭탄을 사용하여 거듭 무고한 백성을 살상하고 그 참상은 이르는 바가 참으로 헤아릴 수 없는 지경에 이르렀다.

더욱이 교전을 계속하면 결국 우리 민족의 멸망을 초래할 뿐만 아니라 나아가 인류의 문명도 파멸할 것이다.

이렇게 된다면 짐은 무엇으로 억조의 여린 백성을 보호하고 천황천종의 신령에게 사죄할 수 있겠는가

이것이 짐이 제국정부로 하여금 공동선언에 응하도록 한 이유이다.

짐은 제국과 함께 시종 동아시아의 해방에 협력한 여러 맹방에 대해 유감을 표하지 않을 수 없었다.

제국 신민으로 하여금 전진에 죽고 직역에 순직하고 비명(非命)에 스러진 자 및 그 유족을 생각하면 단장의 슬픔을 느낀다.

그리고 상처를 입고 재화(災禍)를 입고 가업을 잃은 자의 후생에 이르러서는 짐이 깊이 근심하고 있다.

생각하건대 이후 제국이 받을 고난은 말할 것도 없이 심상치 않으리라.

너희 신민의 충정도 짐은 잘 알고 있다.

그럼에도 짐은 시운의 향하는 바, 견디기 어려운 것을 견뎌내어 만세(萬世)를 위해 태평한 세상을 열고 싶다.

짐은 이에 국체를 유지할 수 있고 충의롭고 선량한 너희 신민의 적성을 믿고 언제나 너희 신민과 함께할 것이다.

만약 그 정의 격함을 함부로 하여 사단을 거듭하거나 또는 동포를 배척하여 서로 시국을 어지럽힘으로써 대도를 망치고 세계에서 신의를 잃게 하는 일을 짐은 가장 경계하고 있다.

아무쪼록 거국일가의 자손이 서로 전하여 굳건히 신주(일본)의 불멸을 믿고 책임이 무겁고 길이 멀다는 것을 염두에 두고 총력을 장래의 건설에 기울여 도의를 두텁게 하고 지조를 군게 하여 맹세코 국체의 정화(精華)를 진운에 뒤지지 않도록 해야 한다.

너희 신민은 이러한 짐의 뜻을 잘 명심하도록 하여라.

어명어새
쇼와 20년(1945년) 8월 14일
내각총리대신 스즈키 간타로

히로히토裕仁 일왕의 종전 조서 중 발췌

> 충의롭고 선량한 신민
> 제국의 자립과 동아시아의 안정을 바랐기에, 적극적으로 나서서 타국의 주권을 배제해서 영토를 침략하는 바와 같은 일은 본디 짐이 원한 바가 아니다.
> 전국을 호전시킬 수 없었다.
> 전진에 죽고 직역에 순직하고 비명(非命)에 스러진 자 및 그 유족을 생각하면 단장의 슬픔
> 상처를 입고 재화(災禍)를 입고 가업을 잃은 자의 후생에 이르러서는 짐이 깊이 근심
> **그럼에도 짐은 시운의 향하는 바, 견디기 어려운 것을 견뎌내어 만세(萬世)를 위해 태평한 세상을 열고 싶다.**
> 사단을 거듭하거나 또는 동포를 배척하여 서로 시국을 어지럽힘으로써 대도를 망치고 세계에서 신의를 잃게 하는 일을 짐은 가장 경계총력을 장래의 건설에 기울여 도의를 두텁게 하고 지조를 굳게 하여 맹세코 국체의 정화(精華)를 진운에 뒤지지 않도록

위에 발췌하여 적어놓은 히로히토의 종전 조서처럼 패배를 에둘러 설명하는 옥음 방송은 그들에게는 처절하게 느껴지겠지만 전쟁에 대한 책임과 반성은 찾아보기 힘들었다. 밑줄 친 내용처럼 '참기 어려운 것을 참고, 견디기 어려운 것을 견딘다堪ヘ難きヲ堪ヘ忍ヒ難キヲ忍ヒ'는 문장이 강조되어 소개되고 있다.

특히 '조서'의 내용 중 밑줄 친 부분은 신국 일본 국민의 결속을 다지고, 일왕의 책임보다는 국제적 분위기와 '시운時運을 잘못 만나 어쩔 수 없이 전쟁을 끝낼 수밖에 없지만 일본 국민은 어떤 어려움도 견뎌내자'와 같이 잘못 타고 난 이 시절의 원망과 자조 섞인 내용으로 읽힌다.

최선을 다했음에도 전운戰運이 따르지 않았다는 뜻을 담아 패전에 대한 책임 전가의 느낌이 강하다. 전쟁 주국으로서의 반성보다는 일반 시민의 결속을 다지기 위한 연설로 받아들이게 된다. 또한 동아시

아의 질서 속에서 일본은 결코 침략이 의도되었던 일은 아니었다는 것을 강조한 부분도 있다. 더불어 전쟁 희생자에 대한 깊은 슬픔을 전하면서 귀환자 또는 복원병復員兵에 대한 원망을 미리 염두해 두고 미연에 방지하기 위해 위로하는 듯한 메시지를 먼저 전달하고 있다.

사실 이 방송은 일본에게는 통한痛恨의 기억이겠지만 한국은 해방의 기쁨을 간접적으로 맛볼 수 있는 방송이었다. 다만 대한민국이 스스로 나라를 되찾았다기보다는 조서에 언급된 것처럼 공동선언포츠담선언과 국제관계의 역학구조 속에서 찾은 광복인 것이다. 그러나 이러한 상황은 차치하더라도 대한민국 영토에서 한국어를 다시 사용할 수 있는 것만으로도 매우 큰 축복이고 감격임에 틀림없다.

어찌되었건 일왕의 종전 조서를 통한 연설문이 발표되고, 동아시아의 정세는 급변하게 되었다. 이주자[7]의 귀환 수송 작전이 펼쳐지고, 동아시아의 각 귀국 항구에는 고국으로 돌아가려는 자와 돌아오는 자가 뒤섞여 인산인해를 이루는 장면들이 곳곳에 사료로서 존재한다.

종전 선언 이후 역동적인 모습을 볼 수 있는 귀환항, 그리고 그 항구를 바라보며 귀환자의 심경을 노래한 대중가요가 한일 양국에 존재한다. 공교롭게 같은 제목이며, 한국어로는 〈귀국선〉 일본어로는 〈가에리부네かえり船〉이다. 따라서 다음 장에서는 두 가요의 가사에 대해 구체적으로 분석해보고자 한다.

---

[7] 한국인이 일본으로 이주해간 형태를 다음과 같이 분류할 수 있다. ① 생계를 해결하기 위한 구직 도일, ② 구직자의 가족으로서 구직자와 동반도일하거나 구직자가 취업을 한 후에 초청하여 도일하는 가족동거 도일, ③ 진학 또는 면학을 목적으로 하는 유학 도일, ④ 뚜렷한 목적 없이 경험삼아 행하는 만연 도일, ⑤ 총동원 정책으로 일본의 전쟁에 동원된 집단 도일로 구분하고 있다. 김광열(2010), 『한인의 일본 이주사 연구(1910~1940년대)』, 논형.

4. 한국과 일본의 귀환을 노래한 대중가요

1) '귀국선'에 나타난 귀환의 의미

〈사진 1〉 '귀국선' 초판본

원래 한국으로 제일 먼저 돌아와야 할 귀국선인 우키시마浮島호는 1945년 8월 22일 강제 징용된 조선인 만여 명을 태우고 하카타항을 출항하였다. 목적지는 부산이었지만 최단거리인 현해탄을 두고 이 귀국선은 일본 연안을 따라 올라가는 느린 항로를 선택하였다. 그러나 이틀간의 항해를 하다가 교토만 마이즈루 항 앞바다에서 두 동강이 나면서 8천여 명의 조선인들이 수장되는 아픔을 겪게 된 것이다. 아직까지 우키시마호의 정확한 침몰 원인이 밝혀지지 않은 상태지만 해방을 맞이하여 속속 귀국선은 일본을 떠나 속속 한국으로 돌아오기 시작하였다. 우키시마호의 충격을 뒤로한 채 수많은 귀국선이 부산항으로 입항하게 되었고 이를 많은 이들이 지켜보게 되었다. 그 당시 해방 그리고 귀국으로 이어지는 기쁨과 환희는 이루 말할 수 없으며, 아무리 열악한 선내 환경이더라도 귀환자들은 고생길이라고 말하기 보다는 즐거운 여행길이었다고 생각했을 것이다. 강제로 일본에 끌려와 죽을 고생을 하면서 고향을 그리워했던 노동자들의 삶이 부산항에서 기다리는 인파를 보면서 벅차오르는 감격을 주체하지 못했을 것이다. 이러한 시대적 상황 속에서 탄생한 대중가요가 〈귀국선〉이다. 일반적으로 이인권의 〈귀국선〉이 유명하지만 최근에는 〈사진 1〉처럼 신세영의 〈귀국선〉 초판 음반이 발굴되었다.

〈표 1〉에서 보듯이 〈귀국선〉의 가사는 3절로 구성되어 있다.

〈표 1〉〈귀국선〉 가사(左 신세영, 右 이인권)

돌아오네 돌아오네 고국산천 찾아서 얼마나 그렸던가 무궁화 꽃을 얼마나 외쳤던가 태극 깃발을 갈매기야 웃어라 파도야 춤춰라 귀국선 뱃머리에 희망도 크다	돌아오네 돌아오네 고국산천 찾아서 얼마나 그렸던가 무궁화 꽃을 얼마나 외쳤던가 태극 깃발을 갈매기야 웃어라 파도야 춤춰라 귀국선 뱃머리에 희망은 크다
돌아오네 돌아오네 부모형제 찾아서 몇 번을 울었던가 타국살이에 몇 번을 불렀던가 고향 노래를 칠성별아 빛나라 달빛도 흘러라 귀국선 뱃머리에 새날이 크다	돌아오네 돌아오네 부모형제 찾아서 몇 번을 울었던가 타국살이에 몇 번을 불렀던가 고향 노래를 칠성별아 빛나라 달빛도 흘러라 귀국선 고동 소리 건설은 크다
돌아오네 돌아오네 부모형제 찾아서 얼마나 싸웠던가 우리 해방을 얼마나 찾았던가 우리 독립을 흰 구름아 날려라 바람은 불어라 귀국선 파도 위에 새 날은 크다	돌아오네 돌아오네 백의동포 찾아서 얼마나 싸웠던가 우리 해방을 얼마나 찾았던가 우리 독립을 흰 구름아 날아라 바람은 불어라 귀국선 파도 위에 새 날은 크다

광복光復 가요로 불리는 이 노래는 1절에서는 꿈에 그리던 조국으로 돌아오는 동포들의 감격을 표현하였다. 그리고 2절에서는 귀환자들의 들뜬 속내를 표현했으며, 3절에서는 이후 고국에서 살아갈 새날의 희망을 그린 내용이라고 볼 수 있다. 앞서 언급한 것처럼 이 곡을 처음 취입吹入한 신세영의 앨범은 실패하였지만 이인권이 재취입해 흥행에 성공했다. 이인권이 해방 이후 국민에게 전하는 곡성탄기哭聲歎歌라고 할 수 있겠다.

이 노래에는 해방과 함께 타향살이를 하던 우리 동포들이 기쁨을 안고 귀국선에 올라 부산으로 향하는 배를 타고 돌아오는 장면을 생생하게 담아내고 있다. 일본, 동남아 등으로 강제 징용되어 끌려간 사람들, 독립운동을 위해 상해나 만주로 망명했던 사람들이 해방이 되자 고국을 찾아 돌아왔다. 당시 신문 기사를 통해 "멀리 중국에서 징병, 학병, 지원병으로 나갔던 우리 동포들이 귀국선 편을 기다리고 있다"는 기록을 확인할 수 있다. 이 노래의 작사가인 손노원은 부산에서 제1부두로 들어오는 귀국선을 실제로 바라보며 이 노래의 가사를 적었다고 하는데 많은 국민들에게 위로와 희망을 주었음에 틀림없다. 그리고 음악적[8]으로는 오랫동안 일본의 음계요나누키[9]를 차용하여 발표된 일본식 가요의 형태를 벗어나 선율이나 리듬의 변화를 보여주기 시작한 작품이라는 것에 의의가 있다.

'귀국선'의 가사를 자세히 살펴보면 고국을 상상하는 다양한 오브젝트가 많이 등장한다. 가사 전체를 들여다보았을 때 귀국에 대한 열망을 확인할 수 있다. 예를 들어 1절에서는 '고국산천', '무궁화 꽃',

---

8   1946년 한국과 일본에서 각각 〈귀국선〉이란 제목의 노래가 발표되었다. 두 곡은 제목은 같지만 노래 내용은 각각 다른 상반된 곡이다. 음악 역시 노랫말에 맞게 한국의 〈귀국선〉은 내림 가장조의 장조곡이고, 일본의 〈귀국선〉은 라단조의 단조곡이다. 하지만 제목이 같은 만큼이나 공통점도 많다. 두 곡 모두 2/4박자의 같은 리듬적 특성을 가지고 있다는 점, Ⅰ(으뜸화음), Ⅳ(버금딸림화음), Ⅴ(딸림화음)도 중심의 화성 진행을 그 예로 들 수 있다.

	귀국선	かえり船
박자	2/4	2/4
조성	장조	단조
음계	장7음계	요나누키 단음계
화성	Ⅰ,Ⅳ,Ⅴ위주의 화성진행	Ⅰ,Ⅳ,Ⅴ위주의 화성진행
음악양식	트로트	엔카

이주원(2015) 「한·일 양국의 대중가요 비교고찰 - 1945~1950년을 중심으로」, 『일본연구』 64, 일본연구소, p.90.

9   메이지시대 이후의 음악교육이나 유행가에 많이 사용되어온 음계로서 요나누키(ヨナ拔き) 장음계와 요나누키 단음계가 있다. 요나누키 장음계는 서양 장음계에서 4, 7음이 생략된 5음 음계이며, 요나누키 단음계는 서양 자연단음계에서 4, 7음이 생략된 5음 음계이다. 岸邊茂雄 외 공저, 이지선 역주(2003), 『일본음악의 역사와 이론』, 민속원, p.167.

'태극 깃발'이라는 단어를 통하여 고국에 대한 확고한 그리움을 드러 냈다. 그리고 부산항에서 귀국선을 기다리면서 '갈매기'와 '파도'를 의인화하여 가사를 작성하였다. 사람이 아닌 객관적 상관물에 인격 을 부여하여 사람인 것처럼 표현하면서 작사가의 감정을 이입하였다. 손노원의 심리 상태를 보다 간곡하고 실감 있게 전하는 효과를 낼 수 있던 것이었고, 의인화의 최고 효과이다. 작사가의 감정도 담겨 있겠 지만 귀국선을 타고 오는 귀환자들의 심경이 담겨 있어, 전체적으로 1절을 보았을 때 귀국의 감격이 가사 곳곳에 묘사되어 있음을 알 수 있다.

2절에서는 선상에 서있는 귀환자들의 심정을 대변하는듯한 내용 으로 구성되어 있다. '타국살이'에 대한 서러움, 그것을 극복하려고 수차례 읊조렸던 '고향 노래' 등의 어휘를 통하여 귀국의 설레임을 표현한 것으로 보인다. 흥미로운 가사 중 '칠성별'이 등장하는데 이 칠성별은 북두칠성을 의미한다고 볼 수 있다. 특히 북두칠성 중 국자 모양의 자루 끝에 있는 요광搖光은 하루에 열두 방위를 가리킨다. 그 렇기 때문에 옛날에는 시각時刻의 측정이나 항해의 지침으로 삼았다. 즉 매우 중요한 별인 것이다. 이 중요한 별의 방향을 통하여 귀국에 대한 들뜬 마음과 고국을 찾아가는 두근거림을 그대로 드러냈다고 할 수 있겠다. 또 칠성별이 가지는 의미는 예로부터 인간의 수명을 관장하는 신으로 믿었다. 다시 말해 무병장수하기 위하여 칠성신이 수호하여준다는 신앙과 깊이 관련되어 있다고 생각해 볼 수 있다. 수 명을 수호하는 신, 결국 강제 징용되거나 부득이하게 일본이나 기타 외지로 끌려갔다가 무사히 귀환하여 돌아오는 것을 간접적으로 가사에 담았다고 볼 수 있다. 표1에 제시한 것처럼 신세영이 부른 가사와 이인권이 불렀던 가사는 조금 다르지만 가사에는 희망의 메시지가 담겨있다. 뱃머리 바라보거나 또는 뱃고동 소리를 들으면서 다가올 앞날을 기대하는 모습이 묘사되어 있다.

마지막 3절에는 해방 직전 암흑기를 살아가면서 느꼈던 처절하고 힘들었던 기억들을 가사에 담고 있다. 자주 독립을 위해 싸웠던 모습들, 그리고 광복을 위해 백방으로 뛰어 다녔던 모습을 묘사하였다. 이와 동시에 향후 고국에서 살아갈 모습에 대하여 1절 가사처럼 '흰구름', '바람' 등의 자연물을 의인화하며 희망에 찬 모습들을 그려냈다.

이와 같이 〈귀국선〉은 광복 후에 일본과 중국, 러시아 내지는 남방 제도 등에서 돌아오는 고국 동포들의 벅찬 감격을 표현한 노래이다. 일제강점기에는 수많은 사람이 자의 반 타의 반으로 고국을 떠나야 했지만, 일왕의 종전 선언과 더불어 다행히 우리나라는 광복을 맞이하였다. 일본의 압제를 피해 떠난 사람, 독립운동을 위해 떠난 사람, 혹은 강제징용 등으로 끌려갔던 사람들이 그 동안의 타향살이에 심신이 지쳐있었지만, 저마다 부푼 꿈을 꾸며 귀국선에 몸을 싣고 돌아오는 감격스러운 귀환항인 부산항 부두의 광경을 대중가요로 연출한 것이다.

귀국선은 이러한 감정을 노래한 것이며 고국의 의미를 귀환자의 눈으로 바라볼 수 있게 한 가요라고 볼 수 있다. 이렇듯 한국에게는 기쁨과 환희를 안겨 주었다면 같은 제목의 일본 가요, 〈가에리부네^{かえり船}〉는 우리와는 다른 정반대의 감정을 담고 있다. 다음 절에서는 일본의 〈가에리부네^{かえり船}〉의 가사에 대하여 살펴보도록 하겠다.

2) 〈가에리부네かえり船〉에 나타난 귀환의 의미

다바타 요시오田端義夫가 노래하고, 시미즈 미노루清水みのる가 가사를 썼으며, 구라와카 하루오倉若晴生가 작곡한 〈가에리부네かえり船〉는 1946년 11월 데이치쿠テイチク에서 발매되었다. 패망한 일본의 입장에서 귀환자를 바라보며 곡을 붙인 가요라는 것을 알 수 있다. 이 곡을 들여다보면 앞서 설명한 한국의 〈귀국선〉과는 사뭇 다른 분위기라는 것을 알 수 있다. 곡에도 차분함이 느껴졌고 가사에는 아쉬움과 슬픔이 표현되었다.

〈표 2〉는 〈가에리부네かえり船〉의 가사이다. 이주원2015에 따르면 이 당시 일본 대중가요 노랫말의 주제는 전쟁의 기억, 패전의 아픔 등이 있다고 설명하고 있다. 특히 1946년 한국에서 〈귀국선〉이라는 곡이 발표되었고, 같은 해 일본에서도 〈가에리부네かえり船〉가 발표되었지만 가사 내용은 두 곡이 상반된다. 한국의 〈귀국선〉은 전술한 것처럼 해방의 기쁨을, 일본의 〈가에리부네かえり船〉는 패전의 아픔과 귀국의 기대감을 함께 노래하고 있다.

가사를 살펴보면 힘들고 지친 패전의 그늘 속에서도 일본으로 돌아올 수 있다는 기대감은 엿볼 수 있었다. 〈가에리부네かえり船〉는 일본이 패전하여 조선, 타이완, 만주, 사할린, 남방 제도 등지에서 철수해 온 사람들, 이른바 인양자引揚者의 심경과 군인이었던 복원병復員兵의 귀환에 대한 감정을 노래한 것이다.

이 가요를 좀 더 자세히 살펴보면, 이루 표현할 수 없는 고난을 겪은 끝에 겨우 도착한 일본, 배에서 일본의 그림자만을 보고도 만감이 교차하며 가슴에 사무친 울림이 표현되어 있다. 앞서 설명한 것처럼 희

〈가에리부네(かえり船)〉	〈귀국선〉 이하 번역
波の背の背に ゆられてゆれて 月の潮路の かえり船 かすむ故国よ 小島の沖じゃ 夢もわびしく よみがえる	파도 위에서 흔들리며 요동치는 달밤 뱃길의 귀국선 희미한 고국이여 작은 섬 앞바다구나 꿈에서도 쓸쓸히 되살아 나네
捨てた未練が 未練となって 今も昔の 切なさよ まぶた合わせりゃ まぶたににじむ 霧の波止場の ドラの音	버린 미련이 아쉬움이 되어 지금도 아련한 옛 추억의 애달픔이여 눈을 감으면 눈가에 어리는 안개 낀 부두의 뱃고동 소리
熱い涙も 故国につけば うれし涙と 変るだろ かもめ行くなら 男の心 せめてあの娘に 伝えてよ	뜨거운 눈물도 고국에 도착하면 기쁨의 눈물로 바뀌겠지 갈매기 날아간다면 사나이 마음 적어도 마음만이라도 그녀에게 전해 주렴

망을 품고 한국으로 돌아오는 귀환자의 입장과 막연한 두려움을 품고 패배한 일본으로 귀국하는 인양자의 입장이 사뭇 다르지만, 귀환까지 이르는 과정 속에서 고생한 것은 양측 모두 비슷한 감정일 것이다. 이러한 장면들이 주마등처럼 스쳐가면서 귀환 전에 잃어버린 가족이나 자신이 입었던 피해, 떠나오기 전에 남겨두고 온 노부모, 그리고 사랑했던 연인은 무사한지, 집은 남아있는지 등 만감이 교차하였을 것이다.

〈가에리부네かえり船〉의 무대는 하카타博多항이다. 일본의 경우 인양자引揚者가 상륙할 수 있는 주요 항구는 하카타항, 사세보佐世保항, 마이즈루舞鶴항, 우라가浦賀항, 센자키仙崎항, 오타케大竹항, 가고시마鹿児島항, 하코다테函館항 등이었는데 〈가에리부네かえり船〉의 배경은 조선

〈사진 2〉 하카타항으로 입항한 귀환선

과 가까운 하카타항이었다. 〈사진 2〉는 조선으로부터 일본으로 복귀한 병사들을 싣고, 하카타항에 접안하는 구 일본군의 상륙용 함정1945년 10월 18일의 모습이며, 해안 쪽에 귀국을 기다리는 조선인들의 모습이 보인다.

이러한 배경을 이해하고 1절 가사를 살펴보면 작은 섬은 하카타만 밖의 겐카이시마玄界島를 가리킨다. 배는 만 안쪽의 노코시마能古島 근처에 정박하고, 인양자들은 검역 등을 받은 후 상륙했기 때문에 그러한 모습을 보면서 이 노래 가사를 적어 내려갔을 것이다.

한국과 마찬가지로 일본의 〈가에리부네かえり船〉 가사에도 여러 번 등장한 '고국'이라는 말이 있다. 사실 '조국'이라는 어휘가 뉘앙스 상 더 애국심을 나타내는 단어라고 생각되지만, 한국과 일본 모두 〈귀국선〉 가사에는 '고국'이라고 표현되어 있다. 이는 애국심의 발현으로 사용하는 '조국'보다는 그리움에 사무쳐 고향의 느낌이 나는 고국으로 표현한 것이라고 볼 수 있다. 다시 말해 외국에서 생활하다 돌아오면서 느끼는 회한이 가득한 그리움의 표현이라고 볼 수 있다. 또 양국 가사에 공통적으로 등장하는 '파도'와 '갈매기' 그리고 '뱃고동'

의 단어는 귀환의 감정을 잘 드러내는 희망적 표현의 가사라고 볼 수 있다. 일본의 경우 한국처럼 의인화된 표현은 아니지만 담백하면서 아련함이 묻어나는 가사라고 볼 수 있다.

　외지에 있는 동포들이 고국을 향해 돌아오는 배를 귀국선이라고 부르는데 〈가에리부네かえり船〉를 노래한 다바타 요시오는 공교롭게도 쇼와 15년1940에는 〈와카레부네別れ船, 이별선〉를 부르며 출정하는 병사를 응원하기도 하였다. 병사들의 배웅과 마중을 함께하며, 다바타 요시오는 패망하여 돌아온 귀환자의 슬픔을 위로하고 싶었는지도 모르겠다. 아무리 고통스러운 상황일지라도 일본인은 결코 동포를 저버리지 않고 슬픔도 함께 나눌 수 있다는 감정을 담아 노래했을 것이다. 뱃사람 마도로스 풍의 밝고 경쾌한 노래가 아닌 폐허의 일본으로 돌아온 귀환자들을 위로하는 노래인 것이다. 〈가에리부네かえり船〉의 가사에는 앞서 언급한 일왕의 종전 선언 메시지처럼 일본 재건을 꿈꾸며 절망 속에서도 귀환자를 응원하는 내용도 담겨 있다. 어쩌면 〈가에리부네かえり船〉라는 노래가 실의와 절망에 빠진 일본 시민과 귀환자에게 주는 긍정의 메시지였을 수도 있을 것이다.

5. 나오며

　본 연구에서는 귀환의 의미에 대하여 한국과 일본의 〈귀국선かえり船〉이라는 같은 제목의 대중가요를 통해 살펴보았다. 국가의 존망存亡이라는 키워드로 정리할 수 있는 당시 한일 양국의 시대적인 상황이 대중가

요 속에 녹아 있다고 말할 수 있다.

본 연구는 하나의 중대 사건인 일왕의 종전 조서 방송^{옥음방송}를 통해 해방과 패망이라는 관점에서 바라볼 수 있었고, 한일 양국에서 귀환자의 애환을 그린 노래를 토대로 그 가사에 담긴 귀국의 의미를 파악하는데 목적이 있었다. 한국은 일제강점기 총 34년 351일을 겪고 나서야 해방을 맞이하였다. 그 기쁨을 노래한 것이 본 연구에서 소개한 〈귀국선〉이었다. 한국의 해방이 곧 패망인 일본, 이러한 슬픔과 탄식을 노래한 것이 일본의 〈가에리부네^{かえり船}〉이다.

한국의 〈귀국선〉이란 노래에 담긴 귀환의 의미는 하나이다. 나라를 빼앗긴 기나긴 시간 동안에 꿈에도 그리던 고국으로 돌아오는 동포들의 감격을 그리며, 귀환의 들뜬 마음을 노래하고, 광복 후 살아갈 앞날에 대한 희망을 노래하였다는 점이다. 한편 일본 〈가에리부네^{かえり船}〉의 경우, 전쟁에 출정했던 병사들이 패전하여 귀국하는 모습을 그려냈다. 주체할 수 없는 슬픔을 어떻게든 억누르고, 고국에서 재기를 꿈꾸고자 하는 의지를 담담하게 그려냈다. 귀환이 우리 국민에게는 희망이었다면 일본의 입장에서는 패전이고 절망인 셈이지만, 그것을 대중가요를 통하여 극복하고자 하는 모습을 엿볼 수 있었다. 귀환의 기쁨과 슬픔을 담은 노래를 통해 대중가요가 귀환자에게 긍정과 희망의 메시지로 변화되어가고 있는 것을 확인할 수 있었다.

앞으로는 대중가요에만 한정하지 않고 영화 등과 같이 다양한 매체 속에서 전달되는 귀환의 의미에 대해서도 살펴보고 싶다. 또 부산항과 같이 끊임없이 인적 교류가 행해지는 귀환항의 역동적인 모습에 대해서도 지속적으로 연구하고자 한다.

참고문헌

고모리 요이치, 송태욱 역, 『1945년 8월 15일 천황 히로히토는 이렇게 말하였다』, 뿌리와 이파리, 2004.

권정구, 『1975년 이후 한국 대중음악에 대한 제도적 규제의 변화 양상』, 한국학중앙연구원 박사논문, 2015.

김광열, 『한인의 일본 이주사 연구(1910~1940년대)』, 논형, 2010.

김예림, 「현해탄의 정동 – 국가라는 '슬픔'의 체제와 밀항」, 『석당논총』 49집, 석당학술원, 2011.

박진수, 「근대 한일 대중가요의 성립 과정과 번역」, 『아시아문화연구』 39, 아시아문화연구소, 2015.

박찬호, 『한국 가요사 1』, 미지북스, 2009.

원용진, 「일제 강점기 조선 음반계의 중심 인물인 문예부장에 관한 연구」, 『한국방송학보』 29(5), 한국방송학회, 2015.

이영미, 『한국대중가요사』, 민속원, 2006.

이주원, 「한·일 양국의 대중가요 비교고찰 – 1945~1950년을 중심으로」, 『일본연구』 64, 일본연구소, 2015.

장유정, 「한국 트로트 논쟁의 일고찰 – 이미자 관련 논쟁을 중심으로」, 『대중서사연구』 14, 대중서사학회, 2008.

_____, 「불러보자 귀국선, 춤춰보자 강남스타일」, 『새국어생활』 제25권 제4호, 국립국어원, 2015.

_____, 『오빠는 풍각쟁이야 – 대중가요로 본 근대의 풍경』, 민음in, 2006.

장유정·서병기, 『한국 대중음악사 개론』, 성안당, 2015.

최창봉 편, 『문예총감』, 한국문화예술진흥원, 1976.

한국문화방송 편, 『가요반세기』, 성음사, 1975.

황문평, 『가요60년사』, 전곡사, 1983.

_____, 『노래백년사』, 숭일문화사, 1981.

菊池淸麿, 『日本流行歌変遷史 – 歌謡曲の誕生からJ・ポップの時代へ』, 論創社, 2008.

岸邊茂雄 외, 이지선 역주, 『일본음악의 역사와 이론』, 민속원, 2003.

〈URL〉

https://www.youtube.com/watch?v=iKgPJH1b6io

http://encykorea.aks.ac.kr/Contents/Item/E0007175

https://cafe.naver.com/ys0917/919

https://duarbo.air-nifty.com/songs/2011/09/car.html

https://www.nishinippon.co.jp/image/46977/ 후쿠오카100년(서일본신문사 간행)

한국민족문화대백과사전

제3부

귀환의 공간, 부산

한인 디아스포라의 귀환과 해방공간 부산

최민경

1. 들어가며

일본의 제2차 세계대전 패전과 함께 제국일본의 세력권이었던 지역에서는 대규모 인구이동이 시작되었다. 1945년 8월 15일 시점에서 제국일본 세력권의 인구는 1억 명 정도였다고 하는데 이 중 약 9%에 해당하는 900만 명이 "다양한 경로를 통해 거대한 사람의 이동환류(還流)의 소용돌이에 휩쓸려갔다."[1] 그 중에서도 한인韓人의 이동이 두드러져 한반도 이외 지역에 있었던 한인 약 500만 명 중 대부분은 해방된 고국으로 돌아가고자 했다. 한인 디아스포라diaspora[2]의 귀환repatriation은 일본의 패전 직후부터 시작되어 일본, 중국대륙, 대만, 남태평양 등 지역으로부터 급속하게 이뤄졌고 총 300만 명이 이동했

---

1   蘭信三, 「引揚・追放・殘留の國際比較・關係史にむけて」, 蘭信三・川喜田敦子・松浦雄介編, 『引揚・追放・殘留 −戰後國際民族移動の比較研究』, 名古屋大學出版會, 2019, 2쪽.
2   유대인 이산의 역사에 기원을 가진 개념으로 글로벌화 속에서 다양한 함의를 지니고 활발하게 쓰이고 있다. 근래 이루어진 관련 국내연구를 살펴보면 근대 이후 한인이 동북아 각 지역, 사할린 등으로 '흩어지는' 이주 현상에 대해서는 '이산', 흩어진 집단에 대해서는 '디아스포라'가 일반적으로 사용됨을 알 수 있다.

다. 그리고 이러한 한인 디아스포라의 귀환은 "일제 식민지통치의 강제와 모순에서 비롯된 해외이주 및 강제연행으로 해외에 나가 있던 한인이 해방과 함께 조국으로 돌아오는 것을 의미"하였다.[3] 따라서 제국일본에 의해 '이산'했던 민족이 한반도에서 다시 하나가 되는 것은 선택의 여지가 없는 당위적인 이동의 흐름이었으며 반드시 달성해야 하는 내셔널리즘nationalism 프로젝트였다.

그런데 한인 디아스포라의 귀환은 이처럼 추상적이고 원대한 의미만을 지닌 것은 아니었으며 동시에 생활과도 직결되는 문제였다. 특히, 귀환선歸還船이 도착하는 지역, 바꾸어 말하자면, 귀환의 '창구'가 된 지역에서 한인 디아스포라의 귀환은 일차적으로 외부로부터의 대규모 인구유입을 의미했고 그 결과 다양한 사회문제를 야기하였으며 지역주민의 삶에도 적지 않은 영향을 끼쳤다. 그렇다면 이러한 지역에서 귀환에 대한 시선은 구체적으로 어떠하였을까. 본 연구에서는 이와 같은 질문에 답하기 위하여 해방공간 부산에 주목한다. 부산은 일제강점기 내내 많은 한인들이 '떠나간' 곳이었다. 특히 일본으로의 한인 이주는 거의 대부분이 부산을 통해 이뤄졌다고 할 수 있는데, 해방 후 이들이 귀환한 곳도 부산이었다. 이에 본 연구에서는 1945년 8월 15일부터 약 3년 간 부산을 통한 한인 디아스포라의 귀환양상이 구체적으로 어떠하였는지를 검토하고 이들의 귀환이 부산 지역사회에 미친 영향을 살펴봄으로써 지역이라는 시각에서 귀환에 대한 인식의 다양성을 고찰하도록 하겠다.

---

3   장석흥, 「해방 후 귀환문제 연구의 성과와 과제」, 『한국근현대사연구』 25, 한국근현대사학회, 2003, 11쪽.

2. 선행연구 검토

한인 디아스포라의 귀환에 관한 연구는 1990년대 들어서 시작되었다고 할 수 있다.[4] 1990년대 이전의 경우 국내외를 막론하고 한인이민사나 재일한인사의 일부로 귀환문제가 언급되는 정도였다면 1990년대 이후에는 귀환 자체를 독립적인 주제로 설정한 연구들이 등장하였으며 특히 국내에서 본격적으로 관련 연구가 시작된 것도 이 시기부터이다. 국내에서 이루어진 한인 디아스포라의 귀환 관련 연구는 재일한인을 중심으로 시작되었는데 이 중 최영호의 연구는 가장 초기의 연구이다.[5] 이 연구는 해방과 더불어 우후죽순 등장한 재일한인 민족단체 활동과의 관련 속에서 이들의 귀환과정을 분석하였다. 이후에는 강제동원 문제와 관련하여 재일한인의 귀환을 고찰하는 연구가 산발적으로 이루어졌으나 심도 있는 연구성과가 축적되는 단계에 이른 상태는 아니었다.

한인 디아스포라 귀환연구의 전환점으로는 2003년 한국학술진흥재단현, 한국연구재단의 연구과제로 '해방후 해외한인의 귀환문제 연구'가 선정된 것을 들 수 있다. 이 연구과제는 일본은 물론이고 중국대륙, 대만, 사할린, 남태평양 등 다양한 지역으로부터의 한인 귀환을 연구대상으로 하였으며 사료분석을 통한 귀환실태 검토와 귀환생존자의 구술자료 수집, 정리를 동시에 진행하였다는 점에서 의의가 크다. 이 연구과제를 통해 한인 디아스포라 귀환 전반에 관한 1차적인

---

4 위의 글, 16쪽.
5 최영호, 『재일한국인과 조국광복 – 해방 직후의 본국귀환과 민족단체 활동』, 글모인, 1995.

사료 축적과 집중력 있는 연구성과의 도출이 이뤄졌다. '해방후 해외 한인의 귀환문제 연구'의 성과 중에서는 재일한인의 귀환에 관한 것이 양적, 질적으로 눈에 띠는데 이를 구체적으로 살펴보면 강제동원 생존자의 구술자료 수집에 기반을 둔 연구[6]와 연합국최고사령부General-al Headquarters/Supreme Commander for the Allied Powers; GHQ/SCAP 및 일본정부의 귀환정책과 민족단체의 대응에 관한 연구[7]가 있다.

이렇게 본격화한 한인 디아스포라의 귀환연구는 이후 미군정기 사료의 선별과 재조在朝일본인 인양引揚[8] 문제와의 연관성 검토, 그리고 귀환에 대한 모국 인식 등 주제와 방법에 있어서 확대되어 왔다. 이중 본 연구와 관련하여 귀환에 대한 모국 인식에 관한 연구를 보다 자세히 살펴보면 귀환한 한인 디아스포라에 대한 구호운동을 고찰하는 작업이 어느 정도 이뤄졌음을 알 수 있다.[9] 그리고 이들 연구를 통해서는 당시 이산했던 한인의 귀환이 "민족적 과제"로서 자리매김하였고[10] 해방과 함께 당연히 이뤄져야 하는 인구이동의 흐름으로 인식

6　정혜경, 「일제 말기 조선인 군노무자의 실태 및 귀환」, 『한국독립운동사연구』 2, 독립기념관 한국독립운동사연구소, 2003; 여성구, 「1940년대 전남지역 한인의 강제연행과 귀환 – 구술을 통해 본 귀환생존자의 사례를 중심으로」, 『역사학연구』 22, 호남사학회, 2004.

7　채영국, 「해방 후 재일한인의 지위와 귀환」, 『한국근현대사연구』 25, 한국근현대사학회, 2003; 김인덕, 「해방 후 조련과 재일조선인의 귀환정책」, 『한국독립운동사연구』 2, 독립기념관 한국독립운동사연구소, 2003; 조용욱, 「일본 내 한인의 '귀환'과 한국 내 일본인의 '송환'에 관한 해방 직전 미국 측 자료」, 『한국근현대사연구』 33, 한국근현대사학회, 2005.

8　'인양'은 'repatriation'의 일본식 표현으로 일본이 제2차 세계대전에서 패전한 후 일본제국의 세력권 내에 있던 일본인들이 일본 본토로 돌아오는 흐름, 과정을 말한다.

9　황병주, 「미군정기 전재민 구호운동과 『민족담론』」, 『역사와 현실』 35, 한국역사연구회, 2000; 이현주, 「해방 직후 인천의 귀환 戰災同胞 구호활동 – 『대중일보』 기사를 중심으로」, 『한국근현대사연구』 29, 한국근현대사학회, 2004; 황선익, 「해방 후 귀환구호운동의 전개와 미군정의 대응」, 『한국근현대사연구』 85, 한국근현대사학회, 2018.

10　1945년 8월 31에는 이미 조선재외전재동포구제회(朝鮮在外戰災同胞救濟會)가 창립하였고 이후 조선인민원호회(朝鮮人民援護會), 전재동포원호동맹(戰災同胞援護同盟) 등 많은 단체들이 귀환하는 '동포'를 구호하기 위한 활동에 뛰어 들었다는 사실도 귀환이 "민족적 과제"

되었음을 다시 한 번 확인할 수 있다. 일반적으로 디아스포라라는 존재를 통해 모국은 영토와 구성원의 관계성을 재구성하며 국민국가로서의 정체성을 정립한다는 점을 고려하면[11] 새로운 국민국가 건설을 민족적 과제로 삼았던 해방된 한반도에서 이와 같은 디아스포라 인식은 얼핏 보면 당연하다.

그런데 이처럼 해방 직후 한반도에서 디아스포라의 귀환이 지녔던 의미를 구체적으로 살펴보면 그 안에 적지 않은 차이가 있고 결코 동질적이지 않음을 알 수 있다. 디아스포라의 귀환은 모국에게 실제 디아스포라와의 '만남'을 야기한다는 측면에서 디아스포라 정치diaspora politics, 바꾸어 말하자면, 디아스포라에 대한 포섭과 배제가 가장 첨예해 지는 국면으로 보다 현실적인 다양한 요인이 작용하여 디아스포라에 대한 인식이 재구성될 수밖에 없다. 그리고 지역에 주목하는 것은 귀환 나아가 귀환 디아스포라에 대한 인식의 다양성을 검토할 수 있는 방법 중 하나인데, 지금까지 이러한 시각에서 충분한 연구가 이뤄졌다고는 보기 어렵다.[12] 이는 앞에서 살펴보았듯이 한인 디아스포라의 귀환연구가 비교적 짧은 역사를 지녔고 이와 더불어 디아스포라 관련 연구가 전반적으로 추상적 차원의 담론 중심으로 구체성

였음을 말해준다. 황선익, 위의 글, 131쪽.

11 Levitt, Peggy. and Rafael de la Dehesa, "Transnational Migration ans the Redefinition of the State : Variations and Explanations", *Rthnic and Racial Studies* 26-4, Routledge, 2003; Skrentny John D. et al, "Defining Nation in Asia and Europe : A Comparative Analysis of Ethnic Return Miration Policy", *International Migration Review* 41-4, Sage Publications, 2007.

12 예외적으로 인천을 중심으로 귀환 한인의 구호활동과 이들에 대한 모국의 인식을 살펴본 이현주 연구가 있으나, 인천이라는 지역사회가 지니는 특징이 충분히 반영되었다고는 보기 어렵다. 이현주, 앞의 글, 35~59쪽.

이 부족한 상태에서 진행되어 왔기 때문이기도 하다.[13]

본 연구에서는 이와 같은 기존연구의 한계를 바탕으로 특히 귀환선이 도착하는 지역에 주목하고자 한다. 귀환선이 도착하는 지역, 즉, 귀환의 '창구'가 된 지역에서 디아스포라의 귀환은 국가, 민족의 과제이기 이전에 생활과 직결되는 문제였고 이는 귀환에 대한 시선에도 반영되었다. 그 중에서도 부산은 해방 직후부터 이산했던 한인의 귀환이 단기간에 대규모로 이루어진 곳으로 이들의 귀환이 지역사회, 주민에게 미친 영향은 인천 등 다른 지역과는 비교가 안될 만큼 컸다. 물론 이와 같은 특징으로 인해 기존의 한인 디아스포라 귀환연구에도 부산은 여러 가지 형태로 등장한다.[14] 다만 본 연구에서는 해방공간 부산에 있어서 한인 디아스포라의 귀환은 지역사회로의 대규모 인구유입임과 동시에 그러한 인구유입에 따른 각종 사회문제의 발생과 대응을 의미하였다는 측면에 주목한다. 그리고 이와 같은 측면, 즉, 귀환에서 파생된 사회적 요인을 구체적으로 분석함으로써 귀환에 대한 인식이 지니는 지역적 다양성을 고찰하고 나아가 디아스포라연구의 구체성과 실천성 제고를 시도하도록 하겠다.

---

13 이상봉, 「디아스포라와 로컬리티 硏究 – 在日코리안을 보는 새로운 視覺」, 『한일민족문제연구』 18, 한일민족문제학회, 2010.
14 최영호, 「해방 직후 부산경남지역의 귀환자 원호체계와 원호활동」, 『한국민족운동사연구』 36, 한국민족운동사학회, 2003; 최영호, 「韓人 歸還者의 눈에 비친 解放直後 釜山의 이미지」, 『韓日民族問題研究』 20, 한일민족문제학회, 2011.

3. 부산을 통한 한인 디아스포라의 귀환 상황

1) 비공식적 귀환 시기

한인 디아스포라의 귀환은 연합국최고사령부, 실질적으로는 미국이 주도하는 형태로 이루어졌다.[15] 미국은 이미 1940년대 초반 제2차 세계대전 이후의 동아시아정책을 구상하는 가운데 그 일환으로 한인 디아스포라의 귀환문제를 자리매김하였으며[16] 따라서 그것은 제국일본 세력권 내의 다른 민족집단의 귀환문제와 연동된 형태로 논의되었다. 물론 그 중 주요 정책 대상은 가장 많은 수를 차지하는 한인과 일본인의 귀환이었다. 그러나 연합국최고사령부 그리고 미국에게 동아시아지역에서 귀환정책의 중심은 어디까지나 일본인의 귀환에 있었다.[17] 이는 '적국민'의 신속하고 안전한 귀환이 안정적인 대일對日점령으로 이어질 수 있다는 판단 때문이었다. 게다가 한반도를 소련과 분할 점령하게 된 것도 한인 디아스포라의 귀환문제가 우선순위에서 밀린 원인 중 하나였다.

결과적으로 해방 직후에는 연합국최고사령부의 적극적인 정책이 부재한 가운데 한인 디아스포라의 귀환은 비공식적으로 시작되었다. 다양한 배경, 형태이기는 하지만 제국일본과 식민지 조선이라는 비대

15　1945년 8월 15일 시점에서 이산 상태의 한인 디아스포라 약 500만 명 중 약 80%가 일본과 중국대륙(만주 포함)에 있었다고 추정된다. 이에 연합국총사령부의 한인 디아스포라 귀환정책 또한 중국(대륙)과 일본을 주요 대상으로 했는데 일본정부에게는 귀환정책의 이행을 요구하는 한편, 중국 정부와는 계속적인 교섭을 거쳐 추진하였다.

16　황선익, 「연합군총사령부(GHQ/SCAP)의 재일한인 귀환정책」, 『한국근현대사연구』 64, 한국근현대사학회, 2013, 153쪽.

17　위의 글, 165쪽.

칭적인 관계 구조 아래에서 이산했던 한인들이 모국으로 하루 빨리 돌아가고 싶다고 생각한 것은 당연했고, 그러한 귀환의 열의는 공식적인 귀환정책의 시작을 기다릴 수 없었다. 특히 지리적으로 가까웠던 재일한인의 귀환은 해방 직후부터 매우 활발하게 이뤄졌다. 1945년 8월 15일 당시 일본에 어느 정도의 재일한인이 있었는지 정확하게 파악하기는 어려우나 각종 연구와 조사 결과를 종합해 보면 대략 200만 정도였다고 추정된다. 그리고 모국의 해방 소식을 들은 이들 재일한인 대다수는 귀환을 하고자 했지만 공식적인 한인 디아스포라 귀환정책은 아직까지 존재하지 않았고 따라서 매우 혼란스러운 상태에서 진행되었다.

일본정부는 독자적으로 강제동원에 의해 도일渡日한 재일한인부터 귀환을 진행하였다. 1945년 9월 1일 지방장관에게 내린 통달通達에서는 급격한 노동력 감소로 사업 자체에 큰 타격이 예상되는 광업 분야 노무자의 경우, 일본 체류를 희망하면 허가하여 귀환 순위를 뒤로 하고 토목·건설 분야 노무자부터 귀환시키도록 하였다. 아울러 강제동원 시작 전에 일본에 건너온 재일한인에 대해서는 "귀환 가능한 시기가 되면 상세한 지시가 내려올 것이므로 그 전까지는 현재 거주지에서 평정하게 업무에 종사하며 대기하도록" 하였다.[18] 이는 재일한인의 귀환이 급속하게 진행될 경우 일본사회에 큰 동요가 일어날 것을 우려했기 때문이었다. 그러나 재일한인 입장에서 보면 해방된 모국으로의 귀환은 '대기'할 수 있는 것이 아니었고 어떻게 해서든지

---

18 厚生省勤勞局長·厚生省健民局長·內務省管理局長, 「朝鮮人集団移入勞務者等ノ緊急措置二關スル件」, 『內鮮關係通牒書類編冊』(アジア歴史資料センター所藏), 1945, 2~8쪽.

하루 빨리 돌아가고자 하였다.

특히 1945년 9월 중순이 되면 부산과 하카타博多, 부산과 센자키仙崎를 잇는 항로에 연락선連絡船이 운항되기 시작하면서[19] 재일한인의 귀환에 대한 기대감은 더욱 높아졌다. 그 결과 많은 재일한인들이 귀환의 기회를 잡아보고자 몰려들어 하카타항과 센자키항 근처에서 기다리며 노숙을 하는 상황이 발생한다. 하지만 이 시점에서 연락선은 강제동원 한인 노무자의 수송에 우선적으로 투입된 것이었기 때문에 '일반' 재일한인은 탈 수 없었다. 이에 하카타항과 센자키항에 도착한 재일한인이 선택할 수 있는 방법은 '밀항'이었다. 이는 개인적으로 어선 등을 빌려 대한해협을 건너는 방법이었는데 빌리는 데도 많은 돈이 들었을 뿐 아니라 건너는 과정 또한 어뢰, 풍랑 등의 영향으로 위험이 따랐다. 그럼에도 불구하고 귀환에 대한 열망 속에서 이와 같은 시도를 하는 재일한인은 끊이지 않았다.

그리고 그 결과 부산은 해방 직후부터 재일한인을 중심으로 한 귀환의 '창구' 역할을 하게 되었다. 구체적으로는 연락선을 타고 온 강제동원 노무자와 일부 군인·군무원은 물론 다양한 경로와 수단을 이용하여 대한해협을 건너 온 '일반' 재일한인이 부산항을 통해 귀환을 달성한 것이다. 다만 1945년 10월까지는 연합국최고사령부에 의한 한인 디아스포라 귀환과 관련된 어떤 구체적인 조치도 내려지지 않은 상태였고 주한 미군정의 경우 외사과外事課가 관련 업무를 담당하는 것이 정해졌지만 실질적인 활동은 시작하지 못한 상태였다.[20] 따

19 鐵道總局業務局長, 「關釜並二博釜航路経由旅客輸送ノ件」, 『內鮮關係通牒書類編冊』(アジア歷史資料センター所藏), 1945, 12~14쪽.

라서 해방 초기 부산을 통한 한인 디아스포라의 귀환양상이 어떠하였는지를 종합적으로 파악하는 것은 쉽지 않으며 내부 보고를 통해 단편적으로 파악할 수 있을 뿐인데 1945년 9월 25일경에는 이미 부산지역에 약 1만 명의 한인 귀환자가 있었으며 9월 27일부터 10월 3일에 걸쳐서는 3만 7천여 명이 추가로 귀환하였다고 한다.[21]

2) 공식적 귀환 시기

1945년 11월 1일 연합국최고사령부는 '비非 일본인의 일본으로부터의 귀환Repatriation of Non-Japanese from Japan'이라는 지령을 일본정부에게 내렸다. 이 지령은 비록 재일한인의 귀환만을 대상으로 한 것이었지만 한인 디아스포라 귀환과 관련하여 연합국최고사령부에서 내린 최초의 공식적이고 구체적인 지령이었다는 점에서 의의가 있다.[22] 실제 이 지령이 내려진 이후 중국대륙, 대만의 한인 귀환에 관한 구체적인 교섭, 협의도 시작되었으며 과거 제국일본의 세력권이었던 지역 전체를 둘러싼 다방향의 귀환이 본격화한다. 그리고 부산은 이와 같은 움직임 속에서 한인 디아스포라의 귀환 '창구'로서의 특징이 보다 강해졌다. 1946년 1월의 신문 보도에 의하면 귀환하는 한인 디아스포라 전체 중 70~80%가 부산항을 통해 모국으로 돌아왔다고 한다.[23] 1946년 들어 중국대륙, 대만 등 일본 이외 지역으로부터의 귀

---

20 주한 미군정이 실질적으로 귀환한 한인 디아스포라의 지원 업무에 나선 것은 외사과에서 부산항 제1부두 근처 창고를 임시수용센터로 사용하는 안을 제출한 이후인데, 이 안이 제출된 것이 1945년 9월 말에서 10월 정도로 추측된다(鈴木久美, 『在日朝鮮人の「歸國」政策 – 1945~1946年』, 綠陰書房, 2017, 156쪽)

21 최영호, 앞의 책, 94쪽.

22 鈴木久美, 앞의 책, 49쪽.

환이 본격적으로 시작되었다고는 하지만 상하이上海 등과 같은 주요 지역에서 출발한 귀환선은 부산으로 입항하는 경우가 많았기 때문에 한인 디아스포라 귀환 전체를 두고 봐도 그 비중은 크게 다르지 않을 것이다.

부산을 통한 한인 디아스포라의 귀환양상을 주요 출발지별로 보다 자세히 살펴보면 다음과 같다. 우선 재일한인의 귀환은 앞에서 언급한 1945년 11월 1일의 연합국최고사령부의 지령을 계기로 이전 시기보다 체계적으로 통제되면서 이루어졌다. 재일한인의 귀환에는 계속해서 센자키항, 하카타항이 주로 이용되었고 일본정부가 자체적으로 우선순위를 정해 군인·군무원, 강제동원 노무자부터 귀환시키던 방식을 답습하되 탄광 노동자 또한 신속히 귀환토록 했다. 또한 일본 국내지역을 세 개로 나누어 규슈九州북부지역, 간사이關西지역, 기타 지역 순으로 한인 귀환을 진행하였다. 일본정부도 재일한인의 질서 있는 귀환을 위하여 다양한 조치를 취하기 시작하였는데 귀환이 이뤄지는 항구까지의 대규모 수송을 위한 철도 등 교통편 마련부터 시작하여 1945년 11월 말에는 지방인양원호국地方引揚援護局[24]을 설치함으로써 귀환하는 한인 디아스포라를 임시 수용, 지원하게 되었다.

결과적으로 군인·군무원과 강제징용 노무자의 귀환은 1945년 12월말까지 거의 끝났으며 1946년부터는 '일반' 재일한인의 귀환국면으로 넘어간다.[25] 다만 1946년 들어서 재일한인의 귀환은 미미하세

---

23 「百萬名 突破 記念式 – 釜山埠頭 歸還同胞收容所서 盛大」, 『中央新聞』, 1946.1.14.
24 지방인양원호국은 후생성(厚生省) 사회국(社會局)에서 통괄하였다. 시모노세키(下關), 하카타 등 7개 지역에 만들어졌으며 센자키, 모지(門司), 요코하마(橫濱)에는 출장소가 있었다.
25 최영호, 「해방 직후의 재일한국인의 본국 귀환, 그 과정과 통제 구조」, 『한일관계사연구』

이루어졌던 것으로 보인다. 1946년 2월 연합국최고사령부는 일본에 남아있던 한인, 중국인, 대만인 등을 대상으로 귀환 희망 여부를 등록하도록 하였는데, 이 등록을 통해 집계된 바에 따르면 1946년 3월 현재 재일한인의 수는 약 64만 명으로 해방 직후 일본에 남아있던 한인 중 70% 가까이는 이미 귀환한 상태였다. 이후 1947년 5월 2일 일본정부가 외국인등록령을 시행하면서 재일한인의 인구를 집계한 바에 따르면 598,507명이었으므로 1946년 3월 이후 추가로 귀환한 재일한인은 4만 명 정도에 불과하다. 바꾸어 말하자면 '일반' 재일한인의 귀환이 체계적으로 이루어지기 시작했을 때는 이미 연합국최고사령부와 일본정부의 귀환 체계에서 일탈한 개별적인 귀환이 완료된 상태였다고 할 수 있다.

반면에 중국대륙, 대만으로부터의 한인 귀환은 1946년이 들어 본격적으로 시작되었다. 1945년 8월 15일 시점에서 중국대륙에는 약 250만 명, 대만에는 약 5천 명의 한인 디아스포라가 있었다고 추정된다. 그런데 재중한인의 귀환문제는 다른 지역으로부터의 귀환에 비해 매우 복잡한 양상을 보였다. 공산당과 국민당의 대립이 심화되는 가운데 연합국최고사령부는 기본적으로 국민정부와의 교섭을 통해 재중한인의 귀환을 진행하였지만 지역에 따라서는 공산당, 소련과의 관계가 얽혀 결코 원활할 수 없었다.[26] 재중한인의 귀환도 일본

4, 한일관계사학회, 1995, 116쪽.

26 황선익, 「동북아정세와 중국지역 한인의 귀환(1944~1946)」, 『한국독립운동사연구』 46, 독립기념관 한국독립운동사연구소, 2013, 286~287쪽. 특히 중국 동북지역의 한인들을 둘러싼 정세가 복잡하여 이들 중 일부는 육로와 해로를 통해 귀환하였고 나머지는 잔류하였다. 귀환자 중 해로를 통한 귀환은 매우 소수였고 육로를 통한 귀환이 다수였는데 육로 이동의 특징 상 정확한 양상을 파악하기는 힘들다.

군 소속이었던 한인 병사와 '일반' 한인으로 나뉘어 이루어졌는데 전자의 경우 국민정부가 설치한 한적관병관리소韓籍官兵管理所에 수용되어 한국광복군의 통제를 받다가 귀환하였고, 후자의 경우 임시정부가 조직한 한교선무단韓僑宣撫團이 담당하였다.

정치외교적 배경으로 인해 연합국최고사령부와 국민정부 주도의 귀환 조치의 대상이 되지 못한 중국 동북지역을 제외하고 보면 재중한인의 대부분은 톈진天津의 탕구塘沽항과 상하이항을 통해 귀환하였다. 이 중 상하이항을 출발한 귀환선의 경우 거의 모두 부산항으로 들어왔다고 봐도 무방하며 1946년 3월 4일 약 5천 명을 시작으로 미국 수송선, 상륙선 등을 이용한 귀환이 계속해서 이루어졌다. 상하이로부터 귀환한 재중한인의 수를 정확하게 파악하는 것은 어려우나 대략 3만여 명 정도였을 것이라고 추측된다.[27] 그리고 이들 대부분이 1946년 안에 귀환을 하였기 때문에 부산으로의 유입도 이 시기 집중되었다. 그밖에 부산을 통해 귀환한 재중한인은 항로 관계 상 광저우廣州 등 중국 남부지역으로부터 돌아온 경우가 대부분이었다.

한편 대만으로부터의 귀환 또한 일본군 소속이었던 한인 병사와 일반 한인으로 구분되어 중국과 유사하게 이루어졌는데 중국대륙과 비교했을 때 임시정부의 영향력은 약했고 대만경비총사령부台湾警備総司令部와 미국의 협조적인 관계 속에서 진행되었기 때문에 상대적으로 원활한 양상을 보였다.[28] 1946년 3월 군인·군무원부터 시작하여 4

---

27 장석흥, 「해방 직후 상해지역의 한인사회와 귀환」, 『한국근현대사연구』 28, 한국근현대사학회, 2004, 282쪽.
28 황선익, 「해방 후 대만지역 한인사회와 귀환」, 『한국근현대사연구』 34, 한국근현대사학회, 2005, 204~215쪽.

월에는 일반 한인들까지 신속하게 귀환을 시작하였으며 지룽基隆에서 출발하여 부산에 도착하는 경로가 주로 이용되었다. 대만으로부터의 귀환과 관련하여 한 가지 흥미로운 점은 대만 한인들이 이용한 귀환선은 싱가포르 등지의 한인 디아스포라를 먼저 태우고 대만에 기항한 경우도 종종 있었다는 사실로 동북아지역 이외로 이산한 한인들의 귀환에 있어서 결절점의 기능을 했다고도 이해할 수 있다. 그리고 이렇게 진행된 귀환의 결과 1947년 2월 현재 대만에 잔류한 한인은 약 360명 정도였으며[29] 이를 통해 1946년까지 대부분의 한인이 부산을 통해 귀환하였고 그 규모는 4천 명 이상이었음을 알 수 있다.

4. 귀환의 '창구', 부산 그리고 디아스포라

1945년 12월 13일자 『동아일보』 사설 「戰災同胞를 救恤하자」에는 다음과 같은 구절이 있다.

우리는 方今建國途上에 잇다. 政治分野에 對立的抗爭이 熾熱한 가운데서도 同族的紐帶인 血緣的情緒에는 엇절수업는일이다. (…중략…) 三千萬겨레 그누구한사람이 建國의 役軍아닌이가 업슬것이니 戰災同胞에 對한 一□의 同情은 나만 同族的 情愛로시민이 아니리 實로 國的任務의 하나라는것을 이저서는안된다.[30]

---

29 위의 글, 217쪽.
30 「戰災同胞를 救恤하자」, 『東亞日報』, 1945.12.13.

여기에서 알 수 있는 사실은 '전재동포'를 해방 후 새로운 국가 건설에 있어서 중요한 존재 중 하나로 자리매김 하고 있다는 것이다. 바꾸어 말하자면 해방 후 한인 디아스포라의 귀환은 국가적, 민족적 과제로서 빠른 시일 내에 해결해야하는 문제였으며 이들에 대한 지원은 반드시 필요한 당위적인 것이었다. 예를 들어 한인 디아스포라의 원활한 귀환을 위하여 개별적인 여행은 삼가라는 교통국의 지적[31]이나 전국 각지에서 개최된 모금을 위한 각종 스포츠, 문화행사[32] 등은 당시의 이러한 사회 분위기를 잘 보여준다.

　그러나 이와 같은 사회 분위기가 한반도 전체에서 동질적으로 공유된 것은 아니었다. 앞 장에서 살펴본 바와 같이 한반도에서 최대의 귀환 '창구'였던 부산에는 해방 후 2년 남짓한 기간 동안 당시 인구 약 40만 명의 5배에 가까운 한인 디아스포라가 귀환하였다. 즉 부산의 경우 한인 디아스포라의 귀환은 일차적으로 대규모 인구유입을 의미했고 그 결과 이로부터 파생되는 각종 사회문제와 직면할 수밖에 없었다. 부산항을 통해 귀환한 한인 디아스포라는 많은 경우 고향으로 다시 떠났지만 혼란 속에서 그 과정이 원활하게 진행되지 않기도 했으며 결과적으로 부산에 잔류하는 사람도 적잖게 생겨났다. 이 장에서는 『釜山新聞』을 비롯하여 부산발 『조선통신』의 기사 등 부산지역의 상황에 대한 상세한 보도를 참고하여 한인 디아스포라의 귀환과 관련된 부산의 특징적인 경험을 주택 및 실업문제와 전염병문제라는 귀환에

31　「同胞들 故國歸還爲해 不急旅行은 自肅하자」, 『民衆日報』, 1945.10.12.
32　「運動界消息, 歸還同胞救濟拳鬪盛況」, 『民衆日報』, 1945.11.21; 「救援하자 歸還同胞, 音樂과 演劇의 밤」, 『嶺南日報』, 1945.11.30.

서 파생된 사회문제에 초점을 맞추어 살펴보고 이를 통해 해방공간 부산에서 귀환이 어떠한 의미를 지녔었는지 검토하겠다.

1) 주택 및 실업문제

일본, 중국대륙, 대만 등 해방 이전 한인 디아스포라가 주로 체류했던 지역으로부터의 대규모 귀환이 마무리된 1947년 말 현재, 부산을 통해 들어온 귀환자의 수는 약 250만 명에 달했다.[33] 그리고 이러한 대규모 인구유입이 단기간에 일어나면서 부산은 큰 혼란에 빠졌다. 기본적으로 부산항에 입항한 귀환선은 제1부두에서 귀환자를 하선시켰으며 하선한 이들은 미군정 및 구호단체 직원의 안내에 따라 귀환 신고를 한 후 검역 및 DDT 살포와 같은 소독 그리고 환전 절차를 거쳤다. 그리고 이후 원하는 목적지 별로 철도를 이용하여 이동하도록 되어 있었는데 귀환자가 한꺼번에 몰리면서 철도 이동이 원활하게 이루어지지 않았고 결과적으로 부산을 벗어나지 못하고 귀환한 한인 디아스포라가 적체되는 상황이 발생하였다. 부산항 근처에는 이들을 위한 임시수용소가 마련되기도 하였으나 귀환의 '창구'로서 이동성이 극단적으로 높아진 결과 혼란스러운 상황은 이어졌다.

물론 귀환한 한인 디아스포라 대부분은 순차적으로 부산을 떠났다. 이들은 부산에서 다시 기차 등을 이용하여 고향이나 기타 연고지로 향했는데 1945년 12월 미군정에서 파악한 바에 따르면 부산항을 통해 귀환한 한인 디아스포라의 최종 귀환지 중 한반도 남부대전이남 지

---

33 「釜山府內의要救護者15萬」, 『民主衆報』, 1947.12.24.

역이 차지하는 비중은 87.3%이다. 그 중에서도 오늘날의 경상남북도와 부산지역으로의 귀환이 두드러져 62.5%에 이른다.[34] 1945년 12월이라는 시점은 재일한인의 귀환이 중심이었고 기타 지역으로부터의 한인 디아스포라 귀환은 아직 미미한 상태였기 때문에 1946년 이후 중국대륙, 대만 등지로부터의 귀환이 본격적으로 시작된 이후부터는 최종 귀환지의 분포에도 일정 정도의 변화가 있었을 것이다. 그러나 일본으로부터의 한인 디아스포라 귀환이 압도적으로 많았다는 사실을 감안한다면 1946년, 1947년에 걸쳐서도 최종 귀환지는 한반도 동남권이 중심이었다고 보인다.

그런데 이처럼 한반도 동남권에 집중된 한인 디아스포라의 최종 귀환지 중에서도 부산이 차지하는 비중은 두드러졌다. 1947년 말 시점에서 부산을 통해 귀환한 한인 디아스포라의 8.8%에 해당하는 22만 명이 그대로 부산에 잔류한 것으로 추정된다.[35] 부산 잔류의 이유는 개인마다 사정이 있겠지만 많은 경우 고향의 인적네트워크가 끊긴 상태였다고 보이며 농촌 보다는 도시에서 일자리를 얻어 생계를 꾸려나가는 것이 용이하다고 판단했기 때문일 것이다. 그리고 이러한 귀환자의 잔류를 통해 부산 인구는 크게 증가했다. 해방 직후 부산에 거주하던 일본인들이 빠져나갔다고는 하나 한인 디아스포라의 귀환이 워낙 단기간에 대규모로 이루어지다보니 결과적으로 부산의 인구는 급증하게 된 것이다.

그리고 이와 같은 사회적 인구 증가의 결과 가장 먼저 부상한 사회

---

34 최영호, 앞의 글, 2003, 14쪽.
35 「釜山府內의 要救護者15萬」, 『民主衆報』, 1947.12.24.

문제는 주택문제였다. 부산은 이미 1940년대 초반부터 만성적인 주택 부족에 시달리고 있었는데 여기에 더해진 귀환자의 존재는 이를 악화시킬 뿐이었다. 귀환한 한인 디아스포라의 주택문제가 어느 정도 심각했는지는 당시 신문에 종종 보도되었는데 임시수용소에 계속해서 체류하거나 방공호 등에 기거하는 사례도 드물지 않았다.[36] 물론 이러한 문제를 해결하기 위해 해방 전 일본인이 소유하던 토지, 가옥을 분배하기도 하였지만[37] 역부족이었으며 귀환자의 대규모 유입은 한국전쟁 피난민의 정착과 더불어 오늘날까지 이어지는 부산의 도시문제, 바꾸어 말하자면, 도시 중심 그리고 항만 주변 고지대에 무질서하게 형성된 빈민 거주 지역판자촌의 존재의 원인이 되었다.[38]

한편, 주택문제와 더불어 한인 디아스포라의 귀환은 실업문제라는 혼란을 야기하였다. 여러 지역으로부터의 한인 디아스포라 귀환이 가장 활발하게 진행 중이던 1946년 5월 「실업자 도시 부산: 12만 무직자 중 귀환 동포 반 이상」이라는 제목의 신문기사가 보도되었다. 이 기사에 따르면 당시 부산 시내의 실업자는 전체 인구의 약 3분의 1에 해당하는 12만 명에 달하며 그 중 60% 이상이 귀환한 한인 디아스포라였다.[39] 이후에도 실업자 증가는 이어져 1946년 7월 한 달 사이에만 2천 여 명이 늘어났다.[40] 실업자의 증가는 각종 사회문제를

---

36 「哀愁어린港都의古今 – 歸還同胞密輸等으로混淆한釜山」, 『漢城日報』, 1946.7.9.

37 「戰災農民一萬餘 – 前日人土地를耕作」, 『釜山新聞』, 1946.6.27; 「極貧歸還同胞, 濟州島에約百戶移住」, 『釜山新聞』, 1947.11.15.

38 배미애, 「부산시 거주공간분화의 시대사적 함의」, 『한국지역지리학회지』 13-5, 한국지역지리학회, 2007, 487쪽; 공윤경, 「부산 산동네의 도시경관과 장소성에 관한 고찰」, 『한국도시지리학회지』 13-2, 한국도시지리학회, 2010, 133쪽.

39 「失業者都市釜山 – 十二萬無職者中歸還同胞半以上」, 『釜山新聞』, 1946.5.30.

40 「府民四分一이失業者」, 『釜山新聞』, 1946.8.14.

추가적으로 파생시키기도 했는데 구체적으로 노점상 양산, 아동 행상 발생, 절도 빈발 등을 들 수 있다.[41] 그리고 앞에서도 언급한 바와 같이 귀환자 중 상당수가 부산에 잔류하면서 실업문제는 1947년 이후에도 계속되었다.[42] 물론 부산에는 부두하역처럼 일시적으로 일을 할 수 있는 일용노동 형태의 일자리가 다른 지역에 비해 많이 있었으나 이러한 노동에 종사한다는 것은 아이러니컬하게도 언제든지 실업자가 될 수 있음을 의미했고 실제 실업문제를 해결하는 데는 역부족이었다.[43]

그리고 이와 같은 주택 및 실업문제는 귀환에 대한 양가적인 인식으로 이어졌다. 귀환자의 대규모 유입은 주택 및 실업문제가 식량 부족, 치안 불안 등을 낳아 지역사회의 혼란을 가중시키고 있다는 인식과 함께 그래도 어디까지나 이들은 '전재동포戰災同胞', '전재민戰災民'으로 '품어야만 하는' 구호와 지원의 대상이라는 인식이 병존하였다. 실제 부산 지역사회의 현실을 초조하게 생각하고 걱정하면서도 고향으로 돌아가고 싶지만 고향까지의 여비가 없어서 부산에 머무르는 귀환자를 위하여 소규모 모금[44]을 진행하거나 이들에게 우선적으로 취업을 알선하기도 하였다.[45]

---

41 「哀愁어린港都의古今 ① 歸還同胞密輸等으로混淆한釜山」, 『漢城日報』, 1946.7.9.
42 「港都의求職者增加一路 – 釜山職業紹介所에서 본 社會相」, 『釜山新聞』, 1947.7.3.
43 일용직 노동이 큰 비중을 차지하는 상황에서는 특정 시점의 실업률을 토대로 해당 지역의 실업문제를 판단하는 것에는 신중해야 하겠다. 당시 부산항의 물류량 등을 고려했을 때 항만하역, 운송업이 실업자 감소에 일시적으로 기여한 부분이 있음은 인정하지만 그것이 부산이라는 지역 전반에 있어서 실업문제가 중요치 않았다거나 해소되었음을 의미하지는 않는다.
44 「歸鄕路資를義捐 – 釜山署員이歸還同胞에」, 『釜山新聞』, 1946.6.12.
45 「歸還同胞失業對策 – 農家配置土木工事에動員」, 『釜山新聞』, 1946.5.19.

2) 전염병문제

앞 절에서 살펴본 주택 및 실업문제가 해방공간 부산에서 귀환에 대한 부정적인 인식을 일정 정도 형성한 것은 분명하지만 그것은 동시에 귀환 디아스포라에 대한 동정이 뒤섞인 양가적인 것이었다. 그런데 1946년 여름 이후가 되면 이러한 양가적인 인식 속에서도 불신과 공포가 커지는데 그 원인은 바로 전염병, 구체적으로는 콜레라의 확산 때문이었다.[46] 역사적으로 전염병의 확산에는 인구이동이 큰 영향을 미쳐왔다. 그리고 해방공간 부산의 극단적으로 높았던 이동성을 생각하면 어떠한 형태로든 전염병의 유입과 확산이 이뤄졌다는 사실은 당연하다고도 할 수 있다.

1946년 5월 부산에는 콜레라에 관한 소식이 처음으로 등장한다. 4월말 3천 여 명의 재중한인을 싣고 광둥에서 출발하여 5월 1일 부산에 입항한 미군의 리버티급 수송선에서 콜레라 환자가 1명 발생한 것인데 이 환자는 5월 2일 사망하였으며 기타 탑승자는 검역, 격리로 인해 일주일 넘게 상륙을 하지 못하고 해상에 머물렀다. 결국 이 수송선에서는 2명의 사망자가 발생하였고 일제강점기 말기부터 시작된 보건 위생 제도의 마비와 미군정의 안일한 대응 아래에서 콜레라는 급속하게 퍼져나갔다. 결과적으로 부산은 콜레라 확산 초기 단계에서 큰 피해를 입었으며 광둥에서 귀환선이 입항한지 한 달이 조금 지난 시점에는 265명^{해상 포함}의 환자가 발생하였고 이 중 110명이 사망하여 사망률은 40%를 넘었다.[47]

---

46 김만석, 「콜레라, 난민 그리고 항구 – 해방 이후 부산의 지정학적 풍경」, 『해양평론』 2011, 한국항해항만학회, 2011, 157쪽.

그런데 앞에서 살펴본 것처럼 1946년은 다양한 지역으로부터의 한인 디아스포라 귀환이 가장 활발하게 이루어진 해로 부산항으로는 귀환선이 끊임없이 입항하였으며 그 결과 부산은 귀환의 '창구'임과 동시에 전염병의 '창구'가 되어 버린다. 예를 들어 5월 20일 대전에서 특정된 콜레라 환자는 상하이로부터 귀환한 자로 부산에 상륙 후 고향 전북으로 가는 중이었으며, 인천의 환자 또한 상하이에서 부산으로 귀환 후 대전, 서울, 황해도개성, 연안(延安)를 거쳐 이동한 후 콜레라임이 판명되었다.[48] 부산에서의 콜레라 방역은 전국적인 확산 여부를 좌우 하였고 따라서 당시 부산에서는 전면적인 시내교통 차단이 검토되기도 하였으며 일본 하카타와의 항로 운항 중지, 입항 선박의 인천 또는 군산으로의 회항 조치가 내려지기도 했다. 그러나 수인성 전염병인 콜레라의 특성 상, 결과적으로 여름 동안 확산세는 더욱 커져 1946년 10월까지 전국적으로 1만 5천 명에 육박하는 환자가 발생하며 이 중 9천 명 이상이 목숨을 잃게 되는데 이 과정에서 콜레라가 부산 지역사회에 미친 영향은 다른 지역에 비해 매우 컸다.

그렇다면 이와 같은 콜레라의 확산은 귀환에 대한 시선에 어떻게 반영되었을까.

지난 一일 아침 중국으로부터 부산항에 입항한 귀환선에서 호열자(虎列子)忠子가 발생하야 三十만 시민 아니 三百만 도민에 큰 공포를 느끼게하고 있는데.[49]

---

47 「虎疫全道에猖獗 - 可恐! 死亡率五○%」, 『釜山新聞』, 1946.6.12.
48 「歸還同胞船에虎疫侵入 - 今後各地로波及의危險」, 『自由新聞』, 1946.5.23.

위의 인용을 통해 콜레라라는 공포의 대상이 부산 전체에 영향을 미치고 있으며 바로 이 공포의 대상이 귀환선을 통해 들어왔음을 알 수 있는데 이러한 귀환선의 묘사는 반복적으로 나타나며 귀환선 자체를 "마魔의 배"라고 표현하기도 한다.[50]

한편 귀환 동포 또한 전염병 유입의 매개체로서 묘사 된다. 당시 신문기사에서는 콜레라가 "전재민을 따라 잠입"[51]했다 등의 표현을 쉽게 찾아 볼 수 있으며 아래 인용을 통해 알 수 있듯이 특히 중국으로부터 귀환하는 한인 디아스포라를 특정한 경우가 많았다.

> 지금 조선 안에 발생된 환자는 모다 廣東이나 上海서 전염되어 균(菌)을 가지고 도라온터인데 그들은 一반 귀환동포와 함께 기차를 타고 행동을 가치하엿고 또아즉 발견되지 안흔 환자도 각처에 잇슬것이 예상되어 금후 이 전염병은 一반동포에게까지 미칠 가능성이 농후함으로. (…중략…)[52]

> 당국자의 말에 의하라면 현재 중지방면은 호열자와 장질부사 등의 전염병이 창궐하고 잇스며 중지에서 도라오는 귀국동포 중에는 이런 악균의 보균자가 다수 있다고 한다.[53]

중국으로부터 귀환하는 한인 디아스포라는 '일반' 귀환자와 구분

---

49 「虎疫防止하자, 生鮮菜蔬等 生食말자」, 『釜山新聞』, 1946.5.6.

50 「虎疫防止鐵壁陣치자」, 『釜山新聞』, 1946.5.7.

51 「虎疫!保健에SOS – 벌써死亡者十六名」, 『漢城日報』, 1946.5.24.

52 「歸還同胞船에虎疫侵入 – 今後各地로波及의危險」, 『自由新聞』, 1946.5.23.

53 「釜山港에虎列剌! 中支同胞歸還船中에서患者發生」, 『中央新聞』, 1946.5.7.

되었으며 국내 이동 과정에서 '일반' 귀환자에게 콜레라를 전염시킬 수 있는 위험한 존재로 묘사되었다. 그리고 이들에게는 콜레라뿐만 아니라 각종 전염병의 보균 의심자라는 시선이 향하기도 했다.

흥미로운 사실은 이와 같은 귀환에 대한 시선을 귀환하는 한인 디아스포라도 인지하고 있었다는 것이다. 콜레라 환자가 처음 발생한 광둥으로부터의 귀환선이 부산항에 입항하지 못하고 해상에 머무르고 있을 때, 이 귀환선의 탑승자가 『釜山新聞』에 하선하게 해달라는 탄원문을 전달하는데 이 탄원문에는 다음과 같은 구절이 있다.

> 우리들은 故國의 아들이고 딸들입니다. 더러운 病菌으로서 寶貴로운 故國을 더럽힐 生覺이야 었지 있겠습니까. 차라리 三千이 고스런히 全滅하는 恨이 있다치드라도 그럼 陸上 適當한 場所에 隔離收容하여 주시는 것이.[54]

이 탄원문에서도 귀환선의 콜레라는 "더러운 病菌"으로 "故國을 더럽힐" 가능성이 있는 것으로 묘사되었으며, 철저한 격리를 통해 그러한 사태가 발생하지 않도록 하겠다는 한인 디아스포라 스스로의 절박한 '다짐'은 당시 콜레라 유입의 원인이라 여겨진 귀환, 귀환선, 그리고 귀환하는 한인 디아스포라에 대한 해방공간 부산의 부정적 인식을 보여준다.

---

[54] 「三千名・死의恐怖 – 海上에서陸地同胞에哀願」, 『釜山新聞』, 1946.5.5.

5. 나가며

본 연구에서는 해방공간 부산에서 귀환 그리고 귀환한 한인 디아스포라에 대한 인식이 어떠하였는지를 살펴보았다. 해방공간 부산은 귀환의 '창구'로서 세계사적으로도 유래 없을 규모와 속도로 귀환자가 유입하였다. 그리고 이 과정에서 파생된 각종 사회문제는 부산 지역사회의 귀환, 귀환자에 대한 인식에 영향을 미쳤다. 귀환자 유입으로 인해 만성화된 실업문제는 주택 부족 및 빈곤문제, 노점상 및 아동 행상 양산, 치안 불안 등으로 이어졌고 이러한 상황 속에서 귀환은 사회적 비용을 야기하는 사회문제로 인식되었다. 다만 이와 같은 문제에서 비롯된 귀환과 귀환자에 대한 부정적인 시선은 동정과 뒤섞인 양가적인 것이었다. 그러나 콜레라라는 전염병의 유입과 확산이 귀환선, 귀환자를 통해 진행되면서 이러한 양가적인 인식은 균형을 잃고 보다 부정적인 것으로 변화한다. 귀환선과 귀환자는 콜레라라는 공포와 '더러움'의 대상의 매개체로 인식되었고 특히 중국으로부터의 귀환, 귀환자의 경우 이러한 부정적인 인식은 더욱 강했다.

기존의 한인 디아스포라 귀환연구를 통해서는 해방과 동시에 진행된 이들의 귀환이 식민 지배에서 벗어난 한반도에 있어서 민족적, 국가적 과제로 여겨졌음을 밝혔다. 그러나 본 연구에서 검토한 바와 같이 그러한 인식은 결코 동일하게 공유된 것은 아니었다. 개인 또는 집단 별로 각각의 사회적 배경의 영향을 받아 귀환과 귀환자에 대한 인식은 다양할 수밖에 없었는데 본 연구에서는 그 중에서도 지역에 주목하여 이러한 다양성을 가져올 수 있었던 사회적 요인에 대하여 고찰하였다. 이와 같은 고찰은 기존의 한인 디아스포라 귀환연구, 나아가 디아스포라연구 전반이 담론 또는 정책 차원에서 이루어져 추상적, 거시적인 측면에만 주목한다는 한계를 보완하고 관련 연구의 구체성과 실천성을 높인다는 의미를 지닌다. 마지막으로 본 연구의 한계와 앞으로의 과제를 정리해 두겠다. 본 연구는 주로 신문기사를 검토함으로써 해방공간 부산에서의 귀환 그리고 귀환한 한인 디아스포라에 대한 인식을 살펴보았는데 추후 새로운 사료 발굴을 통해 보다 구체적인 양상을 다각도에서 분석할 필요가 있다. 그리고 지역 이외에도 세대, 젠더, 계층 등 다양한 요인에 따른 귀환 및 귀환자에 대한 인식의 다양성을 분석하는 작업 또한 앞으로의 과제라고 할 수 있겠다.

참고문헌

「救援하자 歸還同胞, 音樂과 演劇의 밤」, 『嶺南日報』, 1945.11.30.
「歸鄕路資를義捐 - 釜山署員이歸還同胞에」, 『釜山新聞』, 1946.6.12.
「歸還同胞船에虎疫侵入 - 今後各地로波及의危險」, 『自由新聞』, 1946.5.23.
「歸還同胞失業對策 - 農家配置土木工事에動員」, 『釜山新聞』, 1946.5.19.
「極貧歸還同胞, 濟州島에約百戶移住」, 『釜山新聞』, 1947.11.15.
「同胞들 故國歸還爲해 不急旅行은 自肅하자」, 『民衆日報』, 1945.10.12.
「百萬名 突破 記念式 - 釜山埠頭 歸還同胞收容所서 盛大」, 『中央新聞』, 1946.1.14.
「府民四分一이失業者」, 『釜山新聞』, 1946.8.14.
「釜山府內의要救護者15萬」, 『民主衆報』, 1947.12.24.
「釜山港에虎列剌! 中支同胞歸還船中에서患者發生」, 『中央新聞』, 1946.5.7.
「三千名·死의恐怖 - 海上에서陸地同胞에嘆願」, 『釜山新聞』, 1946.5.5.
「失業者都市釜山 - 十二萬無職者中歸還同胞半以上」, 『釜山新聞』, 1946.5.30.
「哀愁어린港都의古今 - 歸還同胞密輸等으로混淆한釜山」, 『漢城日報』, 1946.7.9.
「運動界消息, 歸還同胞救濟拳鬪盛況」, 『民衆日報』, 1945.11.21.
「戰災農民二萬餘 - 前日人土地를耕作」, 『釜山新聞』, 1946.6.27.
「戰災同胞를 救恤하자」, 『東亞日報』, 1945.12.13.
「港都의求職者增加一路 - 釜山職業紹介所에서 본 社會相」, 『釜山新聞』, 1947.7.3.
「虎疫防止鐵壁陣치자」, 『釜山新聞』, 1946.5.7.
「虎疫防止하자, 生鮮菜蔬等 生食말자」, 『釜山新聞』, 1946.5.6.
「虎疫!保健에SOS - 벌써死亡者十六名」, 『漢城日報』, 1946.5.24.
「虎疫全道에猖獗 - 可恐! 死亡率五〇%」, 『釜山新聞』, 1946.6.12.

공윤경, 「부산 산동네의 도시경관과 장소성에 관한 고찰」, 『한국도시지리학회지』 13-2, 한국도
　　시지리학회, 2010.
김만석, 「콜레라, 난민 그리고 항구 - 해방 이후 부산의 지정학적 풍경」, 『해양평론』 2011, 한국항
　　해항만학회, 2011.
김인덕, 「해방 후 조련과 재일조선인의 귀환정책」, 『한국독립운동사연구』 2, 독립기념관 한국독
　　립운동사연구소, 2003.
배미애, 「부산시 거주공간분화의 시대사적 함의」, 『한국지역지리학회지』 13-5, 한국지역지리학
　　회, 2007.
여성구, 「1940년대 전남지역 한인의 강제연행과 귀환 - 구술을 통해 본 귀환생존자의 사례를 중
　　심으로」, 『역사학연구』 22, 호남사학회, 2004.
이상봉, 「디아스포라와 로컬리티 硏究 - 在日코리안을 보는 새로운 視覺」, 『한일민족문제연구』
　　18, 한일민족문제학회, 2010.
이현주, 「해방 직후 인천의 귀환 戰災同胞 구호활동 - 『대중일보』 기사를 중심으로」, 『한국근현대

사연구』 29, 한국근현대사학회, 2004.

장석흥, 「해방 후 귀환문제 연구의 성과와 과제」, 『한국근현대사연구』 25, 한국근현대사학회, 2003.

_____, 「해방 직후 상해지역의 한인사회와 귀환」, 『한국근현대사연구』 28, 한국근현대사학회, 2004.

정혜경, 「일제 말기 조선인 군노무자의 실태 및 귀환」, 『한국독립운동사연구』 2, 독립기념관 한국독립운동사연구소, 2003.

조용욱, 「일본 내 한인의 '귀환'과 한국 내 일본인의 '송환'에 관한 해방 직전 미국 측 자료」, 『한국근현대사연구』 33, 한국근현대사학회, 2005.

채영국, 「해방 후 재일한인의 지위와 귀환」, 『한국근현대사연구』 25, 한국근현대사학회, 2003.

최영호, 『재일한국인과 조국광복 – 해방 직후의 본국귀환과 민족단체 활동』, 글모인, 1995.

_____, 「해방 직후의 재일한국인의 본국 귀환, 그 과정과 통제 구조」, 『한일관계사연구』 4, 한일관계사학회, 1995.

_____, 「해방 직후 부산경남지역의 귀환자 원호체계와 원호활동」, 『한국민족운동사연구』 36, 한국민족운동사학회, 2003.

_____, 「韓人 歸還者의 눈에 비친 解放直後 釜山의 이미지」, 『韓日民族問題研究』 20, 한일민족문제학회, 2011.

황병주, 「미군정기 전재민 구호운동과 『민족담론』」, 『역사와 현실』 35, 한국역사연구회, 2000.

황선익, 「해방 후 대만지역 한인사회와 귀환」, 『한국근현대사연구』 34, 한국근현대사학회, 2005.

_____, 「연합군총사령부(GHQ/SCAP)의 재일한인 귀환정책」, 『한국근현대사연구』 64, 한국근현대사학회, 2013.

_____, 「동북아정세와 중국지역 한인의 귀환(1944~1946)」, 『한국독립운동사연구』 46, 독립기념관 한국독립운동사연구소, 2013.

_____, 「해방 후 귀환구호운동의 전개와 미군정의 대응」 『한국근현대사연구』 85, 한국근현대사학회, 2018.

蘭信三, 「引揚‧追放‧残留の国際比較‧関係史にむけて」, 蘭信三‧川喜田敦子‧松浦雄介編, 『引揚‧追放‧残留 – 戦後国際民族移動の比較研究』, 名古屋大学出版会, 2019.

厚生省勤労局長‧厚生省健民局長‧内務省管理局長, 「朝鮮人集団移入労務者等ノ緊急措置ニ関スル件」, 『内鮮関係通牒書類編冊』(アジア歴史資料センター所蔵), 1945.

鈴木久美, 『在日朝鮮人の「帰国」政策 – 1945~1946年』, 緑陰書房, 2017.

鉄道総局業務局長, 「関釜並ニ博金航路経由旅客輸送ノ件」, 『内鮮関係通牒書類編冊』(アジア歴史資料センター所蔵), 1945.

Levitt, Peggy. and Rafael de la Dehesa, "Transnational Migration ans the Redefinition of the State – Variations and Explanations", *Ethnic and Racial Studies* 26-4, Routledge, 2003.

Skrentny John D. et al, "Defining Nation in Asia and Europe – A Comparative Analysis of

Ethnic Return Miration Policy", *International Migration Review* 41-4, Sage Publications, 2007.

해방 직후 일본군의 귀환 수송과 부산항

김윤미

1. 머리말

20세기는 전쟁과 이동의 시대였다. 제국주의 국가들은 전쟁을 통해서 팽창해 갔고, 제국민과 식민지민들은 확장되는 제국 영토 내에서 빈번한 이동을 했다. 일본도 동아시아에서 세력권을 구축하며 반세기에 걸친 다방향의 이동을 주도했다.

이러한 흐름은 1945년 일본 제국이 붕괴되면서 대전환을 맞았다. 장기간에 걸쳐 일어났던 인구이동은 한순간에 대규모 집단이동의 형태로 바뀌었다. 다양한 민족적 배경을 가진 사람들이 국민국가로 재편되는 과정 속에서 본래의 자리로 돌아가는 귀환을 선택해야 했다. 이것은 인구의 재배치이기도 했다.

소련, 중국, 만주, 남태평양 등 일본 제국의 전쟁터였던 곳에는 일본인과 조선인들이 있었고, 미군과 소련군에 억류되어 있었다. 해외에 있던 조선인들이 귀환하기 시작했다. 조선에 있던 일본인들은 일본으로 귀환을 준비했다.

대이동이 시작되는 1945년 부산항은 경계지가 되었다. 일본 제국 속에서 부산항은 지역을 연결하는 지점이었지만, 일본 제국이 붕괴된 이후 미군 체제 속의 부산은 조선과 일본의 국경이었다. 부산항은 해외에서 부산으로 귀환하는 조선인들, 조선에서 귀환하는 일본인들의 교차점이 되었다. 그동안 조선에 터를 잡았던 일본인들은 일본으로 '인양' 혹은 '복원'되고, 여러 이유로 조선을 떠나야 했던 조선인들은 부산항으로 '귀환'했다.

1945년 해방 직후 일본인 귀환은 3단계에 걸쳐 전개되었다. 1단계는 1945년 9월~11월 진행된 남한지역의 군인·군속의 무장해제와 귀환이고, 2단계는 1946년 3월~4월 진행된 남한지역의 민간인과 중국을 비롯한 이북에서 내려온 일본인들의 귀환이었다. 3단계는 1946년 3월~12월 북한에서 남하한 일본인을 중심으로 한 귀환이었다.[1] 이 글에서는 1단계에 전개된 일본군 귀환을 살펴보고자 한다.

일본인 귀환에 관한 연구로 가장 먼저 건론되는 저서는 모리타 요시오森田芳夫의 『朝鮮終戰の記錄』 4권이다. 많은 자료를 집대성한 이 책은 이후 귀환을 연구하는데 토대가 되고 있다.[2] 일본에서는 일찍부터 관련자와 단체들이 기초조사를 시작하여 '인양사' 혹은 '인양원호국사' 형태로 발간한 자료집이 다수 있다.[3] 축적된 사료를 바탕으로

1 이연식, 『해방 후 한반도 거주 일본인 귀환에 관한 연구 – 점령군·조선인·일본인 3자간의 상호작용을 중심으로』, 서울시립대 박사논문, 2009, 256쪽.
2 森田芳夫, 『朝鮮終戰の記錄 – 米ソ兩軍の進駐と日本人の引揚』, 巖南堂書店, 1964; 森田芳夫·長田かな子編, 『朝鮮終戰の記錄 – 資料篇』 1~3권, 巖南堂書店, 1979.
3 대표적인 간행물은 다음과 같다. 引揚援護廳, 『引揚援護の記錄』, 1950(復刻版, クレス出版, 2000); 厚生省援護局, 『續引揚援護の記錄』, 1955(復刻版, クレス出版, 2000); 『續續引揚援護の記錄』, 1963(復刻版, クレス出版, 2000); 『引揚げと援護三十年の歩み』, ぎょうせい, 1997; 厚生省社會援護局援護50年史編纂委員會, 『援護50年史』, ぎょうせい, 1997.

일본에서는 제국의 이동이라는 관점에서 공동연구들이 진행되고 있고, 저서 발간도 활발하다.

한국에서 재조일본인에 대한 연구는 겨우 명맥을 유지하는 정도이다. 그러한 가운데 귀환 연구는 소수 연구자들에 의해 진행되고 있다. 이연식은 재조일본인의 귀환 전반을 고찰하며 미군의 일본군 귀환 정책에 대한 논의를 포함했다. 유지아는 일본군 무장해제 과정에서 조선, 일본, 미국 관계 형성, 인식 차이를 살펴봄으로서 미군이 진주한 후에도 일본군이 자체적으로 무장해제와 수송, 그리고 귀환을 실행한 과정을 고찰했다. 조건은 조선이 해방되었음에도 일본군이 여전히 한반도의 치안을 장악했다는 점에 주목해서 미군이 진주해서도 일정한 군사력을 유지했다는 점을 강조했다.[4] 미군이 생산한 자료를 중심으로 미군의 인식과 일본인 귀환을 다룬 신재준의 글, 미군이 조선 남부지역에 배치되는 과정과 역할을 심도 깊게 살펴본 송정현의 연구는 귀환에 대한 이해를 한층 넓혀주었다.[5]

이상의 연구성과를 통해 일본군 귀환의 전반을 정리하고, 이 글에서는 부산항을 통한 일본군 귀환과정에 주목했다. 조선남부에서 18만여 명의 일본 군인과 군속이 일본으로 귀환했다.[6] 이 중 귀환항으

---

4   이연식, 『해방 후 한반도 거주 일본인 귀환에 관한 연구 – 점령군·조선인·일본인 3자간의 상호작용을 중심으로』, 서울시립대 박사논문, 2009; 유지아, 「전후 재조선일본군의 무장해제 과정에서 형성된 한미일관계」, 『한일관계사연구』 28, 2007; 조건, 「해방 직후 일본군의 한반도 점령 지속과 귀환」, 『한국학논총』 47, 국민대 한국학연구소, 2017.
5   신재준, 「1945~46년, 在朝鮮일본인의 귀환과 미군정의 대응」, 『군사』 104, 군사편찬연구소, 2017; 송정현, 『미군정의 지방 통치 연구(1945-46)』, 전주대 박사논문, 2020.
6   일본군 귀환인원에 대한 대부분의 자료에는 군속이 포함되는 것으로 보인다. 후생성에서 발간한 『援護50年史』에 따르면 조선에서 귀환한 일본 군인·군속의 수를 북한 25,391명, 남한 181,209명으로 제시한다. 따라서 일본군과 군속의 귀환을 구분하기가 어렵다.

로 지정된 부산을 통해 두 달 동안 10만여 명이 이동했다. 철도와 선박을 이용해 조선에서 일본으로 수송하는 과정은 이후 민간인 귀환 정책에도 영향을 미쳤다.

일본군의 귀환에 대한 자료는 일본군과 미군이 생산한 자료가 다수 있다. 조선군잔무처리반이 편철한 『昭和20.9終戰後における朝鮮軍電報綴』 등의 기록,[7] 경성일본군연락부장이 작성한 『在南鮮日本軍部隊槪況報告』,[8] 교통병참반이 생산한 『歸還輸送に關する綴』을 수집해서 분석했다.[9]

미군의 주둔에 관해서는 국사편찬위원회와 대학 소재 연구소에서 제공하는 자료가 있다. 게인William J. Gane보고서를 비롯해서 일일보고서, 주말보고서, 부대사 등을 참고했다.[10] 특히 미육군 군사연구소의 자료를 국사편찬에서 수집하여 간행한 『주한미군사』를 많이 참조했다.[11] 경남대학교 극동문제연구소와 한림대학교 아시아문화연구원에서 영인한 자료집도 수집이 용이했다.[12]

---

7 朝鮮軍司令部, 『昭和20.9 終戰後における朝鮮軍電報綴(其の1)』, 1945.(アジア歷史資料センター, Ref.C15010596600); 朝鮮軍司令部, 『昭和20.10 終戰後における朝鮮軍電報綴(其の2)』, 1945(アジア歷史資料センター, Ref.C15010602400); 朝鮮軍司令部, 『昭和20.10 終戰後における朝鮮軍電報綴(其の3)』, 1945.(アジア歷史資料センター, Ref.C15010615700)

8 京城日本軍連絡部長, 『在南鮮日本軍部隊槪況報告』, 1945(アジア歷史資料センター, Ref.C-13070040600).

9 兵站交通班, 『歸還輸送に關する綴』, 防衛省防衛研究所, 中央-軍事行政人事-251.

10 「Repatriation-from 25 Sept. 1945 to 31 Dec. 1945」 RG 332, USAFIK, XXIV Corps, G-2, Historical Section, Box No. 34, Opinion Surveys 1945-46 & Political Trends thru Repatriation and Removal of Peoples in Pusan Area(5 of 6)

11 국사편찬위원회, 『주한미군사』 1-4, 선인, 2014.

12 경남대 극동문제연구소, 『주한 미 제40사단 정보참모부 일일보고서(1945.9-1946.1)』; 『ANNEX TO THE HISTORY OF THE 40th INFANTRY DIVISION IN KOREA(SECTION HISTORIES)』, 1993; 한림대 아시아문화연구소, 『駐韓美軍情報日誌 1, 1945.9.9~1946.2.12=HQ,USAFIK G-2 Periodic Report』; 『駐韓美軍情報日誌 2, 1946. 2.13~1946.9.16 =HQ,USAFIK G-2 Periodic Report』; 『駐韓美軍情報日誌 3, 1946.9.17~1947.3.31=HQ,

일본군 귀환과 미군 점령을 살펴볼 수 있는 자료는 공간되거나 웹
상으로 제공되는 자료만도 방대하다. 이 글에서는 자료를 파악하고
향후의 과제를 찾아보면서 연구를 확대하는 계기를 마련하는 것에
목표를 두었다.

2. 일본군 병력 현황과 수송 계획

1) 일본군 병력 현황과 수송 논의

일본은 미군이 상륙하기 이전 귀환을 준비했다. 1945년 8월 16일
교통국은 수송 계획을 발표했다. 가장 먼저 수송하려던 것은 식량, 소
금, 섬유, 잡화, 된장, 간장 기타 생필품이었다. 그리고 여력이 있으면
일본인 수송을 시행한다는 방침이었다. 일본인 수송에서는 군사시설
과 전력증강 관계 공사, 공장이나 사업장의 노무자를 순차적으로 수
송하여 국가 기간산업의 인력 충원을 고려했다.

이처럼 제일 먼저 조선에서 일본으로 수송하려는 것은 식량과 생
필품이었다. 해방 이전까지 일본의 식량은 만주와 조선에서 공급되
고 있었기 때문에 향후 일본의 심각한 식량난이 예견되었다. 미군은
일본의 식량 문제를 고려하여 일본군을 모두 귀환시킬 수 없다며 제
주도 등에서는 월동준비를 해야한다고 주장했다. 이에 따라 제주도
주둔 일본군은 1946년 초여름까지 식량공급 계획을 세웠다.

USAFIK G-2 periodic report』, 1988 등.

일본군의 귀환 지침과 미군의 정책에 따라 실무 협의가 진행되었다. 부산 교통국에서는 8월 17일 처음으로 귀환선에 대한 협의회를 열었다. 해방 직후 부산항에는 관부연락선이 한 척도 없어 히로시마廣島 철도국에 선박배정을 의뢰했다. 8월 21일 교통국 나타카 총무과장은 내무성과 수송선 교섭을 위해 도쿄행 비행기를 탔다. 귀환선 수배와 허가를 협의하고, 8월 23일 서울로 돌아왔다.

9월 10일 서울에서 열차 2대, 대전에서 열차 1대를 부산으로 향하도록 배정했다. 승차하는 자는 특별수송승차증명서를 받도록 했다. 귀환자들이 점점 많아지고 탁송하는 짐도 정체되기에 이르자 9월 14일 이후 미군의 명령으로 민간 수송은 금지되었다.[13]

조선군사령부는 한반도 거주 일본인의 귀환 순서를 ① 군인 가족, ② 관공리 가족, ③ 민간인, ④ 관공리, ⑤ 군인으로 설정했다. 일본군을 마지막에 귀환하도록 한 것은 조선에서 일본의 행정망과 물리력을 유지함으로써 한반도 거주 일본인들의 '안전'과 심리적 '안정'을 도모하려는 것이었다.

해방 직후 조선에 주둔한 일본군은 약 25만명으로 추산된다.[14] 이중 조선 남부에 주둔한 병력은 18만명 정도였다. 1945년 해방 직후 항공대의 경우 미군이 상륙하기 전 이미 일본으로 철수했다. 광주 해군항공대의 경우 8월 25일 부대 전원이 귀환했다.[15]

---

13 森田芳夫, 『朝鮮終戰の記錄 – 米ソ兩軍の進駐と日本人の引揚』, 巖南堂書店, 1964, 122~123쪽・338~339쪽.

14 조건, 「해방 직후 일본군의 한반도 점령 지속과 귀환」, 『한국학논총』 47, 국민대 한국학연구소, 2017 참고.

15 朝鮮軍司令部, 『昭和20.9 終戰後における朝鮮軍電報綴(其の1)』, 1945.9, 889쪽.(アジア歴史資料センター, Ref.C15010596600)

조선군사령부는 미군과 정전협정을 위해 8월 27일 현재 각 부대의 병력, 군마, 소총과 총검 등의 주요 병기, 군수품 현황을 긴급히 보고하라는 지시를 하달했다.[16]이에 따라 작성된 자료 중 해방 직후 조선 남부에 배치되어 있는 군인은 17만 9720명, 군마는 9,262필, 군용차 1,562대로 〈표 1〉과 같다.

〈표 1〉 해방 직후 조선 남부의 일본군 병력 현황표

관구	인원	말	자동차
경성사관구	57,110	4,070	670
대구사관구	13,480	1,280	36
광주사관구	34,710	1,260	250
부산요새관구	15,420	135	115
여수요새관구	680	7	3
제주도 내	58,320	2,510	490
합계	179,720	9,262	1,564

출전 : 京城日本軍連絡部長,「職員表」,『在南鮮日本軍部隊槪況報告』, 1945.

미군정은 일본의 계획과 달리 일본군 귀환을 가장 먼저 추진했다. 미군정의 일본인 귀환 순서는 ① 현역 일본군, ② 휴가 중이거나 제대한 군인과 그 가족, ③ 옛 일본경찰 등 바람직하지 않은 자, ④ 신관神官, ⑤ 일본인 광산노동자, ⑥ 일반 민간인 중 원호대상자, ⑦ 일반 민간인, ⑧ 고위 공직자와 회사간부, ⑨ 교통 및 통신요원 순이라 발표했다.[17]

미군이 가장 주의를 기울인 집단은 일본군이었다. 군의 수송은 조선군사령관 고즈키 요시오上月良夫가 직접 미 제24군단의 지휘를 받아

---

16 森田芳夫・長田かな子編,『朝鮮終戰の記録 - 資料篇』 1권, 巖南堂書店, 1979, 516쪽.
17 森田芳夫・長田かな子編,『朝鮮終戰の記録 - 資料篇』 2권, 巖南堂書店, 1979, 20쪽.

실시했다. 일본군외 귀환에 대해서는 조선총독부 외사과 업무로 진행되었다.

　일본이 일본군을 가장 마지막에 수송하려고 했던 반면, 미군은 일본군을 가장 먼저 수송하겠다고 결정했다. 이것은 연합국이 합의한 포츠담 선언 제8조 영토조항, 제9조 일본군의 무장해제와 본토귀환과 관련한 것이었다. GHQ는 점령임무와 상관관계가 명확한 군인, 군속의 귀환을 먼저 실시했다. 이 업무가 점령군의 군사작전과 지령을 담당하는 G-3 참모부, 그 중에서도 작전과에 배당된 것을 보아도 조선인과 일본인의 귀환 문제를 군사작전의 연장선에서 접근하였음을 알 수 있다. 이에 따라 한반도에 주둔하던 군인, 군속 귀환 업무는 주한미군 산하 제24군단이 직접 담당하고, 주한미군정 군단의 작업을 지원하는 형태로 나타났다.[18]

2) 수송 방침과 유수 업무

　일본은 1945년 8월 25일 '제국육군복원요령세칙, 1945년 8월 18일 육기밀陸機密 제36호'을 제정하고 이에 근거해서 일본군의 귀환을 공식적으로 시작했다. 일본 외 지역 부대 복원은 9월 10일 제정된 '일본 외 지역 부대 복원 요령, 1945년 9월 10일 육기밀陸機密 제5908호'에 의해 시작되었다. 인원, 군마, 군수품 등에 관한 각종 처리를 완료한 후, 수송계획에 따라 복원지로 이동하고 복원부대로서 실시하는 유수 업무를 정리한 다음 편성을 해제하는 것이 주요 내용이었다.[19]

18 　유지아, 「전후 재조선일본군의 무장해제 과정에서 형성된 한미일관계」, 『한일관계사연구』 28, 2007, 참고.

유수 업무에 대해서는 1945년 9월 23일 육군대신이 '외지부대유수업무처리요령'을 하달했다.[20] 육군 유수부대 업무부에 전속된 자는 유수명부 사본 2통, 사망자연명부, 생사불명자연명부, 은전관계 증거서류, 기타 필요하다고 판단되는 서류, 가능하다면 유수택留守宅을 정리해서 귀환하도록 했다. 유수명부는 일본 육군 소속의 군인과 군속 명단으로, 외지부대 소속자의 현황과 유수택 관계 사항 등을 처리할 때 근간이 되는 자료로 성명, 본적지, 생년월일, 징집년, 임관년, 병역, 병종 등을 기록했다.[21]

사망자연명부와 생사불명자연명부 기록은 중일전쟁시기부터 사망자와 생사불명자에 대해 조사하여 작성하도록 했다. 사망자연명부는 각 부대마다 본적지 연대로 구분하여 병역의 종류, 관등급, 본적, 유수담당자, 사망년월일, 사망구분, 사망통보년월일, 사망장소, 유골유무 등을 기입했다. 생사불명자연명부는 앞의 구분에 준하여 생사불명이 된 상황을 부기했다.[22] 이외에도 수송된 환자 처리, 유골과 유품 처리, 각 부대장 진급, 인사관계, 공적관계 등을 규정하고 가능한 자세한 기입을 지시했다.

19　厚生省社會・援護局援護50年史編纂委員會, 『援護50年史』, (株)ぎょうせい(東京), 1997.
20　『陸普第1880号』, 『帝國陸軍(外地部隊) 復員實施要領細則』, 1945.9.23(アジア歷史資料センター, Ref.C13070031200).
21　유수명부는 1944년 11월 육군성에서 제정한 '유수업무규정'에 따라 제국 영역 내 육군 부대를 대상으로 작성된 명부이다. 대체로 1945년 1월 조사 시점으로 하고 있으나 그 이후에 조사는 계속했다. 유수명부에는 군인으로 동원된 16만여 명의 조선인 명단이 있어 한국정부의 요청으로 1993년 일본정부에서 이관되어 현재 국가기록원에 보관되어 있다. 유수명부에 관해서는 조건, 『전시 총동원체제기 조선 주둔 일본군의 조선인 통제와 동원』(동국대 박사논문, 2015)을 참조할 수 있다.
22　鮮軍司令部, 『昭和20.9 終戰後における朝鮮軍電報綴(其の1)』, 1945.9, 882쪽(アジア歷史資料センター, Ref.C15010596600).

1945년 10월 2일 조선군관구사령부는 조참동특^{朝參動特} 제14호 '조선 내 육군부대 복원에 관한 세부 지시'를 작성하고 58A, 120D, 150D, 160D, 320D, 5FD, 경성사관구, 대구사관구, 광주사관구, 부산요새사령부, 여수요새사령부, 제5철도총감부, 조선헌병대사령부, 인천조병창 등에 배포했다. 인원처리, 입원환자 일본 귀환, 경리 관계 사항, 위생재료 처리, 수의재료 처리, 군용동물 처리, 복원관리관 임무 등을 주요 내용으로 했다.[23]

조선 주둔 일본군의 귀환 세부 지침은 '38도 이남 조선군관구부대 귀환수송요령안'이 확인된다.[24] 이 건에는 발신처, 수발신일 등의 첨부문서는 없다. 다만 이문서 다음으로 9월 27일 군참모장이 발신한 수송가능 선박현황에 대한 전보서가 있어 9월 27일 이전 교통병참반에 접수된 것으로 추론된다.

이 요령안에는 부산 이외 지역의 부대를 철도로 부산항까지 수송하는 방안이 명시되어 있다. 이에 따르면 일단 승선하는 항구는 부산항이었다. 귀환에 대해 미군과 일본군의 최종 결정이 이루어지지 않은 상태에서 내려진 지침이었다. 부산항을 귀환항으로 하고 여수항과 목포항의 사용 가능성도 열어두었다. 일본 귀환항은 하루 2,000~3,000명을 수송할 수 있는 하카다^{博多}를 희망했다.

수송은 미군이 주둔하면 곧바로 실시할 계획이었다. 9월 26일 혹은 27일을 첫 수송일로 설정하고, 11월말까지 관부연락선을 이용해

---

23 兵站交通班, 『歸還輸送に關する綴』, 防衛省防衛研究所, 中央-軍事行政人事-251, 1039~1047쪽.

24 兵站交通班, 『歸還輸送に關する綴』, 防衛省防衛研究所, 中央-軍事行政人事-251, 1131~1141쪽.

수송을 완료할 계획이었다. 필요시 미해군의 함선 지원도 고려했다. 수송순서는 가장 먼저 진해와 부산지구의 해군이었다. 두 번째는 부산 부근의 육군, 세 번째는 대전 이북의 육군, 마지막으로 기타 육군이었다. 이보다 우선하는 것은 항공부대와 부상병이었다.

수송기간을 두달로 하고 지역별 승차인원수와 계획을 수립하는데, 〈표 2〉와 같다. 표의 발차역을 살펴보면 대전지구, 대구지구, 이리와 정읍, 광주지구, 여수지구 순으로 철도 수송이 계획되어 있다.

〈표 2〉 일본군 철도 수송 계획

발차역	인원	일수	열차수
평택	4,910	X+(0~3)	3
천안	11,600	X+(4~9)	6
조치원	4,730	X+(10~12)	3
대전	14,300	X+(18~20)	8
김천	1,260	X+21	1
대구	11,400	X+(22~27)	6
밀양	5,780	X+(28~30)	3
영주,안동,영천	1,750	X+31	1(2)
포항	1,914	X+32	1(2)
경주	2,534	X+(33~34)	1.5(3)
울산	3,200	X+(34~35)	1.5(3)
마산	2,100	X+36	1
진주	4,290	X+(37~38)	2
서천	2,150	X+39	1
논산	2,160	X+40	1
이리	7,100	X+(41~44)	4
군산	5,160	X+(45~47)	3(5)
정읍	6,270	X+(48~51)	4(7)
의성	1,800	X+52	1(2)

발차역	인원	일수	열차수
광주	8,600	X+(53~57)	5(9)
전주	1,350	X+58	1(2)
00	150		
목포	5,000	X+(59~61)	3(5)
여수	1,370	X+62	1(2)
	109,508		

출전 : 兵站交通班, 『歸還輸送に關する綴』, 防衛省防衛研究所, 1136쪽.

수송계획에 따르면 1일 평균 2,000명이 기준이었다. 상황에 따라 승차역을 줄이기 위해 부대는 행군하여 승차역에 집결하도록 했다. 경부선이 기준이 되지만, 영주, 안동, 영천, 포항, 경주, 울산은 동해 남부선을 경유하도록 했다. 서천은 군산까지 행군하여 군산역에서 승차했다. 군산, 정읍, 장성, 광주, 전주, 남원, 목포, 여수는 이리^{익산} 역에서 환승했다.

귀환 수송을 위해서 몇 가지 준비할 사항들도 기재되어 있다. 12만 명을 기준으로 10일분의 식량을 지참하도록 하고, 숙영과 급양을 위해 필요한 침구, 군마의 식량, 사무용품과 의약품 등을 구비하도록 했다. 이러한 것을 감안하여 12만 명을 수송하려고 할 경우 필요한 경비는 총 1천 80만 엔이 산출되었다. 재료비, 숙사료, 급료, 수송비, 잡비 등 1인 지출비용을 한달로 계산한 총합이다.[25]

군인들 귀환을 위해 9월 19~24일, 10월 4일~중순 서울역을 포함하여 모든 일반인들의 수송을 중지시켰다. 일본군의 귀환은 민간인의 여행과 수송을 제한하고, 군인과 그 가족을 위한 특별열차를 편성

25 兵站交通班, 『歸還輸送に關する綴』, 防衛省防衛研究所, 中央-軍事行政人事-251, 1138쪽.

하는 특단의 조치를 통해 교통수단이 부족함에도 1945년 11월 초순까지 대부분 마무리되었다.[26]

철도를 통해 귀환항으로 집결한 일본군은 선박을 이용하여 일본으로 이동했다. 일본군 부대의 귀환절차는 가능한 빠른 시일 내에 미군의 통제하에 부산에서 무장해제 하고, 최대한 일본의 선박을 활용한다는 것이다. 일본군 귀환 과정에서 지속적으로 문제가 된 것은 선박이었다. 부산항에 투입된 2척의 기선은 미군이 부산항을 접수하기 전에 30여 회에 걸쳐 부산과 일본을 왕복했다. 하지만 미해군 지휘관들은 미군이 투하한 기뢰 40여 개가 부산항 일대에 남아 있는 점을 불안하게 생각했다. 진해, 목포, 마산도 미군의 기뢰가 부설되어 있었다. 하지만 부산이 이 세 곳의 항구보다는 나은 항구였으며 미군은 부산의 기뢰를 제거하기로 결정했다.

9월 27일 군참모장이 발신한 전보에 수송선박에 관한 내용이 있다. 연합국의 인가를 받아 조선 남부에 배선된 선박 현황, 특히 현재 운행하거나 운행이 가능한 것, 또는 예정이거나 수일 내 수송할 인원 등에 관한 내용이었다. 운행 확인된 선박은 덕수, 흥안, 운선, 장백 등 7척, 이외 운행을 확인하기 어려운 7척이 있었다. 10월 6일 부산요새사령부에서 군참모장에게 보낸 문서에 부산-일본항만 간 취항 선박상황이 보고되어 있다. 이 중 흥안환과 덕수환은 철도성의 연락선이고, 그 외는 선박운영회의 선박으로 지정되었다.[27]

---

26 이연식, 『해방 후 한반도 거주 일본인 귀환에 관한 연구 – 점령군·조선인·일본인 3자간의 상호작용을 중심으로』, 서울시립대 박사논문, 2009, 101쪽.

27 兵站交通班, 『歸還輸送に關する綴』, 防衛省防衛研究所, 中央-軍事行政人事-251, 1048~1049·1130쪽.

〈표 3〉 부산-일본 간 취항선박 상황 (1945년 10월 6일 현재)

선명	일본항만 명	승선가능인원
興安丸	仙崎	6,000
長白丸	〃	1,500
德壽丸	博多	2,500
興寧丸	〃	4,000
甘州丸	〃	1,500
會寧丸	〃	800
間宮丸	〃	1,000
黃金丸	〃	1,000
雲仙丸	舞鶴	2,100
白龍丸		2,000

출전 : 兵站交通班, 『歸還輸送に關する綴』, 防衛省防衛研究所, 1048~1049쪽.

　　조선 남부에서 일본군을 철수시키는데 동원한 선박 규모는 지역마다 달랐다. 부산에서는 기선과 일본 해군의 소형 선박 등 40여 척의 일본 선박이 동원되었다. 제주도에 주둔한 일본군 부대는 미해군의 상륙용주정 40여 척을 타고 귀환했다. 진해의 일본 해군부대는 해군 선박과 기선 30여 척을 통해 철수했다. 인천 지구에서는 병원선 1척과 각각 10척의 상륙용주정으로 구성된 미해군 2개 선단을 통해 철수했다.[28]

　　미해군 제7함대의 LST^{상륙용주정}은 4일간 조선과 일본을 왕복하며 귀환자를 수송했다. 3척으로 구성한 1선단은 매주 2일마다 군산에, 3일마다 목쏘에 4일마다 인천에 입항했다. 1척당 1천 명이 승선할 수 있었다. 1946년 1월부터는 조선인과 일본인 귀환자 수가 감소하

28　국사편찬위원회, 『주한미군사』 1, 선인, 2014, 391~392쪽.

면서 LST운항수를 감소시켰다.[29]

3. 수송 준비와 부산항을 통한 귀환

1) 연락부 설치와 수송 준비

미군은 1945년 9월 초순경 남한에 진주하자마자 서울에 연락부 출장소만 남긴 채 조선군사령부를 대전으로 이전시켰다. 수송을 위한 공식 열차는 9월 23일부터 개시했다. 후속 조치로 9월 22일 조선 주둔 일본군에서 제대한 모든 일본인의 재입대를 지시했다. 미군은 9월 28일 무장해제된 군인들을 매일 4,000명씩 수송할 계획이라고 발표했다.[30]

미군의 기록에는 실제 1일 2만 이하 일본군 또는 1만 이하 일본인 송환이 가능했다고 되어 있다. 그러나 일본군이 제의한 하루 1만 수송에 대해 미군은 하루 4,000명으로 제한했다.[31] 수송이 시작된 후에는 수송 인원을 대폭 늘렸지만 초기에 미군이 이렇게 인원을 제한한 것은 통제 가능한 최소한의 범위를 설정한 것으로 볼 수 있겠다.

9월 23일부터 제40사단 수송 장교는 담당 지역의 일본군 당국, 철도 관계자, 미해군 대표, 그 밖의 관련인사들과 매일 회의를 가졌다. 당초 계획은 하루에 4천 명을 귀환시키는 것이었고, 4천 명이라는 수

29 森田芳夫・長田かな子編, 『朝鮮終戰の記錄 – 資料篇』 2권, 巖南堂書店, 1979, 29쪽.
30 이연식, 『해방 후 한반도 거주 일본인 귀환에 관한 연구 – 점령군・조선인・일본인 3자간의 상호작용을 중심으로』, 서울시립대 박사논문, 2009, 99~100・247~258쪽.
31 森田芳夫, 『朝鮮終戰の記錄 – 米ソ兩軍の進駐と日本人の引揚』, 巖南堂書店, 1964, 343쪽.

치는 부대 전체에 해당하는 것이었다. 9월 28일부터 제40사단의 공식적인 통제 하에 귀환이 시작되었다. 그 뒤로 기상 조건에 맞춰 귀환선이 매일 센자키仙崎, 마이즈루舞鶴, 사세보佐世保, 하카타博多로 출항했다. 첫날에는 3,500명이 귀환했다.

일본인 귀환 수송에 관한 수송통제관의 세부지시가 전달되었다. 10월 2일 발령한 지침에 따라 9월 25일, 29일, 30일 세부지시는 폐기되었다.[32] 일본군은 열차수송이나 행군으로 부산항에 집결하고, 제1부두에서 연락반과 미군 현지 처리반 지시에 따라 무장해제 또는 신체검사를 받고 승선했다. 각 부대는 순서를 유지하며 중대 단위로 승선명부를 작성해서 승선 전에 미군에 제출하도록 했다. 군인들은 10일치의 식량을 휴대할 수 있었는데, 운반을 위해 트럭이 군대와 함께 제1부두에 진입할 수 있게 했다. 위생재료는 상륙지까지 휴대 가능하지만, 병기나 탄약은 절대 금지했다. 또한 금, 은, 보석, 옥 등도 허가를 받지 않으면 반입금지였다. 장교 500엔, 하사관병 200엔 이내로 개인이 휴대할 수 있었지만, 조선지폐는 가져갈 수 없었다.

귀환지침에 따라 대부분의 일본군이 철수하고, 잔무정리를 위해 일본군은 각 사단司관구, 요새여단, 이에 준하는 부대는 각 소재지에 연락소를 설치하고 운영했다. 경성과 부산에는 연락부를 두고, 천안·조치원·김천·대구·이리·광주·여수에는 연락반을 두었다. 일본군 연락부 직원은 10월 중순 180명이었다. 연락부는 미군과 교섭, 일본측 기관과 연락, 북선탈출 군인과 군속, 가족 수용, 귀환, 일본인

---

32 兵站交通班, 『歸還輸送に關する綴』, 防衛省防衛研究所, 中央-軍事行政人事-251, 1107~
   1114쪽.

보호와 세화회 원조 등을 임무로 했다.[33]

　일본군은 일본에 도착하면 그 지역의 연락반원의 통제에 따랐다. 연락반원은 부산에서 시행했던 검사와 검역을 일본에 도착해서도 실시했다. 일본 내 철도 수송을 위해 가고시마鹿兒島, 센다이仙臺, 도쿄東京, 오사카大阪, 나고야名古屋, 교토京都, 히로시마廣島, 나가사키長崎, 후쿠오카福岡, 시코쿠四國 등 대도시에 나눈 인원을 통보하도록 했다. 이때 일본 내에서는 태풍으로 인해 일부지역의 철도가 파손되어 군대 수송의 문제가 발생했다. 부대의 식량은 개인당 10일분이었는데, 체류하는 기간이 길어지면서 식량부족에 직면했다.[34]

　부산에서 일본군 수송은 미군 제160연대에서 담당했다. 미군병사 185명으로 이뤄진 3개의 부대가 8시간 교대로 24시간 계속 활동했다. 각 부대는 검사반, 안내반, 접수반, 운송반, 정리반, 위생반으로 편성되었다. 40명의 검사반은 금지물품을 검사했고, 몇 명의 통역을 포함한 안내반은 역과 부두에 도착한 일본군인들을 해당지점까지 안내했다. 20명의 접수반은 귀환한 조선인의 인원수를 확인하고 이동시키는 역할을 했다. 운송반은 트럭 10여 대로 일본으로 가는 군인과 민간인의 화물을 운반했다. 정리반은 15명 가량으로 귀환하는 일본인의 물품과 화물을 구분하고, 창고로 이동시켰다. 위생반은 부두에서 필요에 따라 청소를 했다.[35]

　일본군이 하루 1만 수송을 제안한 것은 이전부터 일본과 조선의

33　森田芳夫,『朝鮮終戰の記錄 – 米ソ兩軍の進駐と日本人の引揚』, 巖南堂書店, 1964, 339쪽.
34　兵站交通班,『歸還輸送に關する綴』, 防衛省防衛硏究所, 中央-軍事行政人事-251, 928~929쪽.
35　森田芳夫·長田かな子編,『朝鮮終戰の記錄 – 資料篇』2권, 巖南堂書店, 1979. 26쪽.

군사수송 기반시설이 구축되어 있었기 때문이다. 부산에는 일본군 1만 500명을 수용할 수 있는 숙영지가 갖추어져 있었다. 숙영지는 문현5,500명 수용가능, 서면3,000명 수용가능, 감만아카사키, 1,000명 수용가능, 부산진2,000명 수용가능이 있었다. 미군과 일본군의 교섭 결과 9월 22일 제4부두를 사용하기로 했고, 대전과 경성의 군대가 일시 숙영할 곳은 서면과 부산진 숙영지로 결정되었다.[36]

초기 일본군의 이동은 소규모 집단으로 이루어졌다. 걸어서 이동하거나 말을 타거나 트럭 혹은 철도를 이용했다. 하지 장군은 고즈키 장군에게 일본군의 이동을 통제하고 상황을 제24군단에 보고하도록 했다. 일본군이 보유하고 있던 수송수단과 장비를 미군에 인계했기 때문에 부산을 목적지로 하는 일본군의 장거리 이동은 대부분 철도로 진행했다. 제17방면군은 10월 1일까지 철도 이동을 조율했으나, 철도망은 혼잡했다. 일본군 부대는 철도에서 내려 곧바로 귀국선에 탑승할 수 없었다. 부산 시내나 부산 근교에 주둔하며 부산요새사령부의 통제를 받았다.[37]

10월 10일 자정을 기준으로 부산요새사령관의 부산 수송, 통제관의 임무는 해제되었다. 10월 8일 조선군사령관은 부산지구의 수송처리 및 미군과 연락을 위해 부산지구에 군연락부를 설치하도록 했다. 부산연락부장은 군대가 부산에 도착하면 부산항을 떠날 때까지 군대의 승선 순서 결정, 승선 지도 등 제반 사항을 담당했다. 군대가 전원

---

36 朝鮮軍司令部, 『昭和20.9 終戰後における朝鮮軍電報綴(其の1)』, 1945.9, 472・575쪽(アジア歷史資料センター, Ref.C15010596600).

37 국사편찬위원회, 『주한미군사』 1, 선인, 2014, 388~389쪽.

승선해도 정원이 차지 않으면 민간인도 승선시켰다.[38]

2) 부산항을 통한 귀환

일본군은 9월 28일 수송을 시작했다.[39] 조선 각지에 배치된 일본군을 부산항으로 수송하고, 부산항에서 일본에 이르는 작전이었다. 부산에 주둔한 일본군을 먼저 수송하고, 9월 29일 조군특명 제20호 〈조선군관구명령〉에 따라 대구이남 주둔부대의 귀환을 처리하도록 했다. 수송예정 인원은 10월 1일 밀양, 울산, 대구에서 3,940명, 2일 대구, 경주, 포항, 영주에서 3,970명, 3일 포항, 영천에서 4,600명, 4일 안동, 경주, 마산, 김천에서 4,110명, 5일 진주, 대구에서 4,200명, 6일 대구에서 4,000명, 7일 대구에서 3,980명, 8일 대구에서 2,700명이었다. 하루 평균 4천여 명의 인원 수송이 준비되고 있었다.[40]

10월 6일까지 대구 이남 부대의 수송을 완료하고 7일부터는 대구 이북부대의 수송이 시작되었다. 대구 이남의 남은 부대는 7일부터 병행하여 실시했다. 대구 이북 부대는 1일 8,000명 수송 예정이었다. 10월 6일 제2차 철도수송계획에 관해서는 미군과 협의를 해야했다. 10월 6일 부산요새사령부는 부산-일본간 운행 중인 10척의 선박 중 소형선박 2~3척을 제주도 군대수송에 전용할 것을 검토하기 시작했다. 일본 민간인의 수송을 중지하지 않고 선박 운영에 약간의 여유가

---

38 森田芳夫·長田かな子編, 『朝鮮終戰の記錄 - 資料篇』 1권, 巖南堂書店, 1979, 526~528쪽.
39 兵站交通班, 『歸還輸送に關する綴』, 防衛省防衛硏究所, 中央-軍事行政人事-251, 1052~1053쪽. 9월 28일 3,674명, 9월 29일 5,436명, 9월 30일 1,146명, 10월 1일 4,802명, 10월 2일 2,641명, 10월 3일 5,362명, 10월 4일 2,581명, 10월 5일 4,065명을 수송한 기록이 있다.
40 森田芳夫·長田かな子編, 『朝鮮終戰の記錄 - 資料篇』 1권, 巖南堂書店, 1979, 524쪽.

있다고 판단한 것이다.[41]

10월 5일 미군 제40사단 관할구역에 있던 일본군 부대가 모두 철수했다. 이에 따라 제40사단은 인천을 통해 철수할 2만명을 제외한 남한의 다른 일본군 부대를 귀환시키라는 지시를 내렸다. 제40사단은 정읍, 전주, 군산, 대전, 그리고 그 밖의 주요 일본군 집결지에서 부산으로 병력을 이동시킬 철도 이동계획을 작성했다. 제6사단이 조선 남부에 도착한 뒤에는 제40사단이 담당하던 지역에서 일본군을 귀환시키는 임무를 이어받았다. 이 지역에는 광주, 목포, 전주, 정읍, 그리고 이리가 포함되어 있었다.[42]

제40사단이 전라남북도 주요지역에 주둔하자 경계를 인계한 일본군은 철수를 시작했다. 1일 평균 8,000명 수송을 목표로 하여 호남선 수송을 준비했다. 미군은 석탄과 열차 등 교통국의 요구에 모든 것을 지원했다.[43]

대전과 인근지역에 주둔하던 일본군 수송은 인천항으로 결정되었다. 조선군사령부는 10월 4일자로 이를 결정하고, 미군의 함선을 이용해서 수송하기로 했다.[44] 20여 척의 상륙용주정이 긴급히 투입되었다. 인천을 통해 철수하는 일본군은 제24군수지원사령부가 담당했으며 이들이 경비하고 있던 시설은 미 제7사단이 인수했다. 상륙용주정 한척당 1천 명의 일본군과 이들을 호송할 소규모의 미군이 탑승했

41 兵站交通班, 『歸還輸送に關する綴』, 防衛省防衛研究所, 中央-軍事行政人事-251, 1054~1055쪽.

42 국사편찬위원회, 『주한미군사』 1, 선인, 2014, 394~395쪽.

43 兵站交通班, 『歸還輸送に關する綴』, 防衛省防衛研究所, 中央-軍事行政人事-251, 1029쪽.

44 森田芳夫·長田かな子編, 『朝鮮終戰の記錄 – 資料篇』1권, 巖南堂書店, 1979, 523쪽.

다. 인천에서 출발하는 선단의 목적지는 사세보였다. 10척의 상륙용 주정과 1만 명의 일본군으로 구성된 첫 번째 선단은 10월 11일 인천항을 출발했다. 10월 16일에는 1만 명을 조금 넘는 수의 일본군이 다른 선단에 탑승하여 사세보항으로 출발했다.

부산, 인천으로 일본군 귀환이 끝나자 제주도의 일본군 귀환이 시작되었다. 제주도의 일본군 귀환은 10월 23일 1,000명과 1,200명을 태운 두 척의 상륙용주정이 제주도를 출발해 사세보로 향했다. 마지막 수송선은 11월 12일 아침에 출발했다. 5만여 명의 일본군과 소수의 민간인이 귀환했다.

진해의 일본 해군은 별도의 수송체계를 갖추었다. 미군 제7함대는 진해와 부산의 일본군 육상시설을 담당할 해군기지 점령부대를 예하에 두고 있었다. 9월 중순 해군 장교들이 육군의 정찰대에 합류해 부산으로 파견되긴 했지만, 진해와 부산 일대의 일본 해군 기지를 점령할 해군 부대는 미육군 제40사단이 도착하기 전까지 인천항을 출발하지 못했다. 미해군은 야마구치 기사부로山口儀三郎 제독 사령부와 연락을 유지했다. 야마구치 제독은 지휘하고 있는 기지와 시설, 탄약과 장비, 그리고 기뢰와 항해 기록을 정리하여 제출하라는 지시를 받았다. 일본 해군 병력은 진해에 집결하도록 했고, 10월 5일부터 귀환을 시작할 예정이었다. 이틀 뒤에 제40사단 지휘소와 예하 포병 부대가 진해에 진주했다. 제40사단은 10월 31일 진해의 통제권을 인수했다. 대략 11월 15일경 일본인들을 진해에서 부산으로 보냈으며, 12월 1일에는 미해군이 처리하지 못한 7천여 명의 일본해군이 모두 귀환했다.[45]

미군의 보고서를 근거로 정리한 문서에 따르면 조선 남부의 일본

〈표 4〉 조선 남부 주둔 일본군 철수 현황

일시	부산	인천	제주	진해
9.28~9.29	10,333			
9.30~10.7	29,808			
10.7~10.14	20,923	9,976		
10.15~10.21	23,555	10,250		
10.22~10.28	5,056		20,499	
10.29~11.5	8,441		15,202	2,459
11.6~11.11	3,631		12,794	3,193
11.12~11.18	11		2,228	
11.19~11.25	333			
11.26~12.2.	1,897			
12.3~12.9.	58			
12.10~12.16	65			
12.17~12.23	33			
12.24~12.30	16			
12.31~1.6	30			
....	-			
2.11~2.17	21			
누계	104,211	20,226	50,723	5,652
합계	180,791			

출전 :「Chapter Ⅹ, Educating Japanese Troops(Maps, Appendices)」Historical Manuscript Files,
1943-1948 [Entry NM3 488]

군은 1946년 4월 28일 귀환한 509명을 마지막으로 모두 철수 했다. 179,278명으로 추산했던 일본군은 1946년 2월 최종 18만 1,321명으로 집계되었다. 귀환 일본군 180,791명, 남은 노동부대 509명을 포함한 수이다. 수송 현황은 〈표 4〉와 같다.

미군은 일본군을 사단 단위, 혹은 대규모로 한번에 이동시키지 않

---

45 국사편찬위원회, 『주한미군사』 1, 선인, 2014, 396~399쪽.

았다. 통제 가능한 수준의 집단으로 나누어 이동하고 소규모 집단조차 한번에 부산까지 이동하지 않았다. 10월 23일 조선 남부에 남아있는 일본군 병력은 14,000명까지 줄었지만 각 부대의 본부는 조치원, 대전, 이리, 대구, 정읍, 광주, 여수, 목포, 부산 그 밖의 원 주둔지에 남아있었다. 잔여 부대와 그 외 시설의 경비나 노무를 담당하는 소수의 병력이 있었다. 10월 29일 보고서에 의하면 군사령부, 경성연락부 30명, 부산연락부 150명, 부산육군병원, 부산근무대 약 2,300명을 제외하면 조선 이남의 부대는 모두 귀환했다.[46]

11월 5일에는 미군 제6사단 관할구역에 있던 모든 일본군과 부양가족이 귀환했다. 이 무렵에는 일일 귀환 인원이 평균 200명 수준으로 격감했다. 제24군단 지역에서는 일본군이 거의 귀환했다. 제24군단은 예하 부대에 남아 있는 일본군이나 일본 민간인이 있는지 조사하라는 명령을 내렸다.[47] 일본군 수송이 완료된 후 부산항을 통한 민간수송이 시작되었다. 조선 내의 일본인 귀환항은 부산으로 지정되었다.[48]

제24군단은 10월 4일 일본인 귀환 수송을 위해 일본군에 지원사항을 전달했다. 경성, 수원, 천안, 조치원, 김천, 대구, 부산, 이리, 광주, 여수상황에 따라 인천, 군산, 목포에 일본인 철도 집결지를 건설하고, 연락반

---

46 森田芳夫・長田かな子編, 『朝鮮終戰の記録 ‒ 資料篇』 1권, 巖南堂書店, 1979, 532쪽.

47 국사편찬위원회, 『주한미군사』 1, 선인, 2014, 387~389・394~395쪽.

48 일본의 조선인들의 수송도 부산을 통해 진행되었다. 9월 1일 조선인 집단이입노무자를 우선적으로 계획 수송하는 구체적인 지시가 통달되었다. 9월 12일 일본 철도총국은 당분간 부산행 연락선은 일반 여객을 정지하고 조선인 군인, 군속, 집단이입노무자 수송을 우선했다. 興安丸, 德壽丸으로 하카다, 센자키와 부산간 수송이 결정되었다(森田芳夫, 『朝鮮終戰の記録 ‒ 米ソ兩軍の進駐と日本人の引揚』, 巖南堂書店, 1964).

을 배치하여 일본인 귀환을 지원하도록 했다. 일본군 수송에 이어 일본인 귀환을 위해서도 특별열차를 편성하는데, 이것은 군대수송에 준하여 입안했다. 오지에 거주하던 일본인을 위해 철도 집결지까지 일본군의 자동차를 이용하도록 했다. 특별히 미군 자동차 1,000량도 지원했다.

일본군 차량지원이 명령된 곳은 충청남도였다. 독립자동차 제65, 제70, 제82대대를 파견하여 일본인들을 대전으로 집결시켰다. 이때 경계병력 제224부대도 파견했다. 자동차 358대를 투입하여 총 5,287명을 수송하라는 명령이었다. 신탄진, 서천, 장항, 보령, 광천, 홍성, 예산, 송주, 강경, 논산이 대상지역이었다.[49]

4. 맺음말

해방 직후 조선에 주둔했던 일본군은 약 25만명으로 추산된다. 이 중 18만여 명이 조선 남부에 배치되어 있었다. 일본이 일본군을 가장 마지막에 수송하려고 했던 반면, 미군은 일본군을 가장 먼저 수송하겠다고 결정했다. 한반도에 주둔하던 군인, 군속 귀환 업무는 미군 산하 제24군단이 직접 담당하고, 미군정 군단의 작업을 지원하는 형태였다.

일본군 귀환은 철도와 선박을 이용한 수송 체계였다. 귀환항은 부

---

49 森田芳夫·長田かな子編, 『朝鮮終戰の記錄－資料篇』1권, 巖南堂書店, 1979, 525·527쪽.

산항으로 지정하고, 여수항과 목포항의 사용 가능성도 열어두었다. 일본 귀환항은 하루 2,000~3,000명을 수송할 수 있는 하카다博多를 희망했다. 수송 개시는 미군이 상륙한 직후로 설정했다. 수송순서는 가장 먼저 진해와 부산지구의 해군, 두 번째는 부산 부근의 육군, 세 번째는 대전 이북의 육군, 마지막으로 기타 육군이었다. 이보다 우선하는 것은 항공부대와 부상병이었다. 실행에 이르러서는 수송 순서도 변경되고, 귀환항으로 부산·인천·진해·제주가 지정되었다. 수송선으로는 기선, 해군 선박, 미군 상륙용주정을 동원했다.

귀환지침에 따라 대부분의 일본군이 철수하고, 잔무정리를 위해 일본군은 각 사단, 요새여단, 이에 준하는 부대는 각 소재지에 연락소를 설치하고 운영했다. 경성과 부산에는 연락부를 두고, 천안·조치원·김천·대구·이리·광주·여수에는 연락반을 두었다. 연락부는 미군과 교섭, 일본측 기관과 연락, 북선탈출 군인과 군속, 가족 수용, 귀환, 일본인 보호와 세화회 원조 등을 임무로 했다.

일본군은 9월 28일 수송을 개시했다. 부산에 주둔한 일본군 수송을 시작으로 10월 6일까지 대구 이남 부대의 수송을 완료했다. 7일부터는 대구 이북부대의 수송을 시작했다. 전남과 전북 준둔 일본군 철도를 이용해 부산으로 수송했다. 대전과 인근지역에 주둔하던 일본군 수송은 인천항으로 결정했다. 부산, 인천으로 일본군 귀환이 끝나자 제주도의 일본군 귀환을 시작했다. 진해의 일본 해군은 별도의 수송체계를 갖추었다.

부산에 주둔한 제40사단 제160연대는 부산항을 통해 이동하는 모든 일본군과 일본, 조선 민간인을 승선시키는 임무를 맡았다. 미군의 보고서에 따르면 1946년 2월 22일까지 제160연대는 113만 972명의 수송을 시행했다. 조선으로 귀환하는 조선인 71만 536명, 일본으로 귀환하는 일본군 10만 2,984명, 일본인 31만 7,452명이었다.

'안정적인 귀환'을 주도하고자 했던 일본측의 계획은 일정 부분 미군이 수용했지만, 조선에서 가장 마지막으로 귀환한다는 방침은 허용되지 않았다. 일본군을 가장 먼저 수송한다는 미군의 방침에 따라 대규모 군사 이동이 시작되었다. 미군은 일본군을 사단 단위, 혹은 대규모로 이동시키지 않았다. 통제 가능한 수준의 소규모 집단으로 나누었다. 조선 남부에 주둔한 미군은 가장 먼저 일본군 무장해제와 철수를 실시했다. 일본군을 철수시키는 것은 미군정의 행정업무가 아니라 미군의 첫 번째 군사작전이었다.

참고문헌

경남대 극동문제연구소, 『주한 미 제40사단 정보참모부 일일보고서(1945.9~1946.1)』, 1993.

국사편찬위원회, 『주한미군사』 1-4, 선인, 2014.

부산광역시, 『일본 방위성 소장 부산주둔 일본군 자료집』, 부산시민공원 역사관 연구총서 Ⅱ, 신
　　우정판사, 2013.

한림대아시아문화연구소, 『駐韓美軍情報日誌 1, 1945.9.9~1946.2.1』, 한림대아시아문화연구
　　소, 1988.

宮田節子, 『朝鮮軍槪要史』, 不二出版, 1989.

朝鮮軍司令部, 『昭和20.9終戰後における朝鮮軍電報綴(其の1)』, 1945(アジア歴史資料センタ ー,
　　Ref.C15010596600).

朝鮮軍司令部, 『昭和20.10終戰後における朝鮮軍電報綴(其の2)』, 1945(アジア歴史資料センタ
　　ー, Ref.C15010602400).

朝鮮軍司令部, 『昭和20.10終戰後における朝鮮軍電報綴(其の3)』, 1945(アジア歴史資料センタ
　　ー, Ref.C15010615700).

京城日本軍連絡部長, 『在南鮮日本軍部隊概況報告』, 1945(アジア歴史資料センター, Ref.C13
　　070040600).

兵站交通班, 『歸還輸送に關する綴』, 防衛省防衛研究所, 中央-軍事行政人事-251

陸軍省, 「第17方面軍」, 『部隊行動表 昭和20年』, 1945(アジア歴史資料センター, Ref.C13020
　　875800).

留守業務局鮮満残務整理部, 「朝鮮軍管区」, 『北方鮮満部隊編成補充担任部隊一覧表 昭和22年4
　　月』, 1947(アジア歴史資料センター, Ref.C13010271000).

森田芳夫, 『朝鮮終戰の記錄 – 米ソ兩軍の進駐と日本人の引揚』, 巖南堂書店, 1964.

森田芳夫・長田かな子編, 『朝鮮終戰の記錄:資料篇』 1~3권, 巖南堂書店, 1979.

김윤미, 「일제시기 일본군의 대륙침략 전쟁과 부산의 군사기지화」, 부경대 박사논문, 2015.

송정현, 「미군정의 지방 통치 연구(194~46)」, 전주대 박사논문, 2020.

신재준, 「1945~46년, 在朝鮮일본인의 귀환과 미군정의 대응」, 『군사』 104, 군사편찬연구소, 2017.

신주백, 「1945년 한반도에서 일본군의 '본토결전' 준비」, 『역사와현실』 49, 2003.

＿＿＿, 「해방 후 일본군 소속 조선인 군인의 歸路」, 『한국학논총』 34, 2010.

유지아, 「전후 재조선일본군의 무장해제 과정에서 형성된 한미일관계」, 『한일관계사연구』 28,
　　2007.

이연식, 「해방 후 한반도 거주 일본인 귀환에 관한 연구 – 점령군·조선인·일본인 3자간의 상호
　　작용을 중심으로」, 서울시립대 박사논문, 2009.

＿＿＿, 『조선을 떠나며』, 역사비평사, 2012.

조 건, 「해방 직후 일본군의 한반도 점령 지속과 귀환」, 『한국학논총』 47, 국민대 한국학연구소,
　　2017.

최영호, 「해방 직후 부산경남지역의 귀환자 원호체계와 원호활동」, 『한일민족운동사연구』 36, 한국민족운동사학회, 2003.

_____, 「해방 직후 부산항을 통한 일본의 귀환」, 『항도부산』 24, 부산광역시 시사편찬위원회, 2008.

_____, 『일본인 세화회』, 논형, 2013.

황선익, 「中國 關內地域 日本軍 무장해제와 韓人 병사」, 『한국학논총』 44, 2015.

허준호, 「태평양전쟁과 제주도-미군의 제주도 주둔 일본군 무장해제 과정을 중심으로」, 『사회와 역사』 72, 한국사회사학회, 2006.

해방 직후 조선 거주 일본인들의 귀환과 부산항

이가연

1. 머리말 – 일본의 패전과 동북아해역에서의 환류

19세기 말에서 20세기 초, 제국주의 국가들이 곳곳에 건설한 식민지로 인해 전 세계는 인구 이동이 일상화되었다. 이들 국가는 식민지 지배구조를 강화하기 위해 식민지로 식민자들을 이주시켰다. 수많은 사람들이 제국에서 식민지로, 식민지에서 제국으로, 식민지 간 이동하였다. 같은 시기 동북아해역에서도 제국 일본에 의한 대규모 인구 이동이 발생하였다. 이 인구 이동은 특히 1930년대 이후 일본의 침략전쟁이 본격화되면서 더욱 확대되었다. 이른바 '총동원체제' 아래에서 일본 본국민 뿐만 아니라 식민지민들도 강제동원 등의 형태로 국가와 국가 간 광범위한 이주를 경험하였다. 이러한 인구 이동 현상은 1945년 8월 15일 일본의 패전을 기점으로 그 방향이 바뀌었다. 일본 제국의 붕괴와 동시에 이루어진 탈식민지화의 흐름 속에서 그전과는 달리 역방향으로의 인구 이동 현상이 나타나게 되었다. 즉 제국의 식민지배로 인해 서로 비대칭적 인구 이동을 경험한 구 식민자와 구 식민지민이 일본의 패전을 계기로 원래의 '고향'으로 환류하는 그 전과는 정반대의 인구 이동이 곳곳에서 나타났다.

조선에서도 예외가 아니었다. 일본의 패전 이후 '인양'되는 조선 거주 일본인들과 '송환'되는 일본 거주 조선인들, 이들은 제국의 팽창과 붕괴의 역사를 증명해 주는 집단이라고 할 수 있다.[1] 이 가운데 조선 거주 일본인들은 1876년 부산항이 개항되었을 때부터 조선으로 이주하기 시작하여 러일전쟁, 강제병합을 거치면서 일제강점기 동안 비약적으로 증가하였다. 패전 즈음에는 민간인 약 70만 명, 군인 약 30만 명, 즉 100만에 가까운 일본인들이 조선에 거주하고 있었다.[2] 이들은 일본 제국 붕괴 이후 패전국의 국민으로서 조선을 떠나 본국으로 돌아가야만 하였다.

이 글은 식민자로서 조선에 거주하던 일본인들이 패전 이후 어떻게 본국으로 귀환하게 되는지 그 과정을 살펴보되, 이들이 최후로 경험한 조선, 즉 귀환항 부산에 주목하였다. 구체적으로는 해방 공간 부산의 도시 상황과 부산항으로의 일본인 귀환자의 집중, 그리고 이들을 바라보는 불편한 시선에 관한 이야기이다. 패전국 국민으로 한반도를 떠나면서 그들이 마지막으로 보았을 부산항은 어땠을까, 또 부

---

1 일본에서는 민간인 귀환을 '인양[引揚, 히키아게(ひきあげ)]', 군인 및 군속의 귀환을 '복원(復員)'이라고 부르고 있다(김경남, 「재조선 일본인들의 귀환과 전후의 한국 인식」, 『동북아역사논총』21, 동북아역사재단, 2008, 306의 각주 1 참고). '복원'은 일본군 출신자들을 본국으로 철수시켜 다시 생업에 종사하게 한다는 의미이며, '인양'은 해외 일본인을 현지에서 구출하여 귀환시킨다는 것으로 둘 다 일본 정부의 적극적 의지가 반영된 용어이다(황선익, 「연합군총사령부의 해외한인 귀환정책 연구」국민대 국사학과 박사논문, 2012, 4쪽 참고). 이 글에서는 '원래 있던 곳으로 다시 돌아간다'는 의미에서 '귀환'이라는 용어를 사용하며, 인용문, 제목 등을 표기할 경우에 '인양'을 적절히 사용할 것이다.
2 우치다 준 저, 한승동 역, 『제국의 브로커들』, 길, 2020, 26쪽.

산으로 몰려든 일본인 귀환자들을 보는 조선인들의 시선은 어땠을까, 그 불편한 시선들이 교차하는 부산항은 어떠한 공간인가, 이 글은 이러한 문제의식에서 비롯되었다.

일본에서는 해외 일본인의 귀환과 관련해서 패전 직후부터 조사를 시작하였고, 그 후 30여 년간 '引揚史', '引揚援護局史'의 형태로 자료 정리되었다. 초기 일본학계에서는 주로 해외 거주 일본인들의 귀환 및 귀환 이후 정착 원호 실태에 관해 주목하였다. 대표적으로 미요시 아키라三吉明의 귀환자를 대상으로 한 전반적인 조사 연구가 있다.[3] 그러나 1990년대까지 일본에서 귀환자 연구는 거의 이루어지지 못했다. 전후 정치에서 귀환자 및 미귀환자 문제가 냉전구조에 얽혀 '반공'의 재료로서 정쟁의 도구가 되었고, 귀환자들도 요구를 호소하는 과정에서 보수정당 지지로 경도되어 간 것이 큰 영향을 주었기 때문이다.[4] 그 결과 방대한 사료가 있음에도 불구하고 중국 잔류고아 문제나 시베리아 억류 문제 등 특정 지역, 특정 사건과 관련된 논고가 대부분이었다.[5]

이러한 상황에서 조선에서 귀환한 일본인에 관한 연구 또한 제대로 이루어지지 못하였다. 모리타 요시오森田芳夫의 『朝鮮終戰の記錄』1964을 제외하고는 이렇다할만한 연구가 없었다. 모리타 요시오는 조선 거주 일본인의 패전 경험에 관한 방대한 구술과 문헌 기록 등을 『朝鮮終戰の記錄』에 수록하였다. 그 자신이 '재조선 일본인'이었으

3 　三吉明, 「貧困階層としての引揚者の援護について」, 『明治學院論叢』 52, 1959.2.
4 　加藤聖文, 『海外引揚の研究』, 岩波書店, 2020, 3쪽.
5 　이연식, 「解放 後 韓半島 居住 日本人 歸還에 關한 硏究-占領軍·朝鮮人·日本人 3者間의 相互作用을 中心으로」, 서울시립대 박사논문, 2009, 11~12쪽.

며, 해방 직후 경성 일본인 세화회, 인양원호청 등에서 근무하였고 재일 한국인의 귀환업무에 직접 참여하기도 하였다. 이때 집필한 「在日朝鮮人處遇の推移と現狀」은 재일 한국인 귀환 연구의 1차 사료로 중요하게 활용되고 있다.[6]

1970년대부터 귀환자들의 자서전과 체험기 등이 대거 출간되면서 비로소 일본 사회에서 이들에게 조금씩 관심을 가지기 시작했으나 개인사 차원의 문제로 치부되었다. 그러나 냉전의 종식, 관계자들의 고령화와 사망, 관계단체의 해산에 즈음하여 귀환은 역사화되었다. 귀환자 인식 변화를 논한 나리타 류이치成田龍一의 논고를 시작으로 일본에서도 귀환자 연구가 본격화되었다.[7] 현재는 일국사적인 관점을 넘어, 일본 제국의 직접적인 영향권 아래 있었던 동아시아를 넘어, 세계사적 시점으로 귀환 문제를 다루려는 시도들이 등장하고 있다.[8]

조선 거주 일본인의 귀환과 관련하여 오히려 한국에서 더 많은 연구성과들이 발표되었다. 서울 거주 일본인들의 귀환을 살핀 최영호의 논고는 일본인 귀환에 관한 국내 최초의 연구로서, 당시 일본인을 둘러싼 국내 치안 상황, 일본인 귀환 규모, 조선총독부의 일본인 귀환

---

6 森田芳夫 著, 「在日朝鮮人處遇の推移と現狀」, 『法務硏究報告書』 43-3, 法務硏修所, 1955. 모리타의 저작들로 재조선 일본인 귀환 연구는 많은 진전이 있었다. 동시에 '모리타'라는 인물에 관한 연구도 진행되었다. 황선익은 재한일본인으로서의 모리타 요시오의 행적과 끊임없이 '한국'을 기록한 그의 기록물들을 분석하여 급변하는 근현대 한일관계의 다양한 모습을 보여주었다. 그속에서 모리타는 식민지기의 행적을 반성하는 것 같지만 글 속에는 식민지적 사고에서 여전히 벗어나지 못하고 있음을 한계로 지적하였다(황신익, 「해방 전후 새한일본인의 패전 경험과 한국 인식 – 모리타 요시오를 중심으로」, 『한국학 논총』 34, 국민대 한국학연구소, 2010).

7 成田龍一, 「引揚げに關する序章」, 『思想』 955, 岩波書店, 2003.

8 加藤聖文, 『海外引揚の硏究』, 岩波書店, 2020; 李盛煥・木村健二・宮本正明 編著, 『近代朝鮮の境界を越えた人びと』, 日本經濟評論社, 2019; 今泉裕美子 編著, 『日本帝國崩壞期 '引揚げ' の比較硏究 – 國際關係と地域の視點から』, 日本經濟評論社, 2016 등.

수송 대책, 세화회의 결성과 원호활동, 미군정청의 귀환자 수송 계획 등 향후 일본인 귀환 연구의 전체적 틀을 제시하였다.[9] 한편 정병욱은 일본인들이 남긴 재산, 이른바 '적산' 처리 과정에 대한 연구를 진행하였는데, 이는 해방 공간의 경제 상황을 폭넓게 이해할 수 있는 토대가 되었다.[10] 이연식은 박사학위 논문에서 한반도 거주 일본인의 귀환을 조선인, 일본인, 점령군 삼자간의 상호작용을 중심으로 논하였다. 그리고 일본 패전 후 인구이동이 지닌 다양한 양태가 북한지역을 포함한 한반도 거주 일본인들의 귀환과정에서 어떻게 나타나는지 살폈다.[11] 최근에는 소련 점령 아래에 있었던 북한지역 일본인 귀환과 관련된 연구들이 발표되고 있으며,[12] 일본인들의 귀환 이후의 삶을 서사적으로 풀어낸 논고들도 발표되었다.[13] 이러한 선행연구들을 비판적으로 받아 안으면서 아래에서는 귀환항 부산이라는 공간에서의 일본인 귀환의 의미에 관해 고찰해 보겠다.

---

9 최영호, 「해방 직후 재경일본인의 일본귀환에 관한 연구」, 『典農史鞝』 9, 서울시립대국사학과, 2003.3.

10 정병욱, 「해방 직후 일본인 잔류자들 – 식민지배의 연속과 단절」, 『역사비평』 64, 역사비평사, 2003.8.

11 이연식, 「解放 後 韓半島 居住 日本人 歸還에 關한 研究 – 占領軍·朝鮮人·日本人 3者間의 相互作用을 中心으로」, 서울시립대 박사논문, 2009.

12 변은진, 「8·15직후 38도선 이북의 일본인 귀환당체 및 간부진 현황」, 『한일관계사연구』 60, 한일관계사학회, 2018; 변은진, 「8·15직후 함흥지역 일본인 귀환단체의 조직과 활동」, 『일본공간』 25, 국민대 일본학연구소, 2019.

13 신승모, 「'인양(引揚)' 후의 유아사 가쓰에 론 – 연속해가는 혼효성(混淆性)」, 『일어일문학연구』 71, 한국일어일문학회, 2009; 김예림, 「포스트콜로니얼의 어떤 복잡한 월경적 연애에 관하여 – 구식민지와 구제국 그리고 기억 – 기록의 정치학」, 『서강인문논총』 31, 서강대 인문과학연구소, 2011; 김예림, 「종단한 자, 횡단한 텍스트 – 후지와라 데이의 인양서사, 그 생산과 수용의 정신지(精神誌)」, 『상허학보』 34, 한국어와문학회, 2012; 박이진, 「아시아의 망령, 귀환자의 '전후' – 아베 고보 「인어전(人魚伝)」을 중심으로」, 『아시아문화연구』 35, 가천대 아시아문화연구소, 2014; 노상래, 「귀환서사에 나타난 균열과 직시되는 진실 – 후지와라 테이의 『흐르는 별은 살아있다』를 중심으로」, 『민족문화논총』 61, 영남대 민족문화연구소, 2015 등.

2. 식민지의 관문에서 귀환항으로의 전환

1) 부산으로 몰려드는 일본인 귀환자들

부산은 일본과 근거리에 있으면서 동북아해역의 해상교통과 운수의 거점이었다. 그렇기에 제국 일본이 대륙으로 진출하는 '현관'인 동시에 수많은 조선인들이 부푼 꿈을 안고 학업과 노동을 위해 일본으로 나아가던 '관문'이 되었다. 1930년대 말에는 일제의 침략전쟁에 동원된 사람들이 강제로 끌려가던 권력과 폭력의 공간이 되기도 하였다. 1945년 8월 15일 일본의 패전 이후에는 본국으로 돌아가는 일본인들, 일본에서 돌아오는 조선인들이 뒤섞여 또 다른 장소성을 만들어 냈다. 본국으로 귀환하는 일본인들에게 부산은 패전의 실상을 직면하게 해준 종착점이었다. 일본 제국의 조선 지배가 부산에서 시작되어 부산에서 끝이 났다고도 해도 과언이 아니다.

해방의 기쁨도 잠시, 식민지의 관문에서 순식간에 귀환항으로 전환된 부산에는 그 직후부터 여러 가지 사회문제가 발생하였다. 가장 큰 문제는 급격한 인구 증가였다. 해방과 함께 귀환 동포들이 부산에 도착하였고, 전국 각지의 일본인들이 본국으로 돌아가는 배를 타기 위해 부산항으로 집결하였다. 부두에만 3만 5천 명에서 많을 때는 5만 명 정도가 모였다.[14] 이에 따른 주거지 부족으로 부두와 역 근처에는 천막을 치고 임시로 생활하는 사람들이 증가하였다. 식량과 물 부족은 말할 것도 없고, 위생과 치안 문제가 심각한 상황에 이르렀다.

---

14 森田芳夫・長田かな子 編, 『朝鮮終戦の記録 – 資料篇 第一卷 日本統治の終焉』, 巖南堂書店, 1979, 423쪽.

실업자가 속출했으며 물가도 급등하였다.

　재조선 일본인 가운데는 패전을 즈음하여 그대로 조선에 머물러 있기를 원하는 사람들도 있었지만 시간이 지날수록 대부분 본국으로 신속하게 귀환하기를 바랐다. 특히 일본과 가까운 경남지역은 패전 직후 반드시 부산항이 아니더라도 거주지와 가까운 항구에서 각각 귀환하였다. 개인 경영의 선박회사가 많이 생겨 '00行'이라는 깃발을 흔들며 사람들을 모집하여 출발하였다. 그러므로 귀환 절차가 정식으로 시작되었을 때는 이미 상당수의 민간 일본인들이 돌아갔을 것으로 추정된다.[15] 그러나 미군정청에 의해 일본인 귀환이 본격화되었을 때는 모두 부산항에서 배를 타야만 하였다.

　패전 후 조선총독부는 '종전사무처리본부'를 개설하여 그 속에 보호부를 만들었고, 보호부 관할 아래 안내소를 설치하였다. 보호부는 일본인 귀환과 전재자 구제 사무를 담당한 곳이다. 안내소는 경성, 대전, 대구, 부산, 전주, 여수, 광주의 7개 도시에 있었는데, 이 가운데 전주, 여수, 광주 지부는 통신기관이 미비하여 활동을 하지 못하였다. 38도선 이북의 안내소 또한 소련군이 장악하였기에 업무를 할 수 없었다. 미군정청 설치 이후인 1945년 9월 23일, 안내소는 미군정청 외사과의 관할 아래에 놓였고 외사과는 안내소가 진행하는 귀환사무에 관해 지령을 내렸다. 그리고 1945년 10월 말, 안내소의 업무는 일본인 세화회로 흡수되었다.[16] 안내소의 내부 조직은 5개의 반으로

15　森田芳夫・長田かな子 編, 『朝鮮終戰の記錄 – 資料篇 第一卷 日本統治の終焉』, 巖南堂書店, 1979, 424쪽.

16　森田芳夫・長田かな子 編, 『朝鮮終戰の記錄 – 資料篇 第二卷 南朝鮮地域の引揚と日本人世話會の活動』, 巖南堂書店, 1979, 8쪽.

되어 있었고 각각 다음의 사무를 처리 하였다.

〈표 1〉 안내소 조직 및 사무

총무반	인사, 기록, 기획, 구제사업 입안 · 조사
급여반	식료, 衣料, 기타 구제물자 지급
宿營班	수용소 운영, 전재자 수용 · 송출에 필요한 처치
위생반	공중위생을 기준에 맞게 하고 그것을 유지하기 위한 모든 사항 책임 담당
수송반	전재자를 승선항까지 위생적으로 안전하게 수송

1945년 9월 23일은 미군정청 외사과가 처음 경성에서 부산으로 일본인 귀환자 열차 수송을 실시한 날이었는데, 이날부터 일본인의 귀환이 사실상 완료된 12월 말까지 대개 다음과 같은 방법으로 수송이 진행되었다.

첫째, 우선 수송 계획을 수립하였다. 그런데 수송 계획을 세우려면 귀환자 수가 확정되어야 한다. 일본인들이 가장 많이 거주했던 경성지구의 경우, 경성 일본인 세화회와 안내소에서 귀환 예상자 수를 외사과로 제출하였다. 경성 외 각 도에서는 미군정청의 출장 기관이 귀환 예상자 수를 외사과에 제출했는데, 이 기관은 담당 지역에 남겨져 있는 일반 일본인의 수를 정기적으로 보고하였다. 부산항에 있던 조정반은 매일 부산항의 귀환자 처리 능력에 관해 외사과에 통보하였다.

둘째, 경성지구의 열차 운행은 외사과 전재자반의 직접 감독 아래에 있었기 때문에 외사과에서 열차운행예정표를 작성하였다. 경성지구 외 지역 열차의 경우, 경성의 외사과가 철도국으로 전화 연락을 하면, 철도국에서는 수송지역을 담당하는 지방철도국으로부터 필요한 정보를 입수하고 이 정보를 외사과에 회신하였다. 그러면 수송이 이루어질 거점 지역을 관할하는 현지사단의 참모부 제3과[G-3]에 승차 시각과 장소, 열차의 출발시각, 열차 번호, 차량수와 수용가능 인원수가 통보되었다. 수송이 계획대로 이루어지도록 각 관내의 군정청 출장 기관과 군부대에 통보하는 것이 제3과의 일이었다. 그러나 중앙과 지방의 통신수단이 불충분하였기 때문에 계획이 제대로 실행되지 못하는 경우가 종종 발생하였다. 이에 1945년 11월 중순 이후 경성 이외 지역에서의 수송 수속에 관해서는 지역을 관할하는 현지 사단이 직접 열차 수배를 요청하는 방식으로 변경되었다. 그리고 열차에는 헌병이 배속되어 귀환자의 안전을 도모하였다.[17]

한편 조선에 거류 중인 모든 일본인은 1945년 11월 1일부로 미군 정청 법령 제6호에 의해 군정청과 일본인 세화회에 등록되었다. 등록된 일본인 중 귀환을 희망하는 자들을 나누어 그룹을 만들고 이 그룹에 일정한 번호를 매겼다. 그리고 특정 번호가 발표되면 해당 번호를 가지고 있는 일본인들은 지정된 정거장에 나가면 되었다.

일본인들이 귀환 열차를 타고 부산항으로 가려면 몇 가지 거쳐야 하는 절차가 있었다. 첫째, 이들은 모두 장티푸스와 천연두 예방주사를 맞아야 하였다. 예방주사를 맞으면 증명서가 교부되었고, 귀환자는 승차에 앞서 증명서를 제시해야만 하였다. 이를 제시하지 않으면 승차를 거부당했다. 둘째, 열차 티켓을 구입해야 하였다. 운임은 성인의 경우 12세 이상으로 20엔 50전, 소아는 6세에서 12세까지로 성인 운임의 반액인 10엔 25전, 6세 미만은 무료였다. 그러나 개별적

---

17 森田芳夫・長田かな子 編,『朝鮮終戰の記錄 –資料篇 第二卷 南朝鮮地域の引揚と日本人世話
   會の活動』, 巖南堂書店, 1979, 16~17쪽.

으로 구입하는 것이 아니었다. 예컨대 경성의 경우, 우선 안내소에서 승차 전원의 운임 지불에 필요한 금액의 은행어음을 발행하였다. 어음 영수증은 일본인 세화회로 교부되었고 사본은 외사과로 보냈다. 여객 수와 어음 금액에 관해 통지를 받은 용산역장은[18] 철도 직원에게 단체 티켓을 만들게 하고 이것을 열차 수송지휘관에게 전달하였다.[19] 이러한 방식은 티켓 확인에 걸리는 시간을 단축할 수 있었고 암표를 예방하는데 도움이 되었다.[20]

귀환자들의 수송 당일 절차는 다음과 같았다. 외사과에서는 귀환자에게 출발 시간을 알리기 위해 적어도 수송 예정 전날에 수송 실시를 알리는 일문, 영문의 라디오 방송문을 준비하도록 안내소에 통지하였다. 이를 들은 귀환자들은 수송 당일 자신이 탈 차량 번호가 기재된 증명서를 가지고 역에 집합하였다. 그러면 사전에 임명한 차량 책임자가 이들을 줄 세웠다. 이 책임자는 차량번호를 적은 깃발을 가지고 있었다. 귀환자들은 자신의 번호가 적힌 깃발 뒤로 일렬로 줄을 서서 플랫폼으로 나가서 선로에 직각 방향으로 줄을 섰다. 그리고 지휘관에게 예방접종 증명서를 보여주고 열차에 탑승하였다. 경성 이외 지방에서는 외사과의 지령에 따라 군정부에서 처리하였는데, 수순은 경성의 경우와 거의 같았다.[21] 이처럼 군정청 출선 기관 또는 현

---

18 당시 경성의 귀환 열차는 용산역에서 출발하였다.
19 이보다 앞선 9~10월에는 안내소의 대표자가 운임과 승객인수 보고를 외사과에 지참하고, 외사과가 이것을 계산하는 방법이었다. 그때는 75명씩을 하나로 묶어 티켓을 역에 지참하고, 승객에게 교부하였다.
20 森田芳夫・長田かな子 編, 『朝鮮終戰の記錄 – 資料篇 第二卷 南朝鮮地域の引揚と日本人世話會の活動』, 巖南堂書店, 1979, 18~19쪽.
21 위의 책, 20쪽.

지 군사령관이 제공하는 정보에 기반하여 경성의 외사과에서는 일본인 귀환자를 취급하는 부산항의 능력, 차량 기타 필요한 장비를 공급할 철도 측의 능력, 일본인의 신분과 그들의 조선에서의 거주 지역에 기반한 수송 우선순위 등을 고려하여 철도 수송 인원의 규모를 조절하였다.[22]

일본인 귀환자들은 부산항에 도착하면 배를 타기 전에 승선 검사를 거쳤다. 화물을 열어보고 소지금과 금지품[23] 등을 검사하였으며, 검사가 끝나면 약 10일분의 휴대 식량이 주어졌다. 그리고 바로 승선을 하거나 선박 대기장소로 이동하였다.

아래 〈그림 1〉은 당시 부산항 제1부두의 귀환자 관련 시설이다. 일본인 귀환자의 승선과 수속 동선에 따라 집합장, DDT 분사장, 주사소, 통화 환전소, 소지품 검사장이 그려져 있다.[24] 일단 집합장에서 대기하다가, 20~50명 정도 그룹을 지어 미군 3~5명의 인솔하에 검사장으로 들어가서 검사를 개시하였다.[25]

만약 부산항에 도착하였으나 승선이 늦어질 때에는 임시수용소에서 대기하며 승선일을 기다려 안내소의 승선계획에 따라 순차적으로 송출되었다. 당시 부산에는 아래 〈표 2〉와 같이 승선 대기 중인 일

---

22 森田芳夫・長田かな子 編, 『朝鮮終戰の記録 – 資料篇 第二卷 南朝鮮地域の引揚と日本人世話會の活動』, 巖南堂書店, 1979, 21쪽.

23 금지품은 총기, 탄약, 흉기(단 흉기의 해석은 상식으로 판단), 금은보석류, 주권(유가증권 포함), 저금통장(우편저금, 은행저금통장은 10월 28일부터 허가됨), 反物 및 生地類, 사진기, 쌍안경, 시계, 만연필 등으로, 검사관의 의견에 따라 지차되기도 하였다(『경성일보』 1945.10.31. 禁制品に注意).

24 森田芳夫・長田かな子 編, 『朝鮮終戰の記録 – 資料篇 第二卷 南朝鮮地域の引揚と日本人世話會の活動』, 巖南堂書店, 1979, 27쪽.

25 「禁制品に注意」, 『경성일보』, 1945.10.31.

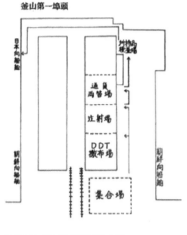

〈그림 1〉 부산항 제1부두 시설

본인 귀환자를 위한 수용시설이 마련되어 있었다.[26] 이외 삼도고녀, 제1초등학교에도 일본인이 수용되어 있었다. 수용소에서는 1일 평균 1숍의 급식을 하고 있었지만, 굉장히 부족한 상태였기 때문에 스스로 식량을 마련해가지 않으면 안 되었다. 또한 이들에게는 질서유지와 공중위생을 반드시 준수할 것이 요구되었다. 무질서와 비위생은 '외국인의 경멸을 불러일으키며' 미아와 환자를 발생시켜 귀환을 곤란하게 할 것이기 때문이었다.[27] 아래 표를 통해 얼마나 많은 일본인들이 부산으로 쇄도했는지 짐작할 수 있다.

〈표 2〉 부산의 수용소 정원 및 체류 인원(1945.10.2)

수용소	정원	체류 인원	수용소	정원	체류 인원
西本願寺	1,000	2,500	東本願寺	1,000	2,500
金剛寺	300	700	智恩寺	300	700
妙覺寺	150	300	金光敎	150	300
出雲大社	300	700	ますらお館	1,500	2,500
제7국민학교	2,000	4,700	식물검사소	700	1,500
세관창고	5,000	8,600	합계	12,400	25,000

일본선박운영회는 미해군과 연합국총사령관의 공동 지배를 받았

---

26 丸山兵一,「釜山日本人世話會の活動」,『朝鮮終戰の記錄 - 資料篇 第二卷 南朝鮮地域の引揚と日本人世話會の活動』, 森田芳夫・長田かな子 編, 1979, 392~393쪽.

27 「守って貫ひたい, 秩序と公衆衛生」,『경성일보』, 1945.10.26.

는데, 이 운영회가 일본상선 전체를 통제하였다. 운영회는 귀환 수행을 위해 일정한 선박을 할당하였다. 이러한 선박은 일본에서 조선인 '송환자'를 싣고 와서 부산항에서는 일본인 '인양자'를 싣고 일본으로 떠났다. 선박은 부산항으로 일정한 시간표에 따라 입항하였다. 다음의 〈표 3〉은 가장 빈번하게 부산항에 출입한 선박의 선명이다. 이 선박들이 총계 273회, 이 외 선박 114척왕복수송이 203회 왕복 항해를 하며 귀환자들을 수송하였다.[28]

〈표 3〉 수송 선박의 선명과 승선가능 인원수

선명	왕복횟수	승선가능인원수(명)	선명	왕복횟수	승선가능인원수(명)
長白丸	8	2,000	北鮮丸	9	1,600
早鞆丸	7	500	黃金丸	20	1,200
興安丸	32	6,500	神島丸	6	400
日正丸	13	400	大隅丸	12	300
天佑丸	13	850	德壽丸	40	2,600
夕風	7	400	金寧丸	7	875
白竜丸	17	2,000	間宮丸	21	1,000
潮風丸	11	700	雲仙丸	26	2,000
臺北丸	8	1,500	MS20 (발동기선)	9	45
DE59 (경구축함)	7	250			

2) 부산 일본인 세화회의 원호 활동

부산 일본인 세화회는 가시이 겐타로香椎源太郎를 회장으로 하여 1945년 9월 1일에 설립되었다. 8월 20일경부터 일본인 경제인들을

---

28 森田芳夫・長田かな子 編,『朝鮮終戰の記錄 - 資料篇 第二卷 南朝鮮地域の引揚と日本人世話會の活動』, 巖南堂書店, 1979, 28쪽.

중심으로 자치단체 결성을 위한 사전 간담회가 몇 차례 있은 후의 일이었다.[29] 처음에는 '부산 내지인 세화회'라는 이름으로 거류민단적 성격을 지녔는데, 이는 당시 부산 거주 일본인들에게서 적극적인 귀환 의사 표시가 없었기 때문에 귀환 억제를 목적으로 활동을 시작하기 위해서였다.[30] 그러나 곧 미군정청이 성립되고 부산으로 일본인 귀환자들이 대거 몰려오기 시작하자 귀환을 적극적으로 원호하는 기관으로 변하였다. 그리고 초대 회장 가시이의 귀환 후 임원진이 교체되던 무렵, '부산 일본인 세화회'로 개칭10월 2일되었다. 설립 초기 세화회의 조직은 크게 총무부, 연락부, 물자부, 의료부로 나뉘었으며, 안내소는 일본인들의 직접 송출 기관으로서 세화회의 핵심적 역할을 하였다. 안내소에서 진행한 일은 다음과 같다.[31]

- 서무계 : 안내소 전반에 관한 일반 서무, 근무자의 배치, 일반 전재자 응접, 전재증명서 발행, 안내소 내 청소 관계
- 계획계 : 전재자에 대한 숙소 할당, 승선 할당, 도착열차 및 입항 선박으로의 연락, 전재자 접수에서 송출까지 계획 담당
- 유도계 : 계획계 수립의 계획에 기반하여 전재자를 지정 수용소로 유도, 승선 유도
- 숙소계 : 체류 전재자를 숙소에서 맞이하여 지도 및 알선하고 숙소 확보

---

29 최영호, 『일본인 세화회』, 논형, 2013, 180쪽.
30 丸山兵一, 「釜山日本人世話會の活動」, 『朝鮮終戰の記録 - 資料篇 第二卷 南朝鮮地域の引揚と日本人世話會の活動』, 森田芳夫・長田かな子 編, 1979, 390쪽.
31 丸山兵一, 「釜山日本人世話會の活動」, 『朝鮮終戰の記録 - 資料篇 第二卷 南朝鮮地域の引揚と日本人世話會の活動』, 森田芳夫・長田かな子 編, 1979, 395~396쪽.

· 배식계 : 체류 전재자의 급식 계획 수립 실천

· 원호계 : 전재자의 의류 및 금전 지급 담당

· 보조검사계 : 안내소의 부두 출장소 역할(부두 내에 근무하면서 귀환
  자에 대한 금전 및 채권 보관의 보조)

· 화물계 : 화물 보관사업 및 부두 내에 화물 관리 담당

· 급식계 : 배식계획에 기반하여 식사 배식 준비

부산 일본인 세화회의 임원진은 〈표 4〉와 같다.

〈표 4〉 부산 일본인 세화회 임원진

날짜	회장	임원
1945.9.1 부산내지인세화회 발족	香椎源太郎	池田佐忠(사무국원) 上田耕一郎(차장) 越智章介(사업부장) 倉地哲(서무부장) 野入英樹(조사부장)
1945.10.2 부산일본인세화회 개칭	池田佐忠	小西恭助 黑田吉夫(부회장) 立石信吉 高井春五郎(상임간사) 介川浩 山下眞一 侍岡昇平(상담역)上田耕一郎(서무부장) 野入英樹(조사부장) 越智章介(경리 겸 상공부장) 介川典(섭외부장) 淸水雲治(원호부장) 倉地哲(자금부장) 橫山惠正(문화후생부장) 靑柳嵯峨治(안내소장)
1945.11.10	介川典	上田耕一郎(서무부장) 倉地哲(경리부장) 野入英樹(상담부장) 木村雪治(안내소장) 宮下義正(의료방역부장)木村雪治(안내소소장) 丸山兵一(안내소차장) 越名角一 외 3명(서무계) 淸水正雄 외 3명(계획계) 三甁榮이 14명(유도계) 矢田亮善 외 2명(숙소계) 吉崎磨 외 1명(응접계) 小田島新藏 외 2명(원호계) 川上武重 외 5명(식량수송계) 大木利夫 외 11명(급식계)
1945.12.5	鏡一以	위와 거의 동일
1947년 말	森田國政	

출처 : 丸山兵一, 「釜山日本人世話會の活動」, 『朝鮮終戰の記錄: 資料篇 第二卷
南朝鮮地域の引揚と日本人世話會の活動』, 森田芳夫·長田かな子 編, 1979, 397~399쪽.

임원진들의 잦은 교체는 부산지역 거주 일본인들이 서울이나 다른 지역과는 달리 패전 직후 일찍 대거 귀환했음을 의미한다.[32]

부산 일본인 세화회의 목적은 미군정에 적극 협력하여 재조선 일본인들이 원활하게 귀환할 수 있도록 하는 것이었다. 1945년 12월 18일 규약 제2조를 '일본인 간 상호 연락 협력 및 상조를 꾀하는 것을 목적으로 한다'에서 '미군정에 협력하여 제 사태에 즉시 응하며 그 원활한 해결을 기도함으로써 일본인의 지도 및 전재자의 구제 및 인양에 관한 제 사무의 원활한 처리를 목적으로 한다'로 구체화한 것에서 활동의 목적을 알 수 있다.[33]

본격적인 일본인 민간인들의 수송은 일본군들의 '복원' 수송이 끝난 1945년 10월 17일 이후에야 가능하였는데[34] 세화회는 이때부터 본격적으로 그 활동에 나섰다. 부산항의 일본인 귀환 상황을 시기별로 살펴보면 다음과 같다. 첫 번째 시기는 패전 직후에서 9월 상순으로, 전국 각지에서 부산으로의 집결이 적극적으로 이루어졌다. 두 번째 시기는 9월 중순에서 10월 하순으로, 10월 1일부터 8일까지 1일 평균 8,000명의 군인 수송이 이루어졌고 일본인들이 무질서하게 부산항으로 쇄도하여 부산 체류자가 급증하였다. 이때 수송 선박의 부족으로 연락선뿐만 아니라 기범선도 수송에 투입되었다. 그러나 10월 20일 이후에 기범선 운행이 금지되었고 연락선에 의한 계획수송

---

32 최영호, 『일본인 세화회』, 논형, 2013, 186쪽.
33 丸山兵一, 「釜山日本人世話會の活動」, 『朝鮮終戰の記錄 – 資料篇 第二卷 南朝鮮地域の引揚と日本人世話會の活動』, 森田芳夫・長田かな子 編, 1979, 397쪽.
34 田辺多聞, 「終戰前後釜山地方交通局」, 『朝鮮終戰の記錄 – 資料篇 第二卷 南朝鮮地域の引揚と日本人世話會の活動』, 森田芳夫・長田かな子 編, 1979, 292쪽.

이 실시되었다. 세 번째 시기는 본격적인 계획수송이 실시된 10월 하순 이후이다. 10월 22일에 부산안내소로부터 업무를 인계받은 부산 일본인 세화회는 승선계획을 세우고 일본인 귀환자들의 귀환을 원호하였다. 부산 일본인 세화회에서 세운 승선계획은 다음과 같았다.

① 계획수송에 따라 경성, 대전, 대구 방면에서 부산으로 오는 자에 대하여는 접수단체 번호 순으로 승선시킨다. ② 계획수송에 의거하지 않고 개인적 또는 단편적으로 부산으로 오는 자들은 숙소에 수용하고 그룹을 만들게 한 뒤 승선시킨다. ③ 부산 거주자의 인양에 관해서는 단독 승선을 금지하고 일정 인원(250명)이 되도록 일정한 수용소에 수용한 뒤 그룹을 만들어 승선시킨다.

이 방침에 근거하여 세화회는 부산에 거주하던 일본인을 智恩寺에 수용하고 10월 22일 이후 귀환을 적극적으로 진행하기로 하였다.[35] 세화회가 귀환 원호활동에 나선 이후 10월과 11월의 귀환 일본인의 누계는 〈표 5〉와 같다. 10월 24일부터 11월 29일까지 약 한달 간 군인·민간인 포함 총 462,080명의 일본인이 부산항을 통해 일본으로 귀환하였다.

〈표 5〉 1945년 10월~11월 귀환 일본인 누계

월일	인양일본인 누계			경성일보 일자
	군인	일반인	계	
10.24	109,722	63,991	173,713	10.29
10.25	110,025	70,585	180,610	10.30
10.27	110,025	19,070	189,095	10.31

월일	인양일본인 누계			경성일보 일자
	군인	일반인	계	
10.28	110,055	90,205	200,260	11.01
10.30	110,578	103,766	214,344	11.03
10.31	132,134	114,873	247,007	11.05
11.01	132,134	118,269	250,403	11.06
11.05	149,727	125,027	274,754	11.09
11.11	165,710	164,459	330,169	11.15
11.22	-	265,103	430,813	11.28
11.29	-	296,370	462,080	12.05

출처 : 『경성일보』 1945.10.29.~31・11.1.3, 5, 6, 9, 15, 28・12.5 게재,
미군정청 외사과장 발표에 따라 작성.

뿐만 아니라 부산 일본인 세화회에서는 일본인 귀환이 어느 정도 마무리된 1946년 7월, 부산시내 각 사원의 일본인 유골을 정리하고, 그 가운데 무연고 유골은 현 부산광역시 아미동에 위치한 일본인 묘지에 매장한 후 위령제를 지냈다. 한편 주인이 확인된 유골 3,153주는 명부와 함께 일본으로 보내어 하카다의 聖福寺에 안치하였다.[36]

1946년 12월, 재조선 일본인들이 거의 귀환함에 따라 경성 세화회는 업무를 종결했지만 부산의 세화회는 계속해서 활동하였다. 원호활동은 점차 줄어들었지만, 부산항 부근의 일본인 수용소에서 귀환자에 대한 지도와 방역은 계속되었다. 또 미군정청을 도와 검역활동을 하거나, 일본인으로 위장하여 일본으로 건너가려는 조선인의 본적지 조회 업무 등을 맡았다.[37] 1948년 6월이 되어서야 경상남도

35　丸山兵一,「釜山日本人世話會の活動」,『朝鮮終戰の記錄 - 資料篇 第二卷 南朝鮮地域の引揚と日本人世話會の活動』, 森田芳夫・長田かな子 編, 1979, 390~391쪽.

36　丸山兵一,「釜山日本人世話會の活動」,『朝鮮終戰の記錄 - 資料篇 第二卷 南朝鮮地域の引揚と日本人世話會の活動』, 森田芳夫・長田かな子 編, 1979, 396쪽.

37　최영호,『일본인 세화회』, 논형, 2013, 194쪽.

후생과에 일본인 귀환 사무 일체를 인수하고, 세화회의 마지막 직원 4명이 귀국하면서 업무가 종결되었다.[38]

3. 불편한 시선들의 교차

1) 부산 지역민의 일본인 인식

1945년 9월 부산에서 창간된 『민주중보』에는 미군진주 소식과 함께 일본인 관련 기사가 많이 보인다. 특히 부산항을 통해 귀환하는 일본인들의 상황과 이들을 바라보는 부산의 여론을 파악할 수 있는 귀중한 자료이다. 신문에서는 수십 년 간 식민지 지배자로 군림하던 이들의 최후를 어떻게 묘사하고 있을까.

1945년 9월 20일자에는 「보라!!이 謀略이 惡行, 용서치 못할 범죄자 일본인」이라는 기사가 등장한다. 그 내용은, '정의의 미명을 쓰고 과거 40년 조선 동포의 피와 땀을 빨아먹던 악마의 나라 일본인이 아직도 우리의 조국 건설의 위업을 방해하고자 악덕한 갖은 모략과 수단으로서 계획적으로 식료품과 기타 중요 물자를 海中에 투하하고 있다'는 것이었다. 대부분이 일본으로 밀수하려다가 발각된 경우로, 쌀, 소금 등의 식료품과 소총, 기타 금지품 등이 그 대상이었다.[39] 쌀을 물에다 쉬어넣고 옷을 태우는 등의 일들이 비일비재하게 일어났고 심지어 이를 목격한 조선인을 살상하는 사건도 발생하였다.[40] 신

---

38 「최후의 왜적 단체 세화회도 물러가」, 『부산신문』, 1948.6.17, 2면.
39 「보라!! 이 謀略 이 惡行, 용서치 못할 범죄자 일본인」, 『민주중보』, 1945.9.20, 2면.

문은 일본인들의 이러한 행동을 '조선인의 독립에 대한 환희를 좋은 눈으로 볼 수 없었을 것'이기 때문이며, '패전에 대한 발악'이라고 표현 하였다.[41] 원인 불명의 화재가 발생했을 때에도 일본인들의 계획적 범죄일 것이라고 생각할 정도의 적대감이었다.[42] 경남도청에서는 '치안의 암 일본인 철퇴'라는 노골적인 표현을 하면서 국토의 치안 확보에 큰 장해물인 일본인을 하루빨리 '철퇴'시키기 위해 부산부민들의 적극적 협력을 요망한다고 하였다.[43] 조선인 앞에서 아무 이유 없이 조선은행권 지폐를 불살라버리는 일본군의 '악착' 같은 모습 등 조선을 떠나는 일본인들의 최후를 목격한 조선인들은 '건국에 한층 더 힘쓸 것을 맹세'하기도 했다.[44]

반면 일부 일본인 가운데는 조선인들의 백의와 자신의 옷을 교환해 입는 자들도 있었는데, 이 일에 대해 치안사령부에서는 절대 교환을 엄금하라고 당부할 정도였다.[45] 당시 조선인들의 일본인에 대한 불편한 시선과 이에 대한 일본인들의 두려움이 어느 정도였는지 짐작할 수 있는 사례이다. 패전국 일본인들에 대해 다소 풍자적으로 풀어낸 기사도 있다.

*일본 사람 속히 가소. 조선에 어떻게 하면 그냥 남아 있을 수 있을까하고

---

40 「군인 기면 히에 중요 물자를 밀매, 악행을 감추려고 동포를 살상」, 『민주중보』, 1945.9.27, 2면.

41 「사설 - 阿部의 폭언」, 『민주중보』, 1945.9.25, 1면.

42 「모략인가? 원인 불명의 화재」, 『민주중보』, 1945.9.28, 2면.

43 「치안의 암 일인 철퇴에 부민의 협력 요망」, 『민주중보』, 1945.12.15, 2면.

44 「일본군인이 선은권을 소각」, 『민주중보』, 1945.10.8, 2면.

45 「白衣의 교환 엄금」, 『민주중보』, 1945.9.24, 2면.

틈만 보고 있는 인간에 대하여는 실로 秋霜烈日의 선언. *연락선만 이용하려는 것도 조선인의 기대 그대로. *그러면 밀선으로 나가는 친구가 있을 지도 모르겠소. 그러나 그 점도 걱정마소. 조선에서 일본으로 가는 밀선은 격침한다고. *일본으로 가는 일본인은 다만 손에 가질만한 짐만 가져가시오. 그것도 검사를 맞아야 된다네요. *조선인 중에 일본인 물건을 비싸게 산 사람들의 얼굴 좀 봅시다. 신문이 머라고 합디까. 안사도 우리 물건이 된다고.[46]

위 내용은 일본인 민간인들의 귀환이 본격적으로 시작되기 전, 이미 부산에서는 일본인들의 귀환을 종용하는 여론이 들끓고 있음을 잘 보여주며, 일본인이 남긴 재산 처리와 관련하여 향후 여러 갈등을 예고하는 것이다. 1945년 9월 23일 미군정청이 일본인 귀환과 관련해 향후 연락선만 이용해야 할 것이며, 휴대품은 수하물로 한하고, 밀항할 시에는 선체는 물론 탑재물까지 폭침시킬 것이라는 경고문이 나온 직후였다.[47]

부산 일본인 세화회에 관해서도 부산의 여론은 부정적이었다. 즉 세화회의 활동이 일본인들의 귀환을 원호하는 '순수성을 가졌다고 볼 수 없는 여러 사실'이 있고 '조선 내 일본인의 주민권을 획득하기 위해 모든 책동을 다한다는 소식이 들려오고 있다'고 하며 세화회의 활동에 촉각을 곤두세우고 있었다. 세화회가 발행했던 「세화인 회보」[48]에 대해서도 일본인에 대한 희망적 견해 혹은 의식적인 '테마'

---

46 「曉鐘」, 『민주중보』, 1945.9.25, 1면.
47 「日人 귀국은 연락선으로 위반자는 극형」, 『민주중보』, 1945.9.25, 2면.
48 1945년 10월 7일 「부산일본인세화회회보」 제1호가 발행되었고, 17일 제10호를 끝으로 발행이 종결되었다고 하는데 아직 회보가 발견되지 않았다(이와 관련해서는 최영호, 『일본인 세

를 발표하여 자기들에게 유리하게 시국을 전개하려는 모략을 하고
있다고 비판하였다. 그러면서 세화회의 이러한 활동을 간섭하거나
방해하지는 않을 것이지만, 일본인들의 모든 행동이 조선과 조선인
의 손실로 나타나고 있고 「세화인 회보」의 기사는 일본인의 자산에
대한 지나친 희망적 견해와 판단으로 지금 논의 중인 일본인 재산 문
제에 관해 혼란을 야기할 수 있으므로 절대 무시할 수 없는 행동이라
고 하였다. 그리고 마지막으로 일본인 세화회가 본래의 목적으로 돌
아가지 않고 정치성을 띤다면 조선 민중의 여론이 묵과하지 않을 것
이라 경고하였다.[49]

2) 돌아가지 않는 이들, 다시 돌아오는 이들

위와 같은 부산부민들의 일본인 '철퇴' 요구에도 불구하고, 부산에
는 8월 15일 이후 반년 가까이 지난 때에도 일본으로 돌아가지 않은
자들이 꽤 있었던 것으로 생각된다. 1946년 1월, 부산에서 계속 영
업을 하고 있던 일본인 예창기들의 영업을 중지시키는 한편 이들이
'국내 정세를 내탐하고 미국인에게 조선 민족을 악선전하는 등 가증
한 행위'를 하고 있다고 하면서 자발적으로 '철퇴' 하도록 요구하였
다. 일본으로 귀환하기 위해 부산으로 왔다가 배에 승선하지 않고 도
심에 숨어드는 일도 드문 일이 아니었다.[50]

한편 귀환했던 일본인이 본국의 식량 및 물자 부족으로 생활난에

화회』, 논형, 2013, 187쪽 참고).
49 「사설 – '世話人會'의 모략 주시」, 『민주중보』, 1945.10.9, 1면.
50 「가증할 왜인의 賣笑영업」, 『민주중보』, 1946.1.12, 2면.

시달리다가 영구 거주 또는 기타 목적으로 다시 돌아오는 경우도 있었다.[51] 패전 초기 이들은 주로 일본에서 귀국하는 조선인들 틈에 숨어서 밀항하곤 하였다.[52] 아래는 하카다로 귀환한 일본인이 다시 부산항으로 밀항한 방법을 구술 증언한 것이다.

> 하카다 상륙 후 나의 생활이 바로 안정된 것은 아니다. 1946년 4월부터 규슈대학에 다니기 위해 전입 시험을 쳤는데, 전입 전에 밀항을 체험한 적이 있다. 1946년 1월경인가, 하카다에서 부산으로 돌아가는 배 밑에 숨어서 조선에 상륙하였다. (…중략…) 승선 전에 일본인으로부터 배 밑에 숨을 장소를 지정받았고, 상륙 시에도 다른 일본인이 전해준 것을 보니 이즈미 조교수가 수배했다고 생각된다.[53]

1945년 말, 도쿄의 연합군사령부에서는 일본정부에게 중대한 용무가 없는 한 일본인의 남한으로의 입국을 허가하지 않겠다고 하였다. 이에 따라 귀환자들 중 많은 실업가들이 조선으로의 재귀환 허가 신청을 하였으나 전부 각하되었다.[54] 그러나 위의 인용문에서 볼 수 있듯이 혼란한 상황 속에서 한반도로 돌아가는 조선인들 틈에 끼어

51 「증가한 일인?」, 『민주중보』, 1946.1.14, 2면.
52 「밀항한 왜인 부산에 잠복?, 발견 즉시 道경찰부에」, 『민주중보』, 1946.1.14, 2면.
53 高杉志緒, 『日本に引揚げた人々』, 圖書出版のぶ工房, 2011, 116쪽. 이 책은 전전 식민지에서 거주하다가 일본 패전 이후 규슈 하카다항으로 귀환한 일본인들의 인터뷰를 모은 것이다. 그 가운데 본문에 인용한 岩永知勝는 경성제국대학 의학부 재학 중에 패전을 맞이했다. 패전 직후부터 경성에서 귀환자 원호활동을 하였고 '이동의료국(MRU)' 설립 이후에도 계속 조선에 남아 활동 하다가 1945년 12월 하카다 항으로 귀환하였다가 다음해 1월 다시 부산항으로 밀항하였다.
54 「일인 조선입국 신청을 불허」, 『민주중보』, 1945.12.26, 1면.

부산항으로 다시 돌아오는 것이 아예 불가능한 일은 아니었다.

시간이 지나면서 어획을 빙자하거나 밀수를 위해 밀항하는 자들이 늘어갔다. 1949년 6월 이후에는 무려 100여 명의 일본인들이 부산으로 밀항하였고, 점점 그 수가 늘어나서 사회문제가 되었다. 부산의 여론은 이들에 대해 '40년간의 착취도 부족한지 또다시 무엇을 얻고자' 밀항 하는가 되묻고 있다. 외무부 부산사무소에서는 이들의 수용문제 등에 특별 조치를 강구하지 않을 수 없었다.[55] 같은 해 11월 3일 현재 외무부 부산출장소에 억류된 일본인 밀항자는 86명에 달하였고, 이 중 소홀한 감시를 틈타 도피하는 자들도 생겨났다. 이에 대해 부산에서는 이들이 사회적, 정치적 문제의 소지가 될 것이 틀림없기 때문에 하루 빨리 정부에서 대책을 마련하라고 요구하였다.[56] 그러나 당시 정부로서도 이들의 밀항을 막을 효과적인 방안이 없었다.

4. 맺음말

부산은 일본과 가장 가까운 거리에 위치하는 동시에 동북아해역의 거점 항구 도시이다. 그렇기에 제국 일본과 식민지 조선을 오가는 수많은 사람들이 부산을 거쳐 갈 수밖에 없다. 1945년 8월 15일 일본의 패전 이후에는 본국으로 돌아가는 일본인들과 일본에서 고향으로 돌아오는 조선인들이 뒤섞여 특별한 장소성을 만들어냈다. 즉 본국

---

55 「일인 밀항자 무려 100여 명」, 『자유민보』, 1949.9.29, 2면.
56 「일인 밀항자 처리에 곤란」, 『자유민보』, 1949.11.9, 2면.

으로 돌아가는 일본인들에게는 패전의 실상을 직면하게 해준 종착점이었고 귀환동포들에게는 해방의 기쁨을 몸소 체험하게 해준 곳이었다. 단기간에 급증한 인구 때문에 여러 사회적 문제들이 발생하여 도시의 기능이 마비될 정도였지만 부산은 일본 제국의 종착점으로서 그 역할을 끝까지 수행하였다. 그렇기에 부산에서는 일본인의 마지막을 곳곳에서 목도할 수 있었다. 그러나 식민지 지배자로 군림하던 일본인들을 바라보는 시선은 매우 불편할 수밖에 없었다. 일본인들의 귀환을 원호하던 부산 일본인 세화회의 활동에 관해서도 비판의 눈길을 거두지 않았으며 떠나지 않고 도심에 숨어 지내는 일본인들에게 빨리 '철퇴'하기를 요구하는 목소리도 높았다. 귀환 일본인 가운데 다시 부산으로 밀항하는 자들에게는 '40년간의 착취도 부족'했냐고 되묻기도 한다.

이 글에서는 전국의 일본인 귀환자들이 '부산'이라는 귀환항으로 집결하는 과정과 그들의 귀환을 원호하던 부산 일본인 세화회의 활동, 그리고 부족하나마 패전국민 일본인들을 바라보는 부산 여론의 불편한 시선들에 대해 알아보았다. 다만, 부산항을 떠나가는 일본인들의 인식을 구체적으로 밝히지 못한 것이 아쉽다. 따라서 마지막으로 다음 연구과제에 관하여 언급하면서 이 글을 마무리하겠다.

우선 떠나는 일본인들이 마지막으로 보았을 조선=부산항에 대해 이야기해야할 것이다. 이는 그들이 남긴 수기, 자서전, 인터뷰 등의 분석을 통해 가능할 것이라 생각한다. 또한 일본인들의 귀환 이후의 문제에 관해서도 생각해 봐야 할 것이다. 이것은 세 시기로 나눠서 살펴볼 필요가 있다. 즉 귀환 직후부터 한국전쟁 전후, 1965년 한일협정에서 1980년대 초, 1980년대 냉전 종식 이후로 나눠서 각 시기별로 이들의 한국 인식을 살펴봐야 한다. 시기에 따른 한국과 일본의 관계 변화, 세계 정세의 변화 속에서 이들의 식민지 조선 인식에도 분명 변화가 있을 것이다. 이러한 인식 변화 과정에 대한 파악은 한일간 역사를 일국사적인 단절이 아닌 연속적으로 파악할 수 있게 한다. 1970~80년대 출간 붐을 일으켰던 조선 거주 일본인들의 자서전, 수기 등을 통해 이들의 식민지 조선 및 조선인 의식의 흐름을 파악할 수 있다. 그런데 여기서 우리가 주목해야 하는 부분은 대부분의 자서전을 관통하는 전전의 식민자 의식의 부재와 전후의 피해자 의식 강조일 것이다. 이 부분을 어떻게 해석해야 할지 앞으로 좀 더 심도 있는 논의가 필요할 것이다.

참고문헌

연구논문 및 논저

김경남, 「재조선 일본인들의 귀환과 전후의 한국 인식」, 『동북아역사논총』 21, 동북아역사재단, 2008.

변은진, 「8·15직후 38도선 이북의 일본인 귀환단체 및 간부진 현황」, 『한일관계사연구』 60, 한일관계사학회, 2018.

우치다 준, 한승동 역, 『제국의 브로커들』, 길, 2020.

이연식, 「解放 後 韓半島 居住 日本人 歸還에 關한 硏究 – 占領軍·朝鮮人·日本人 3者間의 相互作用을 中心으로」, 서울시립대 박사논문, 2009.

정병욱, 「조선총독부관료의 일본 귀환 후 활동과 한일교섭 – 1950, 60년대 동화협회·중앙일한협회를 중심으로」, 『역사문제연구』 14, 역사문제연구소, 2005.6.

_____, 「해방 직후 일본인 잔류자들 – 식민지배의 연속과 단절」, 『역사비평』 64, 역사비평사, 2003.8.

최영호, 「해방 직후 재경일본인의 일본귀환에 관한 연구」, 『典農史樄』 9, 서울시립대국사학과, 2003.3.

_____, 『일본인 세화회』, 논형, 2013.

황선익, 「해방 전후 재한일본인의 패전 경험과 한국 인식 – 모리타 요시오를 중심으로」, 『한국학논총』 34, 국민대 한국학연구소, 2010.

황선익, 「연합군총사령부의 해외한인 귀환정책 연구」, 국민대 박사논문, 2012.

加藤聖文, 『海外引揚の硏究』, 岩波書店, 2020.

高杉志緖, 『日本に引揚げた人々』, 圖書出版のぶ工房, 2011.

今泉裕美子 編著, 『日本帝國崩壊期 '引揚げ'の比較硏究 – 國際關係と地域の視點から』, 日本經濟評論社, 2016.

蘭信三 編, 『日本帝國をめぐる人口移動の國際社會學』, 不二出版, 2008.

李盛煥·木村健二·宮本正明 編著, 『近代朝鮮の境界を越えた人びと』, 日本經濟評論社, 2019.

三吉明, 「貧困階層としての引揚者の援護について」, 『明治学院論叢』 52, 1959.2.

森田芳夫 著, 「在日朝鮮人處遇の推移と現狀」, 『法務硏究報告書』 43-3, 法務硏修所, 1955.

森田芳夫·長田かな子 編, 『朝鮮終戰の記錄 – 資料篇 第一卷 日本統治の終焉』, 巖南堂書店, 1979.

_____, 『朝鮮終戰の記錄 – 資料篇 第二卷 南朝鮮地域の引揚と日本人世話會の活動』, 巖南堂書店, 1979.

成田龍一, 「引揚げに關する序章」, 『思想』 955, 岩波書店, 2003.

신문자료

『경성일보』 『부산신문』 『민주중보』 『자유민보』

초출일람

이가영, 「해방 이후 상해를 통해 한국으로 돌아온 한인─신문보도를 통해 살펴본 귀국과정과 그들의 생활」

　　이 글은 「중국인문과학」 77, 중국인문학회, 2021에 처음 수록되었다.

나카야마 다이쇼, 「경계 변동에 따른 전승 국민의 본의 아닌 귀국─제2차 세계대전 후의 주민 이동 중 남사할린 중화민국인을 중심으로」

　　이 글은 『サハリン残留日本人と戦後日本 ─ 樺太住民の境界地域史』, 国際書院, 2019 중 일부와 『境界研究』 10, 北海道大学スラブ・ユーラシア研究センター, 2020에 처음 수록된 것을 수정·보완한 것이다.

공미희, 「해방 직후 남한 거주 일본인의 귀환양상과 재산처리 과정」

　　이 글은 「인문사회과학연구」 22-1, 부경대학교 인문사회과학연구소, 2021에 처음 수록되었다.

최민경, 「패전 직후 일본의 해항검역과 귀환」

　　이 글은 「일본연구」 87, 한국외국어대학교 일본연구소, 2021에 처음 수록되었다.

마쓰다 히로코, 「제국 붕괴 후의 인적 이동과 에스니시티(Ethnicity)─오키나와계 사람들을 중심으로」

　　이 글은 『沖縄の植民地的近代 ─ 台湾に渡った人びとの帝国主義的キャリア』, 世界思想社, 2021의 제5장을 토대로 내용을 수정한 것이다.

변은진, 「이소가야 스에지의 저술을 통해 본 38도선 이북지역 일본인의 식민지·귀환 경험과 기억」

　　이 글은 「인문사회과학연구」 22-1, 부경대학교 인문사회과학연구소, 2021에 처음 수록되었다.

양민호, 「귀환의 의미를 내포한 한일 대중가요 연구─'귀국선'과 'かえり船'의 가사를 중심으로」

　　이 글은 지면상으로는 본 연구총서에 최초로 수록되었다.

최민경, 「한인 디아스포라의 귀환과 해방공간 부산」

　　이 글은 「동북아문화연구」 66, 동북아시아문화학회, 2021에 처음 수록되었다.

김윤미, 「해방 직후 일본군의 귀환 수송과 부산항」

이 글은 「역사와 실학」 74 , 역사실학회, 2021에 처음 수록되었다.

이가연, 「해방 직후 조선 거주 일본인들의 귀환과 부산항」

이 글은 『동북아문화연구』 67, 동북아시아문화학회, 2021에 처음 수록되었다.

필자 소개

이가영 李嘉英, Lee Gayoung

1985년 출생. 전남대학교 중어중문학과를 졸업 후, 중국 북경사범대학교(北京師範大學)에서 중국현당대문학을 전공으로 석사학위와 박사학위를 취득했다. 저역서로는『저항과 재현』(공저, 2019),『미중 갈등과 팬데믹 시대-새로운 한중 관계를 찾아서』(공저, 2021) 등이 있으며, 논문으로는「조선족의 한국 경험과 다중적 정체성-30~40대 여성 조선족에 대한 설문조사 및 심층인터뷰를 기반하여」(2020),「한국의 이주자들과 해외의 한국인 이주자들-문화소설의 다중적 서사를 중심으로」(2019) 등이 있다. 현재 부경대학교 인문사회과학연구소 HK연구교수로 재직 중이다.

나카야먀 다이쇼 中山大將, Nakayama Taisho

1980년 출생. 일본 교토대학(京都大學)에서 농학박사 학위, 홋카이도대학(北海道)에서 문학박사 학위를 취득했다. 저서로는『아한대 식민지 사할린의 이민 사회 형성-주변적 내셔널 아이덴티티와 식민지 이데올로기(亜寒帯植民地樺太の移民社会形成-周縁的ナショナル・アイデンティティと植民地イデオロギ_)』(2014),『사할린 잔류 일본인과 전후 일본-사할린 주민의 경계 지역사(サハリン残留日本人と戦後日本-樺太住民の境界地域史)』(2019) 등이 있으며, 논문으로는「대만과 사할린의 일본 제국 외지 농업 시험 연구 기관의 비교 연구(台湾と樺太における日本帝国外地農業試験研究機関の比較研究)」(2018),「사할린 한인의 아래로부터의 공생 모색-가라후토・사할린・한국을 산 가라후토 거주 한인 2세를 중심으로(サハリン韓人の下からの共生の模索-樺太・サハリン・韓国を生きた樺太移住韓人第二世代を中心に)」(2015) 등이 있다. 현재 구시로공립대학(釧路公立大學) 준교수(准教授)로 재직중이다.

공미희 孔美熙, Kong MiHee

1969년 출생. 부경대학교 일어일문학부 대학원 석사, 박사과정을 졸업했다. 저역서로는『기선의 시대-근대 동아시아 해역』(공역, 2020),『동북아해역과 인문네트워크』(공서, 2018),『동북아해역과 인문학』(공저, 2020) 등이 있으며, 논문으로는「A Consideration of the Characteristics and Historical

Background of Japanese Fusion Cuisine Created rough Cross-cultur-
al Exchanges with the West in Port Cities」(2018), 「근대 부산 조선산업의
전개양상과 실태분석」(2020) 등이 있다. 현재 부경대학교 인문사회과학연구소
HK연구교수로 재직 중이다.

최민경 崔瑉耿, Choi Minkyung
1983년 출생. 서울대학교 언어학과를 졸업 후, 동대학교 국제대학원 국제학과 석
사과정, 일본 히도쓰바시대학(一橋大學) 사회학 연구과 박사과정을 졸업했다. 저
역서로는『근대 아시아 시장과 조선』(공역, 2020),『동북아해역과 인문학』(공
저, 2020),『일본 생활세계의 동요와 공공적 실천』(공저, 2014) 등이 있으며, 논
문으로는「근대 동북아 해역의 이주 현상에 대한 미시적 접근-부관연락선을 중
심으로」(2020), 「재일한인연구의 동향과 과제-해역연구의 관점에」(2019) 등
이 있다. 현재 부경대학교 인문사회과학연구소 HK교수로 재직 중이다.

마쓰다 히로코 松田ヒロ子, Matsuda Hiroko
1976년 출생. 일본 도쿄대학(東京大學) 총합문화연구과 국제사회과학전공 석사
과정, 호주국립대학교 학술학부 인문연구과 박사과정을 졸업했다. 저서로는『오
키나와의 식민지적 근대-대만에 건너간 사람들의 제국주의적 커리어(沖縄の植
民地的近代-台湾へ渡った人びとの帝国主義的キャリア)』(2021),『Liminality
of the Japanese empire-border crossings from Okinawa to colonial
Taiwan』(2019) 등이 있으며, 논문으로는「식민지 대만으로부터 미군 통치하
오키나와로의 『귀환』(植民地台湾から米軍統治下沖縄への「帰還」)」(2016),
「근대 오키나와 의료와 대만-오키나와현 출신자의 식민지 의학교 진학(近代沖
縄の医療と台湾-沖縄県出身者の植民地医学校への進学」(2013) 등이 있다. 현
재 고베가쿠인대학(神戸學園大學) 준교수(准教授)로 재직중이다.

변은진 卞恩眞, Byun Eunjin
1964년 출생. 고려대학교 사학과를 졸업 후, 동대학교 일반대학원에서 석사과정
과 박사과정을 졸업했다. 단독저서로『파시즘적 근대 체험과 조선민중의 현실 인
식』(2013),『일제말 항일비밀결사운동 연구-독립과 해방, 건국을 향한 조선민중
의 노력』(2018),『독립과 통일 의지로 일관한 신뢰의 지도자, 여운형』(2018),
『자유와 평화를 꿈꾼 '한반도인', 이소가야 스에지』(2018)와 다수의 공동저서가

있다. 논문으로는 「8·15직후 38도선 이북의 일본인 귀환단체 및 간부진 현황」(2018), 「8·15 직후 함흥지역 일본인 귀환단체의 조직과 활동」(2019), 「38도선 이북 일본인의 식민지·귀환 경험과 기억의 표상」(2021) 등이 있다. 현재 전주대학교 한국고전학연구소 HK교수로 재직 중이다.

양민호 梁敏鎬 Yang Minho

1972년 출생. 전주대학교 일어교육과 졸업 후, 동국대학교 대학원 석사, 도쿄(東京)외국어대학 석사 과정을 거쳐 도호쿠(東北)대학 문학연구과 박사과정을 졸업하였다. 저서로는 『일본인의 언어유희』(공저, 2021), 『동북아바다, 인문학으로 항해하다』(공저, 2020), 『소통과 불통의 한일 간 커뮤니케이션』(공저, 2018), 일본에서 출판된 『일본어 어휘로의 어프로치』(공저, 2015), 『외래어 연구의 신전개』(공저 2012) 등이 있고, 역서로는 『마성의 도시 상하이－일본지식인의 '근대' 체험』(공역, 2020) 『경제언어학－언어, 방언, 경어』(공역, 2015), 『3·11 쓰나미로 무엇이 일어났는가－피해조사와 감재전략』(공역, 2013)이 있다. 현재 부경대학교 인문사회과학연구소 HK연구교수로 재직 중이며, 국립국어원 공공용어 번역 표준화 위원회 일본어 자문위원으로 활동하고 있다.

김윤미 金潤美, Kim Yunmi

1980년 출생. 부경대학교에서 역사학으로 박사학위를 받고, 현재는 동아시아 해양사를 연구하고 있다. 저서로는 『동해포구사』(공저, 2021), 『조선표류일기』(공역, 2020) 등이 있으며, 논문으로는 「1945년 해방공간에서 교차하는 미군과 일본군의 이동」(2021), 「조선과 러시아의 환동해 접경해역을 둘러싼 갈등」(2020), 「일본의 한반도 군용 해저통신망 구축과 '제국' 네트워크」(2019)등이 있다. 현재 부경대학교 인문사회과학연구소 HK연구교수로 재직 중이다.

이가연 李佳妍, Lee Gayeon

1980년 출생. 동아대학교 사학과, 같은 대학원에서 근현대사 전공으로 석·박사과정을 졸업했다. 저역서로는 『항일운동과 기어이 현장』(공저, 2011), 『일제시기 일본인의 '부산일보' 경영』(공저, 2013), 『동북아해역과 인문학』(2020) 등이 있으며, 논문으로는 「진남포의 '식민자' 富田儀昨의 자본축적과 조선인식」(2016), 「在朝日本人 吉田秀次郎의 자본축적과 '식민자'로서의 지역적 위상」(2018), 「개항장 부산 일본 거류지의 소비공간과 소비문화」(2020), 「개항장 원산과 일본 상인의 이주」(2020) 등이 있다. 현재 경성대학교 인문문화학부 역사문화학 전공 조교수로 재직 중이다.

역자 소개

정계향 鄭桂香, Jung Gyehyang

1980년 출생. 성균관대학교 사학과를 졸업 후, 울산대학교 역사문화학과 석사과정, 동대학교 한국사한국문화학과 박사과정을 졸업했다. 저서로는 『처음만나는 동해포구사』(공저, 2021) 등이 있으며, 논문으로는 「해방 후 재일대한기독교회 (KCCJ)의 사회운동─1970~80년대의 활동을 중심으로」(2021), 「민족학교의 운영과 재일조선인 공동체의 분할─효고현[兵庫県] 다카라즈카[宝塚]를 중심으로」(2019) 등이 있다. 리쓰메이칸대학(立命館大學) 코리아연구센터 객원연구원을 거쳐 현재 울산대학교 객원교수로 재직 중이다.